Ética e cidadania planetárias na era tecnológica

Marijane Lisboa

Ética e cidadania planetárias na era tecnológica

O caso da Proibição da Basileia

CIVILIZAÇÃO
BRASILEIRA

Rio de Janeiro

2009

Copyright © 2009 by Marijane Lisboa

Capa
Sergio Campante

Fotos de capa
Getty Image

Projeto gráfico de miolo
Evelyn Grumach e João de Souza Leite

Composição de miolo
Abreu's System

                    CIP-Brasil. Catalogação-na-fonte
             Sindicato Nacional dos Editores de Livros, RJ

     Lisboa, Marijane
L75e   Ética e cidadania planetárias na era tecnológica: o caso da Proibição da Basileia / Marijane Lisboa. – Rio de Janeiro: Civilização Brasileira, 2009.

     Inclui bibliografia
     ISBN 978-85-200-0777-1

     1. Ambientalismo – Aspectos sociais. 2. Ecologia – Aspectos morais e éticos. 3. Cidadania. 4. Proteção ambiental. 5. Desenvolvimento sustentável. I. Título.

08-0250.   CDD: 363.7
                                                CDU: 504.06

Todos os direitos reservados. Proibida a reprodução, armazenamento ou transmissão de partes deste livro, através de quaisquer meios, sem prévia autorização por escrito.

Texto revisado segundo o Novo Acordo Ortográfico da Língua Portuguesa.

Direitos desta edição adquiridos pela
EDITORA CIVILIZAÇÃO BRASILEIRA
Um selo da
JOSÉ OLYMPIO EDITORA
Rua Argentina 171 – 20921-380 – Rio de Janeiro, RJ – Tel.: 2585-2000

PEDIDOS PELO REEMBOLSO POSTAL
Caixa Postal 23.052 – Rio de Janeiro, RJ – 20922-970

Impresso no Brasil
2009

EDITORA AFILIADA

SUMÁRIO

APRESENTAÇÃO 7

UMA ÉTICA PLANETÁRIA 9
A razão irracional o sentido da vida 10
A ciência como ideologia da modernidade tardia 17
O poder da tecnologia avançada 23
A sociedade de riscos 29
A ética da responsabilidade 38
Notas 45

A POLÍTICA DA ERA TECNOLÓGICA 47
A ditadura anárquica da tecnologia 47
Ciência como mistificação 58
O movimento ambientalista 74
Notas 86

UM PROJETO DE FUTURO 89
Um todo bem complexo 90
Em interação com outras *práxis* 96
   Clean production 107
O Princípio de Precaução 114
De novo a democracia 130
Notas 141

A PROIBIÇÃO DA BASILEIA 143
O comércio de resíduos perigosos: um negócio florescente 143
   A Crise do Lixo 147
O caminho para a Basileia 154

Proibir ou não proibir 155
A Convenção da Basileia: março de 1989 157
A batalha pela proibição da Basileia 163
   As primeiras proibições regionais 163
   Resistindo à proibição 165
   A força das imagens 167
   Nova frente: a América Latina 170
   Piriápolis 176
Notas 180

A PROIBIÇÃO DE BASILEIA: GENEBRA DE 1994 181
Novas esperanças 181
   A hora e a vez da América Latina 183
   É permitido proibir 185

BASILEIA: UM BALANÇO QUASE DEFINITIVO 189
   O fim do tráfico ilegal 191
   A importância da Greenpeace 194
Notas 201

HÁ UM FUTURO COMUM? AS PERSPECTIVAS DAS NEGOCIAÇÕES INTERNACIONAIS EM MEIO AMBIENTE 203
Notas 221

BIBLIOGRAFIA 223

APRESENTAÇÃO

Este livro é o resultado de uma dupla vida como professora universitária e ativista ambiental. Comecei a dar aulas de metodologia científica e de teoria sociológica na PUC-SP em 1980, logo após retornar de um exílio político de quase nove anos pelo Chile e depois pela Berlim Ocidental, ainda na época da Guerra Fria. Em 1991 recebi o convite para participar da fundação da Greenpeace América Latina, para a qual se abriram escritórios no Rio de Janeiro, São Paulo, Santiago do Chile, Cidade do México, Cidade da Guatemala, além do já existente em Buenos Aires. Até então meu conhecimento das questões ambientais era superficial, baseado em uma forte simpatia pelos movimentos antinucleares e pacifistas da Alemanha Ocidental, com os quais eu convivera na universidade e no trabalho.

Daí em diante, minha vida tomou um rumo bastante nômade. Viajava com frequência espantosa para Amsterdã, Santiago, Buenos Aires, Guatemala e México, mas também para Tunísia, Malásia, Índia, Quênia e Tailândia. Convivi com pessoas de muitas nacionalidades, idades e profissões diferentes. Na maioria das vezes, mas não sempre, gente corajosa, idealista e talentosa. Uma experiência fascinante, que me devolveu as emoções fortes que experimentei na juventude, de acreditar estar travando o "justo combate". Aprendi com químicos, filósofos, operários, índios, camponeses, biólogos, donas de casa, catadores de lixo e físicos. Esforcei-me por sistematizar o que aprendi no movimento ambientalista e trazer esse conhecimento para o meio acadêmico. Também percorri o movimento contrário: dos teóricos, filósofos e artistas, para a luta ambiental. A tese de doutorado que defendi no programa de ciências sociais na PUC-SP, em 2000, expressava portanto esse vaivém, da prática política para a reflexão teórica e vice-versa. Após discutir a respeito da questão ética subjacente à problemática ambiental, analisar criticamente o modo de vida produtivista/consumista de nossa época e aventurar-me sobre o que seria um projeto de vida sustentável para o nosso futuro, procurei refletir sobre a questão das negociações internacionais em meio ambiente, aproveitando minha experiência de consultora política da Greenpeace para a Convenção da Basileia sobre movimentos transfronteiriços de resíduos perigosos.

Fiz poucas alterações no texto original da tese para preparar os originais deste livro. Primeiro, porque ela já foi escrita intencionalmente em um estilo despojado, supondo um leitor leigo, mas interessado nas questões ambientais e globais. Nunca fui adepta do estilo seco e rebuscado das teses acadêmicas, que aprofunda o hiato entre o mundo universitário e a vida real. Depois, porque passados quase seis anos, uma atualização factual e bibliográfica do texto original exigiria uma reescritura quase completa. Preferi redigir um posfácio, no qual não só discuto os últimos acontecimentos pertinentes à Convenção da Basileia, mas também reflito sobre os caminhos e descaminhos surpreendentes da luta ambiental e das negociações internacionais sobre o meio ambiente nestes primeiros anos do século XXI.

Marijane Vieira Lisboa

UMA ÉTICA PLANETÁRIA

"*A terra nova da práxis coletiva, em que penetramos com a alta tecnologia, é uma terra de ninguém para a teoria ética.*"

Hans Jonas[1]

A primeira parte do século XX havia aposentado a Ética, como mais uma das disciplinas fora da moda, assim como a oratória, as línguas mortas, a caligrafia e tantos outros saberes e práticas que o mundo tecnológico tornava obsoletos.

Na segunda parte do século XX, pelo menos dois tipos de fenômenos estão vindo nos alertar quanto à necessidade de se reconduzir a ética ao seu antigo lugar de comando sobre a conduta humana. Em primeiro lugar os genocídios e crimes contra a humanidade, inaugurados com o Holocausto, os crimes contra a dignidade humana praticados ou tolerados pelas duas superpotências que se enfrentaram durante toda a Guerra Fria e a esteira de genocídios com que termina o século XX. Todos esses crimes, só possíveis nessa escala de grandeza, diga-se de passagem, graças ao emprego de tecnologias avançadas — câmaras de gás, soro da verdade, escuta telefônica, metralhadoras, obuses, mísseis, armas químicas e biológicas, como tão bem nos alertaram vários estudiosos do holocausto e do totalitarismo.

O segundo conjunto de fenômenos que reclama o retorno à ética é a espantosa destruição ambiental a que fomos capazes de submeter o planeta no espaço dos dois últimos séculos de nossa história. Nem as políticas de desenvolvimento nem a ciência e a tecnologia podem substituí-la. Ao contrário, à ausência de uma ética ambiental pode ser atribuída a adoção dessas políticas e tecnologias responsáveis pela degradação ambiental. Como comenta Edgard de Assis Carvalho em seu doloroso diagnóstico de nossa época:

Se quisermos elencar os etnogenocídios de Ruanda e Burundi, as atrocidades da Bósnia, a limpeza étnica dos kosovares, a destruição deliberada dos ecossistemas e tantas outras regressões psicopolíticas que a força totalitária e antropocêntrica vem cometendo contra a humanidade como um todo, iremos nos lembrar desses fatos como algo desorientador, decadente e regressivo.[2]

A RAZÃO IRRACIONAL O SENTIDO DA VIDA

Desde os tempos modernos, nossa atuação no meio ambiente e nas demais esferas da vida social tem sido norteada por uma modalidade de razão cada vez mais incapaz de preservar a própria existência da espécie. Desde a Revolução Científica, e acelerando-se com a Revolução Industrial e Tecnológica do século XIX, cada vez mais nossa razão cogitou menos dos fins, dos objetivos, das essências e dos sentidos da existência e cada vez mais dos meios, dos instrumentos e dos recursos necessários para atingir quaisquer fins. À medida que nossos conhecimentos científicos e nossas habilidades técnicas avançavam, mais fascinados os homens se tornavam com os resultados práticos dessa razão experimental, mais desinteressados do debate sobre o sentido da vida e mais resistentes à sua crítica. Como o disseram Adorno e Horkheimer,

> O que os homens querem da natureza é empregá-la para dominar completamente a ela e aos homens. Nada mais importa. Sem a menor consideração consigo mesmo, o esclarecimento eliminou com o seu cautério o último resto de sua própria consciência.[3]

Como símbolo máximo dessa vontade de poder, de subjugação da natureza, estava o acúmulo de riquezas e suas formas transformadas de dinheiro e capital. É claro que o valor simbólico do dinheiro ultrapassa e sempre ultrapassou de muito sua eficácia prática como fonte de felicidade. Como explicava Marx:

> Se abstrairmos porém, de sua forma burguesa estrita, o que é a riqueza senão a universalidade dos desejos, das capacidades, dos prazeres, das forças produtivas, dos indivíduos, produzida numa troca universal?[4]

A verdade que essa própria passagem de Marx ilustra é que na sociedade capitalista a humanidade foi capaz de abdicar de qualquer justificativa transcendente para o acúmulo de riquezas. Enquanto sociedades passadas dedicaram-se com afinco à preservação de suas tradições, ou à expansão de seu poderio, ou ao culto de seus deuses, ou ainda, desde o início da era cristã até os primórdios do capitalismo à salvação de sua alma, a sociedade contemporânea alimenta a crença singela de que a posse e o usufruto de bens materiais, adquiríveis por meio do dinheiro, são a fonte de toda a felicidade terrena. Embora a sabedoria popular continue sussurrando o dito de que "dinheiro não traz felicidade". É a partir daquela crença singela que a sociedade moderna justifica sua atividade produtiva compulsiva, dela se derivando as ideias de que o crescimento econômico traz a felicidade geral e de que desenvolvimento social seja sinônimo de crescimento econômico. Como observava Marx,

> Entre os antigos não encontramos uma única investigação a propósito de qual forma de propriedade etc., que seria mais produtiva, que geraria o máximo de riqueza. A riqueza não constituía o objetivo da produção, embora Catão pudesse ter investigado os mais lucrativos métodos de cultivo, ou Brutus pudesse, até, ter emprestado dinheiro a taxa mais favorável de juros. A pesquisa era sempre sobre que tipo de propriedade geraria os melhores cidadãos.[5]

O século XX veio acrescentar ao acúmulo de capital o consumo compulsivo de bens e serviços, como parte do *sentido da existência*. Ainda que todos os que acumulam capital sejam consumidores, e todos os consumidores contribuam de uma forma ou de outra para o acúmulo de capital, a sociedade de massas, ou a sociedade industrial avançada poderia ser redefinida, *grosso modo*, como composta de cidadãos atraídos pela posse de dois fetiches: o capital — o dinheiro que se acumula ou a mercadoria, o bem que se submete à nossa vontade. Ambos fetiches que se esvaem num piscar de olhos, exigindo que continuemos a buscá-los, a perdê-los e a recuperá-los interminavelmente.

Talvez por isso mesmo sejamos a única sociedade despudoradamente narcísica e hedonista de que a História tem notícia, constituindo-nos daqueles personagens que Weber anteviu para o fim dos nossos tempos: "especialistas sem espírito, sensualistas sem coração, nulidades que imaginam ter atingido um nível de civilização nunca antes alcançado."⁶ Foi exatamente Weber quem nos contou o começo dessa história e seu fim profano.

> Desde que o ascetismo começou a remodelar o mundo e a nele se desenvolver, os bens materiais foram assumindo uma crescente e, finalmente, uma inexorável força sobre os homens, como nunca antes na História. Hoje em dia — ou definitivamente, quem sabe — seu espírito religioso safou-se da prisão. O capitalismo vencedor, apoiado numa base mecânica, não carece mais de seu abrigo. Onde a "plenitude vocacional" não pode mais ser relacionada diretamente aos mais elevados valores culturais — ou onde, ao contrário, ela também deve ser sentida como uma pressão econômica — o indivíduo renuncia a toda a tentativa de justificá-la. No setor de seu mais alto desenvolvimento, nos Estados Unidos, a procura de riqueza, despida de sua roupagem ético-religiosa, tende cada vez mais a associar-se com paixões puramente mundanas, que frequentemente lhe dão o caráter de um esporte.⁷

Com o *desencantamento do mundo* não só a ética desaparece, mas temas inteiros da filosofia vão para o arquivo morto: praticamente tudo aquilo que se relaciona com o sentido da existência.

> No trajeto para a ciência moderna, os homens renunciaram ao sentido e substituíram o conceito pela fórmula, a causa pela regra e pela probabilidade. (...) O que não se submete ao critério da calculabilidade e da utilidade, torna-se suspeito para o esclarecimento.⁸

A mais forte crítica dos frankfurtianos à sociedade industrial é justamente a "fabricação" mercadológica desses sentidos da vida. De preferência bens, mas também serviços, imagens, personagens, sonhos, desde que passíveis de serem vendidos como mercadorias. A conformação em mercadoria dos desejos humanos pelo sistema industrial — e o pior de tudo, disponíveis no mercado a preços acessíveis — introduz a mais poderosa das formas de dominação. Suave e sedutora, confortável e eficiente, a *dessublimação repressiva* destrói os últimos espaços de resistência interior, a fantasia e as sublimações que continuavam alimentando a autonomia e a autorreflexão do Eu, no embate com uma realidade repressiva.

Atualmente, esse espaço privado se apresenta invadido e desbastado pela realidade tecnológica. A produção e a distribuição em massa reivindicam o indivíduo *inteiro* e a psicologia industrial deixou de há muito tempo limitar-se à fábrica. Os múltiplos processos de introjeção parecem ossificados em reações quase mecânicas. O resultando não é o ajustamento, mas a *mimese*: uma identificação imediata do indivíduo com a *sua* sociedade e, através dela, com a sociedade como um todo.[9]

A abundância de bens materiais da nova sociedade de massas, segundo os frankfurtianos, modifica a natureza da ideologia. Em vez desta última, na primeira fase do capitalismo, ser a falsa consciência de uma realidade injusta e irracional, e por isso mesmo a sua negação dialética, a sua crítica, aquilo que ela não era — ainda que ao mesmo tempo servisse como sua legitimação —, a ideologia da sociedade de massas se identifica agora com sua esfera material.

Ao contrário, a ideologia se torna *afirmativa*; o presente já é a utopia realizada, o que leva os frankfurtianos à tese extrema de que a ideologia se funde com o real, e, como tal, desaparece: é a própria realidade, agora, que desempenha as funções de mistificação antes atribuídas à ideologia.[10]

Ao tratar da racionalização, Weber não apenas apontava para a utilização de um tipo de ação racional dirigida ao campo industrial, ou material, mas, também, à esfera das relações humanas e à dominação burocrática. Ao fazê-lo, a sociedade moderna avançada teria invadido todos os espaços da privacidade — família, saúde, educação, moradia, não se limitando apenas ao campo da produção e do consumo.

Os motivos muitas vezes foram nobres: a garantia da educação universal, a saúde pública, a proteção dos menores e das mulheres frente à prepotência do pátrio poder, a garantia de condições de vida básicas dignas a todos os homens. Como apontou Christopher Lasch no que concerne à vida familiar, a invasão do Estado na esfera da vida privada suprimiu a intervenção dos pais na definição do que seria a boa educação, o amor paterno e os deveres filiais, para substituí-la por um manual de ação produzido com base em uma ciência sociológica, com confessados propósitos de assessorar o Estado e impor sua aplicação por meio das suas instituições subordinadas: sistema escolar, de saúde pública, justiça, serviço social.

Outros domínios da privacidade foram igualmente invadidos por meio das políticas públicas de saúde, educação e habitação desde meado do século XX. Em *Nascimento da medicina social*, Foucault chama a atenção para o fato de que essa invasão da privacidade do indivíduo constituiu a razão principal de certos movimentos sociais de oposição às novas políticas de saúde pública.

> É, por exemplo, curioso constatar que os grupos de dissidência religiosa, tão numerosos nos países anglo-saxãos, de religião protestante, tinham essencialmente como objetivo, nos séculos XVII e XVIII, lutar contra a religião de Estado e a intervenção do Estado em matéria religiosa. Ora, o que reaparece, no século XIX, são grupos de dissidência religiosa, de diferentes formas, em diversos países, que têm agora por objetivo lutar contra a medicalização, reivindicar o direito das pessoas não passarem pela medicina oficial, o direito sobre seu próprio corpo, o direito de viver, de estar doente, de se curar ou morrerem como quiserem. Esse desejo de escapar da medicalização autoritária é um dos temas que marcaram vários grupos aparentemente religiosos, com vida intensa no final do século XIX e ainda hoje.[11]

Ao invadir todos os espaços da vida privada e da vida pública, a dominação burocrática assume feições realmente ameaçadoras, já apontadas por Mannheim em seus escritos elaborados durante e logo após a II Guerra Mundial. As formas dessa dominação burocrática, chamadas de *técnicas sociais*[12] por Mannheim, teriam sido aperfeiçoadas e aprimoradas pela sociedade moderna, para resolver os problemas relacionados à organização de suas massas.

> Mas a questão principal em relação a essas técnicas sociais aperfeiçoadas não é somente sua maior eficiência, como também o fato de que tal eficiência favorece o governo da minoria (...) O controle centralizado na esfera do governo e da administração também é facilitado por implementos como o telefone, o rádio e as comunicações aéreas. Sem esses meios modernos de comunicação rápida nem se poderiam manter vários impérios industriais. Pois bem, essas mesmas técnicas favorecem a ditadura.[13]

Essa administração repressiva da sociedade industrial avançada chegará a merecer, de Marcuse, o epíteto de *totalitária*. Embora constitua um verdadeiro exagero, como afirma Lasch,[14] comparar a sociedade norte-americana dos anos 1950 — em que pese o *macartismo,* o consumismo e a cultura de massas — com os regimes totalitários como o estalinismo ou o nazismo, tal comparação dá a medida do desespero em que mergulhavam os filósofos frankfurtianos, pressentindo mais uma vez o avanço das trevas sobre a autonomia do sujeito.

Ao mesmo tempo em que amplia a aplicação da razão instrumental na gestão da sociedade, o Estado e a sociedade renunciam progressivamente ao debate público sobre os fins e as metas da vida social, e, portanto, sobre aquilo que deveria nortear as políticas públicas. Os problemas e as soluções para as questões da saúde pública, da educação, da família e da infância, da preservação do meio ambiente e da moradia transformam-se em questões técnicas e por isso suas definições passam a ser atribuídas a especialistas.

Certos temas que um dia pertenceram à política tornaram-se, portanto, objetos da administração, despolitizando-se. Porém sua reinserção na agenda política vem sendo reivindicada pelos chamados "novos movimentos sociais" desde as últimas décadas do século XX. É interessante notar que neste último cenário a primeira reação da burocracia estatal é defender seu terreno conquistado, advogando o caráter consensual de suas metas — habitação, saúde, educação e meio ambiente saudável para todos —, bem como a neutralidade técnica e política dos seus métodos de tomada de decisões. Ambos os argumentos, contudo, ainda que esgrimidos com sinceridade, visam manter o terreno conquistado à sociedade pelo Estado.

Enquanto objetivo mais geral, a razão para "racionalizar" a gestão pública é tornar essa mesma gestão mais eficiente, reduzindo conflitos entre a sociedade e o Estado e garantindo a sobrevivência da sociedade, na forma em que ela se encontre. Um objetivo menos evidente também pode ser detectado por trás deste enorme esforço da burocracia: tornar imprescindível e assim perpetuar a sua própria existência.

De qualquer forma, na medida em que se suprime o debate sobre quais deveriam ser as metas e projetos da vida coletiva, uma tomada de posição, ainda que não consentida, *já ocorreu.* Por meio da razão instrumental, a dominação burocrática trabalha para manter a sobrevivência e a estabilidade daquela sociedade, exatamente como ela está e se encontra, naquele momento.

Ou seja, segue-se no modelo do que se considera *o desenvolvimento*, sem reconhecer a necessidade de submeter esse conceito a uma crítica radical. Como disse Morin:

> O desenvolvimento é uma finalidade, mas deve deixar de ser uma finalidade míope ou uma finalidade-terminus. A finalidade do desenvolvimento está, ela própria, sujeita a outras finalidades. Quais? Viver verdadeiramente. Viver melhor.[15]

No entanto, a burocracia do Estado moderno nunca foi inteiramente conservadora, no sentido de apenas pretender preservar o *status quo*. Ao contrário, em consonância com a mentalidade moderna, sua burocracia sempre pretendeu trabalhar em prol de uma *nova* sociedade, de uma *nova* economia, de uma *nova* ciência etc. Adotando cálculos de projeção, mas mantendo aquela mesma meta simplória e pressuposto básico da velha sociedade industrial — de que um maior desenvolvimento econômico corresponde a uma maior felicidade social —, o imaginário burocrático evolui da pretensão de "deter o mundo" para a de querer programar e controlar o futuro, como comenta Castoriadis.

O Estado encontra assim também uma nova forma de legitimação. Seu *programa substitutivo*, como o irá chamar Habermas, visa prevenir e corrigir as disfunções e turbulências sociais que possam ameaçar o sistema. Mas essa política tem *caráter negativo*, pois ela tem por fim *"não a realização de fins práticos, mas a resolução de questões técnicas"*.[16]

Talvez a crítica mais implacável à falta de sentido compartilhado para a existência social de nossa sociedade moderna tenha sido realizada por Cornelius Castoriadis, ao qualificar o imaginário moderno como um *delírio sistemático*. Despido de qualquer conteúdo, ou como ele diz, "de qualquer carne própria", o imaginário capitalista é racional apenas na adoção da lógica como recurso do pensamento. Por não haver determinação racional das finalidades humanas, a lógica capitalista é um silogismo cujas premissas estão penduradas no ar, sem qualquer sustento, sem significações próprias.[17] Não será algo muito diferente disso o que Habermas quis dizer com o comentário de que "as definições publicamente admitidas referem-se ao que queremos para viver, mas não ao como queríamos viver se, relativamente ao potencial alcançado, descobríssemos como poderíamos viver".[18]

A ausência de metas ou fins e valores para a existência humana, socialmente compartilhados, inviabiliza qualquer escolha, em qualquer âmbito da vida social. Vivemos, portanto, no terreno da alienação, ou da mesmice, ou do resultado de escolhas feitas há muito tempo, e das quais já perdemos a memória. Fundamental para uma política ambiental, por exemplo, é saber o quanto seus cidadãos valorizam um meio ambiente sadio, a preservação da beleza da natureza selvagem ou a conservação de recursos naturais para as futuras gerações, em detrimento do aumento da produção material, da ocupação urbana do espaço ou de um maior consumo energético. É evidente que qualquer resposta a essas questões implica um debate público, debate que avança com dificuldades, dada a pretensão estatal de advogar para si o monopólio do tema.

Entretanto, um debate sobre o que consideraríamos uma *vida boa*, ou um *viver melhor* só poderia se dar a partir da discussão do que seria o bem para os seres humanos e para a sociedade, ou seja, a partir de uma discussão sobre a ética: "O mesmo é dizer que as finalidades do desenvolvimento relevam de imperativos éticos. A economia deve ser controlada e finalizada por normas antropoéticas."[19]

Além disso, outra dimensão ética também se impõe: o reconhecimento de que qualquer solução deveria levar em consideração não só os *meus* interesses, mas os interesses *dos outros*, das *futuras gerações* e até talvez dessa própria natureza muda, as duas últimas sem defensor público designado.

A CIÊNCIA COMO IDEOLOGIA DA MODERNIDADE TARDIA

Marx, bem como Weber, reconheciam na sociedade capitalista uma característica peculiar — sua capacidade de expandir-se pelas inovações. Estas, primeiro introduzidas na esfera material da produção, condicionariam mudanças subsequentes na esfera das relações de produção e, em seguida, em todas as demais instâncias sociais.

A chamada "racionalização das forças produtivas", para Marx, ainda que não exclusivamente, era antes de tudo o aumento da produtividade do trabalho por intermédio da introdução de máquinas mais possantes. Racionalizar, portanto, significa chegar de forma mais racional ao mesmo objetivo, ou seja, produzir mais. Aliás, segundo Marx, "o modo de produção tipicamente capitalista" só pode instaurar-se com a mecanização ou racionalização do processo produtivo, pois só ele permitia ao capital expandir-se por meio do aumento de produtividade do trabalho humano, e da apropriação da diferença entre o valor produzido e o custo cada vez menor para a manutenção dessa mesma força de trabalho: o método da mais-valia relativa.

Weber, por sua vez, deixa claro que a racionalização de todas as esferas da vida social e em dimensão global é a característica da modernidade. Valores, ideais, mitos à parte, o que caracteriza a sociedade capitalista é o emprego da razão orientada a fins em todas as esferas da vida social, alastrando uma modalidade de ação inspirada inicialmente na prática produtiva.

Assim, Marx e Weber veem a tecnologia inicialmente aplicada na produção também se estendendo pelas outras dimensões da vida social, remodelando-as a partir da sua lógica instrumental e constituindo-se, portanto, num dos elementos constitutivos da sociedade moderna.

É justamente aí — no predomínio da ação racional que visa a um fim, *as ações racionais teleológicas,* sobre a esfera social, aquela que estabelece as normas sociais, *a ação comunicativa* — que Habermas vê residir a diferença entre as chamadas sociedades *tradicionais* e a sociedade moderna. Embora certas esferas da vida social sempre tivessem exigido, em qualquer sociedade, a adoção de *ações teleológicas*, como a dimensão da produção material e a administração estatal, em todas as sociedades chamadas de tradicionais a esfera que legitimava suas ações, inclusive essas de cunho instrumental, era a interação simbolicamente mediada, ou essa esfera do convívio social, capaz de estabelecer normas e valores.

> A expressão "sociedade tradicional" refere-se à circunstância de que o marco institucional repousa sobre o fundamento legitimatório inquestionado contido nas interpretações místicas, religiosas ou metafísicas da realidade no seu conjunto — tanto do cosmos como da sociedade.[20]

A modernidade, ao contrário, encontraria na ação teleológica a sua legitimação primeira, ou melhor, essa sociedade se legitimaria na medida em que é capaz de inovar continuamente no campo da ação instrumental, desenvolvendo com ela, antes de tudo, a sua capacidade produtiva.

Como cada qual a sua maneira, já tinham sugerido Marx e Schumpeter, o modo de produção capitalista pode conceber-se como um mecanismo que garante uma extensão permanente dos subsistemas da ação racional teleológica, abalando assim a "superioridade" tradicionalista do enquadramento institucional perante as forças produtivas. O capitalismo é, na história mundial, o primeiro modo de produção que institucionalizou um crescimento econômico autorregulado: foi o primeiro a suscitar um industrialismo que, em seguida, se pôde desligar do marco institucional do capitalismo e apoiar em mecanismos distintos dos da revalorização do capital, em termos de economia privada.[21]

Produzir cada vez mais e aumentar a oferta de bens e serviços, no mesmo tempo em que se rebaixa o seu valor, se tornaram um elemento central do imaginário moderno, estendendo seu domínio para além da própria sociedade capitalista que lhe dá origem e atingindo ou talvez conformando de maneira idealmente mais pura, ainda que não na prática, o próximo modo de produção que o sucede — o socialismo. Daí para adiante, ideologias ganham ou perdem adeptos, forças políticas galgam o poder ou são dele expulsas, avaliações históricas de políticos ou de seus programas e mesmo o perdão para crimes cometidos contra a humanidade dependem das taxas de crescimento das atividades econômicas relacionadas a essas ideologias, personagens políticas ou épocas históricas.

Um olhar retrospectivo para a história passada da humanidade nos aponta a singularidade desse imaginário obcecado pelo produtivismo, ainda que o homem do século XIX, já seduzido pelo progresso técnico, encare-o com naturalidade. Com efeito, aquilo que pareceria a Marx um despropósito social, que civilizações se opusessem ao progresso material, dá a impressão no entanto ter sido mais uma regra do que uma exceção na história humana. E seus motivos tão fáceis ou tão difíceis de serem compreendidos quanto quaisquer outros, de qualquer outra época histórica.

Se Marx se encantava com os grandes feitos do Capitalismo — as estradas de ferro, os correios e telégrafos, as máquinas a vapor — e os considerava superiores às pirâmides do Egito, nós, sufocados pela poluição atmosférica e cônscios da ameaça de destruição que pesa sobre a nossa espécie, só podemos nos espantar com o fascínio ingênuo de Marx e de seus contemporâneos pelos milagres da técnica.

Esse fascínio pelo poderio da tecnologia era perfeitamente compreensível em uma época na qual, partindo-se de uma base técnica muito acanhada, cada nova aplicação técnica na produção trazia mudanças drásticas na maneira de viver das pessoas. E, aparentemente, ou pelo menos inicialmente, para melhor. Como comenta Eugen Weber,

> (...) não foi de pouca importância o fato de que vários milhões pertencentes à classe média aprenderam a contar com roupas novas, comida fresca, açúcar, viagens, publicações, escolas para as crianças. De igual importância, os avanços de uns indicavam o caminho aos outros. Os menos privilegiados, diferentes daqueles de outros tempos, esperavam alcançar as vantagens de seus "superiores".[22]

Outra razão pela qual se tinha da tecnologia uma visão tão positiva se devia ao fato de que, àquela época, a tecnologia aplicada à produção fosse sobretudo, ainda, meramente uma promessa de benesses. Seus danos e impactos apenas se pressagiavam, no início da poluição dos rios das cidades com esgotos industriais, na destruição de bosques e áreas verdes e na poluição das cidades em consequência da calefação com carvão.

A razão pela qual a tecnologia estava em condições de exercer tamanha influência sobre a vida social residia em outro lugar que não nela própria. Sua eficácia produtiva já era fruto de um outro processo social: a apropriação da ciência pela lógica capitalista.

A utilização da ciência para o desenvolvimento de tecnologias úteis à produção, porém, fora o *happy end* de uma longa história de lutas entre o que hoje chamamos de ciência — uma investigação metódica controlada pela própria comunidade científica — e os poderes sociais como o Estado e a Igreja. Uma história constituída por mártires e perseguidores, cujo resultado pró-ciência concede hoje ao farmacêutico, ao enfermeiro, ou ao diplomado em algo qualquer, uma autoridade social indiscutível.

O resultado dessa luta implicou a secularização da cultura ocidental. Como disse Bruno Latour brilhantemente em seu ensaio *Jamais fomos modernos*: "... Ninguém é realmente moderno se não se aceitar afastar Deus tanto do jogo das leis da natureza quanto das leis da República."[23]

A natureza, seguindo as regras de Deus na matéria extensa, no movimento dos corpos celestes e até na moderna teoria da relatividade, prescinde da divindade para explicar-se. A função de explicar a origem e natureza nossas e do universo, cumprida pelas cosmologias e cosmogonias presentes nas mitologias e religiões antigas, foi substituída pela ciência. Mas a ciência, na sua preocupação de somente afirmar o verificável ou falseável, consegue ser mais lacônica do que suas antecessoras em perguntas tão básicas como aquelas sobre a origem do universo, a forma do universo, a origem da vida e o futuro remoto de todas as coisas. Essa sem dúvida é uma das fontes da angústia do homem moderno, e que, longe de se atenuar, incrementa-se com os avanços da ciência. Cada nova descoberta científica desvela à frente novos caminhos inatingíveis, novas miragens que se deslocam, sempre bem adiante de nossos passos.

O Direito, por outro lado, encontrará seus fundamentos na natureza. Além disso, o entendimento de que as regras sociais servem à sobrevivência e evolução social esvaziaram qualquer necessidade de um substrato transcendente e ético para essas mesmas regras.

Uma das consequências da secularização da cultura ocidental foi a eliminação dos controles eficazes que a religião exerce sobre as atividades humanas. De fato, ainda que antropocêntricos, egoístas, prepotentes e cruéis — para com seus semelhantes, com *outras* sociedades, animais e plantas —, os homens sempre reconheceram sua impotência frente aos deuses ou mesmo diante de seu único e benevolente Deus. Em virtude da antropomorfização desses poderes naturais, que tanto ameaçavam o homem pela sua força devastadora e pela sua imcompreensibilidade, o divino lhe pôs limites à sua ação. Importam aqui menos os limites práticos, ou a eficácia desses limites como proteção efetiva do meio ambiente, do que o seu valor de interdito.

Com efeito, sabemos que muitas comunidades antigas adotaram práticas de produção e consumo que as conduziram à sua própria destruição. A prática do corte de árvores para transportar as estátuas da Ilha da Páscoa foi responsável pela rápida desertificação da ilha e quase extinção de sua população nativa. A queimada de grandes extensões de terra para o plantio de milho teria produzido secas e consequentemente o fim do Império Maia. O uso da irrigação na agricultura do Oriente Próximo teria sido a causa da salinização crescente dos solos, desertificação, decadência dos reinos e impérios e das guerras constantes entre eles. O desmatamento acelerado da Grécia Arcaica, para fins de agricultura e pecuária, teria permitido a rápida erosão do solo, provocado escassez de alimentos e motivado o processo de colonização de novas Cidades-Estado na Ásia Menor e Itália.

Outras sociedades que sobreviveram souberam preservar as formas de produção e consumo que lhes garantiam uma sobrevivência ecológica. Catástrofes naturais, grandes fomes e pestes periodicamente assolavam seus territórios e dizimavam suas populações, às vezes destruindo essas civilizações para sempre, às vezes permitindo-lhes uma lenta recuperação. Mas quaisquer que fossem essas práticas, sustentáveis ou não sustentáveis — pois essa sustentabilidade só se podia provar *a posteriori* —, todas essas civilizações impunham restrições à atividade humana no meio ambiente.

Mesmo o cristianismo em suas versões católica e protestante, a quem se atribuiu um viés antropocêntrico particularmente acentuado em comparação com outras religiões, cercou de vários interditos as atividades humanas relacionadas com a natureza. Principalmente aquelas ligadas ao corpo humano, como a proibição da autópsia, do aborto e da eutanásia, são exemplos desses interditos, alguns ainda em plena atividade nos dias de hoje. Em *O homem e o mundo natural*, Keith Thomas resume brevemente a polêmica surgida em torno do artigo de Lybb White Jr. "The Historical Roots of our Ecological Crisis", no qual o escritor norte-americano defende a tese de que a degradação da natureza, empreendida pela civilização ocidental, se deve antes de tudo ao caráter altamente antropocêntrico da religião judaico-cristã. Embora reconheça que a presença dos poderes da Natureza apareça de forma extremamente diluída na religião cristã, quando comparada às religiões da Ásia Menor, da Grécia Antiga e do Egito Antigo, Thomas rebate essa tese, ou pelo menos reduz sua força explicativa a partir de três considerações. Em primeiro lugar, a "desnaturalização" da religião judaico-cristã seria obra da herança grega e estoica clássica, despindo-a de todo o seu conteúdo de culto ao natural e do esforço do catolicismo medieval, principalmente nos países de herança celta, em combater o culto das árvores e rios. Em segundo lugar, haveria que se reduzir o poder de religiões oficiais sobre as práticas efetivas dos indivíduos e finalmente reconhecer que circunstâncias econômicas e culturais — como as descobertas, o desenvolvimento de um mercado mundial e a Revolução Industrial — foram decisivas para que se intensificasse o uso predatório da natureza.

Embora esse afastamento de Deus não fosse completo, pois é esse Deus — que quando necessário — pode ser invocado para dar legitimidade à conduta do homem em relação à natureza e ao seu semelhante, na prática, sua intervenção no mundo natural e social é reduzida a zero, como aponta Latour, em *Jamais fomos modernos*. Não mais dilúvios, as Sete Pragas do Egito ou mesmo a lepra, que na Idade Média se acreditava um castigo enviado por Deus para combater a soberba humana. Nem mais necessidade da prova cartesiana da existência de Deus, para provar a validade de sua lógica.

O fim dos interditos religiosos, que punham limites à atividade humana relacionada com a natureza, sem dúvida foi central para o surgimento da sociedade contemporânea. Como o aponta Habermas,

> (É) relevante a circunstância de que as culturas superiores, com base numa economia dependente da agricultura e do artesanato, não obstante diferenças consideráveis de nível, só tenham tolerado, dentro de determinados limites, as inovações técnicas e os melhoramentos organizacionais. Como indicador dos limites tradicionais impostos ao desenvolvimento das forças produtivas, menciono o fato de que, até há cerca de trezentos anos, nenhum grande sistema social conseguiu produzir mais do que o equivalente a, quando muito, duzentos dólares *per capita* por ano.[24]

Esse afastamento de Deus — tanto da natureza como da sociedade — permitirá aos homens experimentar e manipular a natureza, apropriar-se de seus recursos, privatizá-la, explorá-la, aliená-la, expropriá-la de outros humanos e seres viventes, gerando as modernas miséria e riqueza capitalistas e ao mesmo tempo destruindo gravemente a biosfera.

O PODER DA TECNOLOGIA AVANÇADA

No entanto, não foi a suspensão dos limites ou o fim dos interditos à ação humana em relação à natureza, aliados à pura razão instrumental e movidos ambos pela lógica produtivista e consumista, que pode explicar plenamente a magnitude da degradação ecológica que atingiu o mundo contemporâneo. A *hybris*, por si só, não seria capaz de tanto, ou apenas de tragédias gregas.

De fato, na Antiguidade, a ação do homem sobre a natureza bem como sobre si mesmo foi essencialmente superficial e impotente para abalar seu equilíbrio: "Sua vida jogava-se entre o permanente e o mutável: o permanente era a Natureza, o mutável, a sua própria obra."[25]

E assim foi até muito recentemente. Embora qualquer atividade antropogênica tenha causado alterações na biosfera, até as primeiras décadas do século XX essas alterações foram de caráter localizado espacialmente e, em grande parte, reversíveis.[26] A razão pela qual as coisas mudaram está no poder da tecnologia moderna:

> Já não é um cataclismo telúrico, como as glaciares do quaternário, que devasta as eco-organizações, é um envenenamento tecnoquímico. Um vasto fluxo de morte química alargar-se e amplia-se, e confluem nele os esgotos urbanos e industriais, cada vez menos biodegradáveis, cada vez mais nocivos. A poluição das águas generaliza-se e já foi possível encarar-se a "morte do oceano". O CO_2 espalha-se pela atmosfera e aquece-a (por efeito estufa) e a continuação do processo pode fazer fundir os gelos polares, o que provocaria entre outras consequências a submersão duma parte dos continentes.
>
> Assim, os efeitos conjugados e que se sobreampliam uns aos outros, da propagação tecnológica/industrial sobre a biosfera (a atilesca "conquista da natureza") descomplexificam, empobrecem, desregulam, assassinam por vezes as eco-organizações, e tudo isto enceta um processo de regressão que estende a sua sombra mortal sobre a biosfera e, portanto, sobre a humanidade.[27]

É essa técnica altamente desenvolvida que fez com que a ecoesfera se transformasse naquilo que Morin chama de *tecnoesfera*, fazendo-nos cada vez mais dependentes dessa tecnologia, que um dia se apresentou como instrumento da conquista de nossa independência frente à natureza. Os estragos que essa tecnologia traz ao meio ambiente são enfrentados com novas tecnologias. Tecnologias chamadas de *end of pipe*, ou de *fim de tubo*, como filtros, usinas de tratamento de efluentes, incineradores, tecnologias de remediação de resíduos perigosos, como bactérias biodigestoras, convocadas para lidar com os resultados, e não com as causas da poluição industrial. Novos agrotóxicos e plantas geneticamente modificadas são inventados para lidar com os desequilíbrios ecológicos da área rural, originados da monocultura intensiva e de outras práticas agrícolas agressivas, abandonando-se, por outro lado, aquelas tradicionais e sustentáveis. Falsas soluções, contudo, porque, longe de corrigirem os danos causados pelas tecnologias não sustentáveis, acrescentam a estes aqueles que elas mesmo trazem, espalhando poluentes em extensões mais longínquas, afetando novos elos da cadeia trófica e destruindo definitivamente a biodiversidade.

No final do século XX, é a biotecnologia que parece ilustrar com todo o seu *élan* as possibilidades dessas novas tecnologias. Ela, de fato, penetra em territórios até então considerados sagrados, e embora seus resultados práticos ainda estejam longe de modificarem nosso cotidiano, sua potencialidade causa vertigens a todo e qualquer pensador.

Ao sinalizar que a possibilidade de manipular animais, entre os quais o próprio homem, permitia a invasão de duas áreas que até então haviam permanecido irredutíveis à intervenção social — a autonomia reprodutiva e o cérebro —, Morin comenta:

> Os problemas de fundo causados pela bioindústria nascente apresentam-se de modo fundamentalmente ambíguo. Por um lado, há um ganho potencial de complexidade por elevação da produção industrial do nível de artefato ao de organização viva. Por outro lado, existe redução potencial do ser vivo ao estatuto do artefato e praticamente transformação dos seres vivos em máquinas artificiais. (...) Assim, a progressão do industrial tornado vivo corre o risco de ser uma regressão da vida...[28]

Mais alarmante ainda, para Morin, é a questão do controle sobre as aplicações dessa nova tecnologia. Evidentemente, não serão os próprios homens quem controlarão seus genes, e sim os médicos. Mas esses, por sua vez, só exercerão tal controle a partir de diretrizes de um Estado-Nação, "que é o utilizador último e decisivo dos progressos da ciência".[29] Em nome de que ideais sociais, de que projetos políticos?

Ao comentar as enormes possibilidades descortinadas pela biotecnologia, a imortalidade entre elas, Hans Jonas nos submerge em outro mundo de terríveis angústias, ao indagar-se, por exemplo, sobre se deveríamos efetivamente buscar a vida eterna. Quem deveria ter direito a ela? Os melhores entre nós? Os que podem pagar por ela? Todos? Se a resposta que se impuser for a de que *todos* deveriam ter o direito à imortalidade, novas questões se colocam. Para que todos os vivos possam continuar vivendo, será necessário diminuir os nascimentos. Afinal, a Terra não suportaria um crescimento demográfico ilimitado. Assim, a eliminação da morte significa a eliminação do nascimento. Será isso correto do ponto de vista ético? Tirar o direito à vida dos que viriam, para garantir o nosso? Além disso, será que o fim da juventude será bom para a humanidade? A experiência de vida não pode nunca substituir a novidade, o espanto, a espontaneidade, a mudança. "Esse sempre recomeçar, que só é possível ao preço do sempre acabar, pode ser a esperança da humanidade, sua defesa contra o naufrágio no tédio e na rotina, sua chance de preservar a espontaneidade da vida."[30]

Aliás, na literatura, algumas especulações sobre em que medida a imortalidade alteraria o sentido da existência humana apresentaram personagens imersas no tédio acima comentado por Jonas, como o romance de Simone de Beauvoir, *Todos os homens são mortais*, ou o conto de Jorge Luís Borges, *O imortal*.

Também na primeira parte de seu *Ecological Politics in an Age of Risk*, Ulrick Beck denomina nossa era a Era Eugênica, ou a era do barbarismo modernizado. Por meio da biotecnologia, os cientistas estariam prolongando a Criação em um oitavo dia, no qual o homem e a natureza vão para as suas pranchetas.

De fato, os cientistas já estão fazendo experiências com embriões humanos. As técnicas de fertilização *in vitro* permitem detectar doenças, selecionar traços, combinar ou eliminar heranças genéticas desejadas, cultivar órgãos para substituição a partir de embriões de irmãos etc. Por isso os testes pré-natais já permitem uma primeira terapia genética de procriação humana, pois é possível detectar sexo, doenças congênitas graves, epilepsia e muitas outras coisas. A fecundação *in vitro*, por outro lado, permite planejar quando ter um bebê, adquirir óvulos e sêmen alheios etc. Por enquanto estaríamos em uma etapa de diagnóstico, alerta Beck, mas em breve estaremos na fase da "arquitetura" dos seres e espécies. E *quem* decidirá quais os limites éticos, ou os tabus que poderão ser transpostos e rompidos?

O filme *Gattaca — A Experiência Genética*, de 1997, dirigido por Andrew Niccol, em que dois irmãos gerados em "eras biotecnológicas" diferentes se enfrentam, pode dar-nos ideia de uma futura sociedade constituída por classes biológicas, ou melhor, por castas, já que indivíduos gerados pela engenharia genética humana não desejariam se misturar com aqueles outros, fruto do "azar" reprodutivo.

A *ficção científica*, aliás, esse gênero literário cujo caráter profético vem sendo crescentemente confirmado pelos fatos, já havia produzido um enredo, *A Ilha do Dr. Moreau*, de Erle C. Kenton, no qual um cientista louco experimentava hibridações entre homens e animais, a salvo de quaisquer controles éticos, em uma paradisíaca ilha do Pacífico. Pois a realidade não está assim tão distante. Há alguns anos, o conselho de ética da Associação Médica Alemã autorizou várias tentativas de fecundar híbridos de humanos com coelhos *hamsters*, com o intuito científico de provar que tal hibridação não seria viável.

Em seu mais recente livro, *O século da biotecnologia*, Jeremy Rifkin traça um panorama do que pode ser essa nova era eugênica. À medida que os cientistas compreendam melhor o funcionamento dos genes, aumentará significativamente a "eugenia familiar", para identificar e eliminar traços genéticos indesejáveis e implantar características desejáveis. Essas possibilidades da engenharia genética "...devem redefinir a própria noção de paternidade e maternidade no século biológico".[31]

De fato, não é impossível que no futuro se venha entender como *paternidade responsável* a correção genética da célula ou do embrião, eliminando traços biológicos indesejáveis. Ao contrário, pais que permitam o nascimento de seus filhos de acordo com o "método tradicional", ou seja, pelo acaso biológico, poderão ser acusados de negligência com relação àqueles.

O fato de que seja possível prever-se com maior exatidão as chances de que determinadas enfermidades apareçam no futuro certamente influenciará nas escolhas matrimoniais.

> Para se proteger da angústia resultante de tais decisões, alguns jovens provavelmente optarão pela prevenção e evitarão casar com alguém que possua o "genótipo" errado, temerosos de passar para seus filhos doenças genéticas.[32]

Se as coisas ocorrerem desta forma, o que não é difícil, um estigma genético se erguerá sobre grupos de pessoas portadoras de genes passíveis de manifestar certas enfermidades na vida adulta. A seleção de parceiros matrimoniais, profissionais especializados, candidatos a planos médicos ou de seguros por morte ou invalidez poderá ser precedida de exames genéticos, eliminatórios, para detectar doenças hereditárias.

O terreno ideológico já está aplainado para essa sociedade eugênica. Como mostra Rifkin, o fim do século XX se caracteriza pelo retorno a uma explicação biológica para a natureza humana. Seríamos antes de tudo nossos genes e muitos dos problemas sociais poderiam ser explicados pela genética.

Não é à toa que muitos dos problemas ligados à escolaridade de crianças, como dificuldades de leitura, pouca capacidade de concentração e comportamento irrequieto, são hoje enfrentados com medicamentos, enquanto vinte anos atrás eram entendidos como problemas de fundo psicológico, social ou mesmo pedagógico.

> A crescente "genetização" das crianças começa a alterar a tradicional relação educacional na sala de aula, substituindo a dinâmica professor-aluno pelo modelo médico-paciente. As evidências dessa mudança estão em toda a parte. Milhões de alunos estão sendo tratados de deficiências de aprendizagem e distúrbios de comportamento com uma série de drogas farmacológicas, inclusive Librium e Valium para ansiedade, Prozac e Zoloft para depressão, Dexadrine para distúrbios comportamentais e fenobarbital e Benadryl com finalidades sedativas. A prescrição de medicamentos tornou-se um fator importante no processo educacional e vem sendo cada vez mais utilizada para segregar e estigmatizar as crianças em sala de aula.[33]

Embora alguns geneticistas vejam com grande naturalidade esse "Admirável Mundo Novo" que eles estão ajudando a construir, é claro que os cenários dessa sociedade biotecnológica assustam a mídia, a opinião pública e os governantes. Ao transpor a soleira sagrada do nosso corpo e mente, os desafios da biotecnologia, contudo, não fazem mais do que exibir em cores gritantes o que já vem ocorrendo, em preto e branco, ou seja, sem chamar a mesma atenção, em outras áreas da investigação e aplicação científicas.

É, portanto, o novo poder da tecnologia atual em alterar a natureza que, aliado a uma cultura produtivista, consumista e narcísica, cuja racionalidade detém-se apenas nos meios para incrementar e baratear a produção, nos conduz à catástrofe ambiental e à desorganização moral, ao promover uma sociedade de características completamente distintas daquela que conhecemos em outras épocas da história humana.

A SOCIEDADE DE RISCOS

Quem talvez mais tenha contribuído teoricamente para descrever essa nova sociedade vítima do seu próprio progresso teria sido Ulrich Beck. Para esse sociólogo alemão contemporâneo, a produção social de riqueza em nossa sociedade atual é sistematicamente acompanhada pela produção social de riscos. A natureza desses riscos, contudo, é diferente daquela dos riscos habitualmente conhecidos na história.

Em primeiro lugar, os riscos antigos eram *pessoais ou grupais*, enquanto os atuais são *globais*. Graças à alta tecnologia empregada, seus impactos não se restringem a um determinado espaço e tempo, podendo atingir o planeta e várias gerações futuras.

Em segundo lugar, os riscos do passado eram evidentes, agredindo olhos, ouvido e olfato. Hoje, embora irreversíveis, eles escapam à percepção, localizando-se nas esferas das fórmulas físicas e químicas. Por essa razão exigem conhecimento e interpretação científica para serem detectados. Em virtude disso, são objeto de debate e construção social, nos quais a mídia, a comunidade científica e os juristas assumem papéis políticos cruciais. Essa maior importância do conhecimento científico na vida social provocou, por sua vez, o surgimento de um campo de estudo sociológico especial, a *Análise de Riscos*, do qual Beck é uma das suas maiores expressões.[34] A forma de distribuição dos riscos ambientais também se diferencia daquela de acordo com a qual se distribuem as riquezas nas velhas sociedades industriais. Em primeiro lugar, os riscos ambientais têm *efeito bumerangue*. Dada a natureza altamente potente da tecnologia atual, cedo ou tarde os riscos produzidos atingem seus perpetradores: sua saúde, propriedade, lucro e legitimação.

É bem verdade, contudo, que quando há possibilidade de escolher a respeito de quem será a possível vítima de riscos previsíveis de uma tecnologia, a escolha ainda se faz segundo a velha lógica da sociedade de classes: os mais pobres e com menor poder político são as vítimas preferenciais. É essa coincidência entre a injustiça social e a ambiental que provocou o surgimento dos movimentos chamados de *Environmental Justice*. Eles mostram como bairros e regiões pobres, de grupos minoritários ou étnicos, terão muito mais chance de serem contemplados com aterros sanitários, incineradores de lixo doméstico e urbano, depósitos de material nuclear e fábricas poluentes, do que bairros ricos ou habitados por grupos influentes econômica ou politicamente. Também há a clara tendência de transferir do Primeiro para o Terceiro Mundo as atividades industriais e minerais mais poluentes e arriscadas, externalizando, portanto, os custos ambientais do mundo mais industrializado.

A difusão dos riscos da sociedade moderna, portanto, não rompe com a lógica capitalista, mas a conduz a um novo estágio. Porém, ao lado da lógica em que a pobreza atrai pobreza e a riqueza, riqueza, o risco ambiental segue sua própria lógica — química, física, biológica —, o que explica que ele pode se abater de forma súbita e implacável, também, sobre os mais privilegiados. As mães alemãs têm sido aconselhadas a não aleitar seus bebês por mais de três meses, dada a grande quantidade de dioxinas presente em seu leite; a nuvem de Chernobyl atingiu primeiramente as assépticas sociedades nórdicas, o salmão do Mar Báltico está contaminado com pesticidas utilizados na agricultura das áreas tropicais e os Países Baixos e a costa ocidental europeia irão submergir, além de sofrer temperaturas invernais muito mais baixas em virtude das mudanças climáticas.

De fato, os riscos ambientais não respeitam nem barreiras de classe nem de nações, trazendo um dinamismo novo aos conflitos sociais. A poluição do solo, de recursos hídricos e do ar com efluentes industriais, o risco de acidentes em usinas ou fábricas, a poluição sonora e atmosférica resultante do crescimento do tráfego automobilístico desvalorizam investimentos e propriedades, significando verdadeiras desapropriações, sem direito a indenização.

Essas desvalorizações e desapropriações ambientais podem atingir tanto seus perpetradores quanto, mais uma vez, se abater sobre as mesmas vítimas da desigualdade social. Podem atingir ricos e pobres indiferenciadamente, criando inesperadas alianças entre empresas e trabalhadores de um lado, e separando em bandos opostos capitalistas de capitalistas, trabalhadores de trabalhadores. Isso porque há quem ganhe e quem perca com o correr riscos a curto, médio ou longo prazos. O potencial de conflito político e social se amplia notavelmente em função de quem seja a provável vítima do risco ambiental, pois a sociedade de risco produz novas desigualdades internas, internacionais e entre os países do Primeiro Mundo.

As *causas* dos riscos de ontem e dos de hoje também são diametralmente diferentes. Os riscos de antigamente eram consequência de carências das tecnologias de higiene, da produção agrícola ou da arquitetura, enquanto hoje eles decorrem da superprodução industrial. Os riscos atuais, portanto, são consequência direta da industrialização e se intensificam à medida que se tornam globais.

Assim, as consequências negativas do modelo produtivista transformaram a sociedade moderna em um espaço de distribuição de riscos, e não de riquezas.

Esses riscos, resultantes do próprio desenvolvimento técnico-científico, farão com que a modernização experimentada pela nossa sociedade adquira um caráter *reflexivo,* ou seja, com que a modernização repercuta sobre si mesma. E isso tanto objetiva como subjetivamente. A sociedade reflexiva irá debruçar-se sobre si mesma, analisar-se como objeto, refletir sobre os rumos tomados. Por isso, Beck distinguirá na época moderna dois períodos distintos: a *modernidade clássica* e a *reflexiva*. A primeira correspondendo ao período da industrialização e da crença no progresso técnico, e a segunda, ao período recente, no qual as consequências dessa industrialização e desse progresso técnico passam a ser percebidas como problemáticas. Ou, como ele mesmo diz, poeticamente: "As forças produtivas perderam sua inocência no processo de modernização reflexiva."[35]

O início dessa nova fase talvez possa ser demarcado como aquele que inaugura a era atômica. Quando os governos ocidentais resolveram desenvolver bombas atômicas no início da Guerra Fria, haviam decidido igualmente introduzir na ecoesfera dejetos nucleares que viverão mais tempo do que a própria existência do *Homo sapiens sapiens*, na face da Terra.

Naquela época, aqueles poucos cientistas que se opunham ao desenvolvimento de bombas atômicas por razões éticas pareciam altamente suspeitos de simpatias com o comunismo. Hedwig Born, esposa de Max Born, um dos 18 cientistas que assinaram o Manifesto de Göttingen, em 13 de janeiro de 1958, assim respondeu a uma revista norte-americana que questionava a razão do porquê tão poucos cientistas se opunham ao programa nuclear militar:

É verdadeiramente chocante que no Ocidente "cristão" se possa considerar uma ação ditada pela consciência como um *luxo* e que no Ocidente *livre* haja quem se impressione com o fato de que cientistas possam "trabalhar sem pressões nem diretrizes governamentais". Significa isso que no bloco ocidental, que se vangloria de seu cristianismo e de sua liberdade democrática, um ato de consciência que corresponde à doutrina cristã e um ato de valor cívico que está de acordo com os princípios democráticos possam ser considerados suspeitos?[36]

De fato, o desenvolvimento da bomba atômica e os testes nucleares devem ser considerados o nascimento dessa nova era tecnológica, cujas consequências indesejáveis não podem mais ser previstas de antemão e portanto controladas e evitadas. A descoberta da estrutura do átomo assinala, assim, ao mesmo tempo, o momento em que a tecnologia começa a ameaçar globalmente a existência dos seres vivos.

Sob a pressão política da Guerra Fria, contudo, quase passava despercebido o fato de que se haviam alterado drasticamente as condições a partir das quais os cientistas ofereciam à opinião pública garantias de segurança quanto a seu trabalho científico.

Em primeiro lugar, epistemologicamente, a física nuclear pretendia explicar fenômenos de uma complexidade até então desconhecida. O fato de Einstein nunca ter aceitado a teoria da física quântica, desenvolvida por colegas e colaboradores seus, nos indica o quão complexos e imprecisos são esses fenômenos que a física contemporânea estudava. Na verdade, desde que Heisenberg formulou o "princípio da indeterminação", em 1927, a ciência entrara em uma era diferente, nebulosa, na qual não mais existiam provas empíricas irrefutáveis, para tirar as dúvidas. Daí em diante a incerteza científica irá acompanhar toda a boa e séria ciência.

É esse novo terreno pantanoso de incerteza estrutural quanto à veracidade do conhecimento científico e dos resultados de sua aplicação prática que transformou radicalmente a natureza das garantias oferecidas pelos cientistas à opinião pública dos países onde se testavam bombas nucleares, em comparação com os períodos anteriores.

As explosões nucleares de Hiroshima e Nagasaki, que talvez tenham servido menos a objetivos militares do que à experiência científica de explodir uma bomba em "condições reais", revelaram também aos cientistas o amplo espectro de enfermidades e morbidade decorrentes da exposição à radiação atômica.

Certamente os cientistas norte-americanos, russos e chineses, durante os anos 1950, nem imaginavam que os efeitos de longo prazo da contaminação radioativa fossem tão sérios e duradouros como hoje sabemos. Mas havia uma razoável suspeita de que existissem tais efeitos, como o provam as experiências secretas nos Estados Unidos com portadores de deficiência mental ou as experiências ainda menos secretas com animais submetidos à exposição direta, na União Soviética e soldados obrigados a ingressar na poeira atômica, logo após efetuadas as explosões nos Estados Unidos, União Soviética e China. As experiências eram uma confissão de que embora não se soubesse *tudo* a respeito dos impactos das explosões nucleares, os governos haviam *decidido* que o risco valia à pena.

Que governos decidam por seus cidadãos a assumir certos riscos, em função de outros que lhes pareçam mais ameaçadores, não é novidade na História e certamente é um imperativo da política, em certas circunstâncias que não permitem a ampla consulta popular, como situações de calamidade pública, ataque inimigo e guerra civil. A novidade está em que esse balanço entre riscos e benefícios não se dê dentro de um contexto emergencial, em primeiro lugar. Em segundo, que seja realizado agora não por dirigentes políticos, mas por cientistas, e que esses mesmos cientistas omitam as margens de insegurança com que trabalham, algo que é também absolutamente novo, no campo da conduta científica.

Barry Commoner, um dos precursores do movimento ambientalista, percebeu claramente essas novidades enquanto trabalhava como professor na Universidade Washington, em St. Louis, no Missouri e se interrogava sobre eventuais impactos da chuva atômica caída na Costa Leste dos Estados Unidos, em decorrência dos testes nucleares realizados no deserto de Nevada. Ao buscar dados sobre tal chuva, Commoner descobriu que grande parte dessa informação não estava disponível, o que, a seu ver, constituía uma violação dos princípios da ciência. Como ele escrevia na revista *Science*, em 1958:

> Precisamos lembrar que o desenvolvimento da verdade científica é um resultado direto do grau de comunicação que normalmente existe na ciência. Como indivíduos, os cientistas não são menos falíveis do que outros tipos de indivíduos razoavelmente prudentes. O que nós chamamos de

verdade científica emerge da insistência dos investigadores na publicação livre de suas próprias observações. É isso que permite ao resto da comunidade científica checar os dados e avaliar as interpretações, fazendo com que finalmente um corpo de ideias consensuais apareça.[37]

Commoner, muito acuradamente, percebeu o quanto era absurdo que se concedesse aos cientistas o direito de tomar decisões pelas demais pessoas, ou melhor, por toda a humanidade. O cálculo de riscos e benefícios que a decisão dos testes nucleares impunha, com seu corolário de impactos de longo prazo para uma enorme parte da humanidade, não era um cálculo científico ou matemático, mas um julgamento moral. De ambos os lados da balança havia que se colocar vidas humanas, aliás, milhares de vidas humanas, e para tal tipo de julgamento os cientistas não eram exatamente o segmento social mais bem aquinhoado.

Pertencendo à comunidade científica, Commoner devia perceber o quanto era fácil para um governo manobrar essa comunidade ao seu belprazer. A comunidade científica, de fato, se caracteriza por um certo alheamento da política e da vida cotidiana dos cidadãos, concentrando suas atenções e energias nos desafios da pesquisa científica e nas gratificações psíquicas e sociais que esse trabalho oferece. Ela é, portanto, um segmento social altamente manipulável. Manipulável pelo Estado e igualmente manipulável pelo Mercado e cada vez mais por este último, na medida em que o Estado reduz a sua participação na pesquisa científica. Talvez seja essa a realidade que o seguinte depoimento de Max Born expressa:

> Do meu ponto de vista pessoal, as ciências naturais me proporcionaram, pelas razões expostas, todas as satisfações e alegrias que um homem pode esperar de sua profissão. Porém, ao longo de minha vida, as ciências naturais se converteram em um assunto de transcendência pública e se superou a concepção de *art pour l'art* que imperava em minha juventude. As ciências naturais se converteram em uma parte integrante e de suma importância para nossa civilização e o trabalho científico-natural constitui uma contribuição ao seu desenvolvimento. *Na nossa era técnica, as ciências naturais têm funções sociais, econômicas e políticas. Por mais distante que esteja o próprio trabalho da aplicação técnica, representa um elo na cadeia de fatos e decisões que determinam o destino do gênero humano.*

> *Este aspecto da ciência só o compreendi inteiramente depois de Hiroshima, porém ele adquiriu para mim uma dimensão decisiva. Fez-me refletir sobre as mudanças provocadas pelas ciências naturais na vida do homem na minha época e as consequências que podem ter no futuro.*[38]

Sem percebermos, portanto, os novos e extraordinários poderes da tecnologia inverteram os procedimentos da atividade científica. Antes, primeiro se pesquisava para se estar em condições de construir um artefato. Agora constrói-se o artefato, cujas consequências só poderão se estudadas *a posteriori*. Dessa forma, é todo o planeta que se transforma no laboratório da ciência e toda a humanidade e a fauna existente, que se tornam cobaias.

Não é só a magnitude do artefato, sua complexidade e a forma complexa com que poderá reagir com os demais sistemas o que impede um estudo exaustivo das novas tecnologias, antes de que seu uso seja liberado, mas porque, também, *há pressa*. Testes nucleares ao ar livre não puderam esperar os resultados, que mais tarde a sua própria experiência empírica provou que eles matavam. Os testes subterrâneos, até recentemente praticados pelos franceses, também não puderam esperar estudos científicos sobre a possibilidade de que material escape por fendas geológicas e contamine os oceanos. As usinas nucleares não puderam esperar os estudos sobre o que aconteceria, caso houvesse acidentes, como o de Chernobyl e a engenharia genética também queixa-se das desleais restrições que os consumidores estão criando à adoção dos alimentos transgênicos, antes que as "indústrias da vida" tenham decidido a gastar ao menos 1% do seu orçamento de pesquisa para avaliar os riscos de plantas transgênicas no meio ambiente e na saúde humana.

Na verdade, a inversão do esquema pesquisa-realização para o de realização-pesquisa e a pressa no uso das aplicações das novas tecnologias caracterizam aquilo que Castoriadis chamou de *autonomização da tecnociência*. Ninguém em nossa moderna sociedade estaria capacitado nem legitimado para controlar os efeitos indiretos e indesejáveis da evolução científica A pesquisa científica, segundo Castoriadis, seguiria uma trajetória da inércia, ou seja, caminharia pelo simples caminhar, incapaz de questionar o sentido dessa caminhada.

Alguns críticos da sociedade contemporânea que se considerem menos nas nuvens do que os filósofos, poderiam obstar que há, sim, um sentido geral da investigação científica e sua aplicação tecnológica, que é o lucro a ser obtido pelas empresas que hoje utilizam os serviços da ciência. Ainda que isto seja parte da verdade, é verídico também que muitas pesquisas científicas, em geral as mais polêmicas, realizam-se sem patrocinadores industriais, revelando uma vontade de potência humana sobre a natureza que transcende ou mesmo pode se opor aos interesses mais pragmáticos do mercado.

Além disso, em tese, o capitalismo é capaz de produzir quaisquer valores de uso requeridos pela sociedade, desde que perceba haver mercado para estes. Bíblias ou aguardente, conforme os exemplos que Marx adota no primeiro capítulo de *O Capital*, o capitalismo só produz valores de uso não sustentáveis e adota tecnologias não sustentáveis, porque esses são aceitos socialmente. Não é à toa que as reais melhorias ambientais na forma de produzir, ou produtos ambientalmente corretos, ou mesmo a "maquiagem verde" das empresas multinacionais nada mais são do que uma resposta à demanda social.

Portanto, mais além dos objetivos de lucro imediato, da mania produtivista e consumista, desvenda-se um substrato psíquico que estaria a inspirar essa aventura prometeica: a fuga à impotência humana por meio da técnica. Essa ilusão de onipotência, como Castoriadis a chama, está presente desde as primeiras palavras pronunciadas por Francis Bacon e Descartes a respeito dos promissores cenários do futuro descortinados pela aplicação da ciência na vida dos homens. Não nos tornaríamos melhores, mais puros, mais nobres, mais generosos, e sim mais poderosos. A natureza, de onde viemos, a obrigaríamos a ajoelhar-se aos nossos pés.

Há, de fato, em todos os autores posteriores à Revolução Científica, e até recentemente, um profundo desprezo por tudo que nos aproximasse da natureza, como as próprias palavras de Marx sobre os hindus nos permitem constatar:

> Não devemos esquecer que essas pequenas comunidades estavam contaminadas por diferenças de casta e pela escravidão, que elas submeteram o homem às circunstâncias exteriores, em lugar de fazê-lo soberano das mesmas circunstâncias, que converteram um estado social que se desenvolvia por si só num destino natural imutável, criando assim um culto grosseiro da natureza, cuja degradação salta à vista, no fato de que o homem, o soberano da natureza, cai de joelhos, adorando o macaco *Hanuman* e a vaca Sabbala.[39]

A pretensão a dominar a natureza seria o sonho de liberar os homens de todos os sofrimentos que esta nos traz. Assim, pelo desenvolvimento da ciência e da técnica o homem poderia escapar à dor. "Finalmente, nesta ilusão de onipotência encontramos a fuga frente à morte e a sua negação: no hospital, no acelerador de partículas, nos laboratórios de biotecnologia etc."[40]

Essa ambição de onipotência da ciência moderna é acompanhada de atitudes agressivas. Como já o apontaram diversos críticos da ciência moderna, ela exibe uma notável matiz agressiva em todos os seus aspectos. Vandana Shiva mostra como essa ciência moderna é violenta do ponto de vista epistemológico, ao podar do conhecimento científico tudo aquilo que não se adapte aos seus cânones reducionistas; violenta também do ponto de vista ontológico, ao eliminar do marco dos objetos de conhecimento tudo aquilo que não tenha importância imediata e, finalmente, violenta em termos sociais, desqualificando todo o conhecimento que não seja aquele obtido em sua comunidade, segundo suas regras metodológicas.

Ciência e tecnologia modernas, com efeito, foram feitas e construídas com práticas que isolam, extraem, eliminam, inserem, separam, cortam, recortam, transportam, marcam. Há, mesmo, uma notável semelhança entre a terminologia militar e a científica: atingir, cercar o problema, dominar, impor, estabelecer, introduzir.

O método da ciência moderna, proposto por Bacon e Descartes, é, portanto, o da fragmentação, da simplificação e da redução dos problemas, com vistas à sua solução. O experimento controlado é seu principal rito, pois a sua repetibilidade permite a formação do consenso dentro da comunidade científica. Bem dito, dentro, pois outras formas de conhecimento que não se baseiem no laboratório nem na comunicação científica sobre ele — o relatório — nem no uso de uma determinada terminologia canonizada estarão definitivamente expulsas do mundo do saber.

> O programa baconiano de dominação sobre a natureza se baseia no experimento controlado, o qual estava formulado e concebido na linguagem e metáfora da violação, da tortura e da inquisição. Portanto, o experimento controlado foi uma opção política, destinada a controlar a natureza e excluir as outras formas de conhecimento.[41]

Assim, seja por se buscar a ampliação da produção e do consumo de bens materiais, e com isto melhorar a sorte dos homens, seja porque correu-se atrás do lucro e da acumulação de capital, ou porque se vislumbrou na ciência e na técnica a possibilidade de se escapar ao sofrimento e ao destino mortal de todos nós, a verdade é que a tecnociência alcança um patamar de desenvolvimento na segunda metade do século XX que inaugura outro período da história da humanidade. Pela primeira vez, na história do planeta, uma espécie viva está ameaçando seriamente a existência de todas as demais. E, com isso, a sua própria. É esse novo poder que nos impõe a necessidade de buscar uma nova ética, com diz Hans Jonas, no prefácio de seu livro:

> O Prometeu definitivamente liberado, que ofertou à ciência forças até então desconhecidas e à economia impulsos irrefreáveis, clama por uma ética que voluntariamente impeça que seu poder desgrace os homens. A tese de partida deste livro é a de que a promessa da moderna tecnologia se transformou em ameaça, ou está indissoluvelmente ligada com esta.[42]

A ÉTICA DA RESPONSABILIDADE

Ao definir em seus traços mais genéricos a ética dos antigos, para depois compará-la com as exigências de uma ética da responsabilidade, Hans Jonas aponta as seguintes características. Em primeiro lugar, o território da *technè* (artefatual) era, com exceção da medicina, eticamente neutro, tanto no que se refere ao objeto quanto ao sujeito dessa ação.

Como o impacto da ação humana sobre os demais seres vivos por meio da técnica era tão reduzido, a ética tratava apenas de todas aquelas condutas humanas — técnicas ou não — que atingissem outros seres humanos. Por isso, dirá Hans Jonas, "toda ética tradicional é *antropocêntrica*".

Dada a pouca eficácia da técnica, o homem e o seu estado podiam ser considerados constantes, e não objeto da *technè* formadora. Pela mesma razão, ou seja, pelas limitações da técnica, o Bem e o Mal resultantes da ação humana se encontravam na proximidade dos seus agentes, tanto em termos de espaço quanto de tempo. Dessas características da ética antiga resultava o fato de que o tipo de saber que se requeria para a avaliação moral da ação era de natureza comum, estando ao alcance de qualquer homem, como cita Hans Jonas, no entendimento de Kant: "Nenhuma ciência ou sabedoria são necessárias para que se saiba como se deve agir de modo a ser digno e bom e mesmo para ser sábio e virtuoso."[43]

Mas a nova tecnologia, suas realizações e consequências tornam ultrapassada a ética tradicional, como instrumento para enfrentá-las. Efetivamente, quando a humanidade pode perceber a vulnerabilidade da natureza à sua atuação, a tecnologia já lhe trouxera danos graves. A ecologia surgiu com o reconhecimento de que a tecnologia tinha transformado todo o planeta em seu objeto de atuação. E isto, fruto tanto de ações deliberadas quanto involuntárias, tanto resultado de atos isolados quanto do mero poder acumulativo das atos tecnológicos, produzindo ao fim um resultado não escolhido por ninguém. E, como chama a nossa atenção Jonas, à medida que se acumulam tais atos, restringe-se o espaço para medidas corretivas. Muitos desses atos, inclusive, originarão situações indesejadas, impossíveis de serem remediadas. Ou seja, o poder da nova tecnologia pode trazer consequências irreversíveis.

Devido aos impensados resultados da nossa ação, emerge um novo papel da ciência na moral, segundo Jonas. Agora, nosso saber deve ser o suficientemente sólido para orientar a nossa ação. Porém, é preciso reconhecer que ele nunca será maior do que o impacto de nossa ação, ou seja, que ele nunca será capaz de prever exaustivamente aquele impacto.

> A distância entre a força do conhecimento prévio e o poder do fazer cria um novo problema ético. O reconhecimento da incerteza se torna o âmago do dever do saber e, com isso, uma parte da Ética, que deverá instruir a reavaliação cada vez mais urgente do nosso extraordinário poder.[44]

Essa constatação irá inspirar o Princípio de Precaução, paradigma da tomada de decisões políticas na área ambiental, mais também em todas aquelas nas quais se apresente essa disparidade ou distância entre o conhecimento possível de previsão sobre os efeitos de nossa ação e potencial de riscos desta mesma ação.

Portanto, sujeito e objetos da ação tecnológica deixam de ser *neutros*, passando a ser importante considerar quem é o objeto e quem é o sujeito dessa ação, para avaliá-la ética e politicamente. Justamente por sua capacidade de atingir outros seres distantes no tempo e espaço, o sujeito da ação — o técnico, o administrador governamental e o empresário — passa a tomar decisões eminentemente políticas quando estimula, libera ou impede a aplicação de determinadas tecnologias. Privilegia as necessidades de uns, em detrimento dos direitos de outros, interesses considerados nacionais, em detrimento dos locais, valoriza as demandas de curto prazo, em detrimento de políticas de desenvolvimento sustentável de longo prazo e os interesses econômicos de curto prazo em detrimento da preservação ambiental ou cultural.

Isso é ainda mais fácil de ocorrer quando a própria lógica do sistema político de eleições e mandatos prioriza os resultados que possam ser obtidos a curto prazo e que possam render publicidade e votos.

Por isso, Hans Jonas se pergunta com pertinência sobre a legitimidade dos governos representativos que possuímos, para dar conta das novas exigências da era tecnológica. Se os fundamentos e processos normais dos governos representativos estão voltados para os interesses atuais daqueles a que estes governos devem representar, quem representará, então, aqueles que vão nascer? Além disso, se forças sociais atuais, quaisquer que sejam, devam representar o futuro, que visão de futuro, que ponto de vista valorativo de futuro deveria ser representado no presente?

Assim, impõe-se substituir a *hybris* da sociedade moderna por uma humildade que deveria decorrer de nosso imenso poder tecnológico, pois "há um excesso do nosso poder de fazer sobre o nosso poder de prever e sobre nosso poder de conceder valor e julgar".[45]

O novo imperativo daí decorrente deveria ser, segundo Jonas: "Aja de tal forma que os efeitos de sua ação não destruam as condições futuras da vida."[46] Como é evidente, esse novo imperativo se dirige muito mais à política pública do que ao comportamento privado. A natureza, portanto, deixaria de ser bem sobre o qual exercemos plenamente nosso direito de propriedade, mas patrimônio, *Treugut*, que deveríamos ser capazes de conservar e deixar aos nossos herdeiros, de forma íntegra.

Aliás, o conceito de desenvolvimento sustentável quer dizer exatamente isto e não mais além. Muitas das críticas que lhe são dirigidas sublinham exatamente sua vaguidão, sua indefinição sobre o que seria esse desenvolvimento sustentável que pretendemos garantir às gerações futuras. Ora, se não quisermos definir por elas quais serão seus valores, suas prioridades, seus desejos, nada mais podemos e devemos fazer do que preservar os recursos naturais existentes, de modo que aquelas possam fazer suas opções.

Retornando ao que seja talvez o aspecto mais complexo da Ética da Responsabilidade de Hans Jonas, vamos encontrar esse filósofo sugerindo que ultrapassemos os marcos antropocêntricos da ética moderna. Se nos tornamos capazes de introduzir alterações significativas na natureza, algumas delas com consequências gravíssimas e irreversíveis, se somos capazes de ameaçar a existência de inumeráveis seres vivos, em uma onda de extinção que os cientistas consideraram a mais grave já ocorrida na Terra e a única de natureza antropogênica, não nos tornamos nessa mesma medida responsáveis por ela?

Mais do que isso, pela primeira vez se coloca a questão: o *direito da natureza a ser o que ela é*. Excetuando-se as religiões, nenhuma outra ética anterior nos pode servir de exemplo para explorar essa dimensão, pois todas elas são ou foram antropocêntricas. A ciência moderna menos ainda nos serviria de inspiração, pois ela nega à natureza qualquer direito, reduzindo-a à mera indiferença da necessidade e do acaso, despindo-a de qualquer dignidade ou sentido.

Porque, como argumenta Jonas, o fato de a natureza não exibir subjetividade, não quer dizer que ela não possua *finalidade*. A vida seria a própria comprovação de uma dessas finalidades, pois não temos como saber se há outras, e se essa é a principal delas. Mesmo a subjetividade humana não passaria desta finalidade da natureza, a vida, tornada consciente.

O que importa, assim, é que a natureza percorreu uma história sua, em busca de suas finalidades, aproveitando as oportunidades que o acaso brindou, desenvolvendo a vida. Um dos seus últimos rebentos, entretanto, torna-se, hoje, capaz de interromper essa história natural. Temos o direito de o fazer?

Há uma enorme semelhança entre o tipo de argumentação lógica que Jonas desenvolve em relação à natureza e que nos impõe uma ética da responsabilidade e aquela que Levinas sustenta em relação ao Outro.

> Mas este *en face du visage* na sua expressão — na sua mortalidade — me convoca, me requer, me reclama. Como se a morte invisível à qual faz face o rosto de outro — pura alteridade, separada, de qualquer maneira, de todo o conjunto — fosse meu assunto. Como se, ignorada do outro, do qual, já na nudez de seu rosto, ela se apropria, ela "me encarasse" antes de sua confrontação comigo, antes de ser a morte que encara a mim mesmo. A morte de outro homem me coloca em questão como se, desta morte

invisível ao outro, que aí se expõe, eu me tornasse, ao lado de minha eventual indiferença, o cúmplice; e como se, antes mesmo de voltar-se para mim mesmo, eu tivesse que responder por esta morte do outro, e não deixar o outro só em sua solidão mortal. É exatamente nessa chamada à minha responsabilidade pelo rosto que me convoca, que me requer, que me reclama, é neste questionamento que o outro é próximo.[47]

Como expõe brilhantemente Bauman em *Modernidade e holocausto*, os fundamentos da ética de Emmanuel Levinas contrariam as ideias tão estabelecidas nas ciências sociais, de que a moral é produto da vida social, ou seja, de que a sociedade seja uma força moralizadora, ou como dirá Bauman, "uma fábrica produtora de moralidade". Daí derivou a percepção de que falhas morais são defeitos de produção, imperfeições dos mecanismos sociais de produção da moral e de que, portanto, há algo de doente em uma sociedade, quando a moralidade escapa dos trilhos e se perde na senda do mal, como no caso do Holocausto.

Bauman, no entanto, defenderá a tese de que o processo de socialização não produz a moralidade, mas apenas a manipula, desviando-a, restringindo-a e, por vezes, reprimindo-a. De fato, a perseguição aos judeus exigiu enorme esforço da sociedade fascista para aplacar a consciência moral dos seus cidadãos e gerar a indiferença com a sorte dos perseguidos. Ao colocar a questão da possibilidade e da necessidade de se resistir à imoralidade social no período fascista, Nuremberg impôs a revisão daquela tese sociológica, que coloca os indivíduos como meros reprodutores dessa moral social. Por isso Bauman afirma, no início de seu livro, que o Holocausto oferece uma grande oportunidade para as ciências sociais, ainda não aproveitada, de rever sua teoria da moralidade.

> Como consequência do Holocausto, a prática legal e, portanto, também a teoria moral enfrentaram a possibilidade de que a moralidade possa se manifestar em uma insubordinação face a princípios socialmente sustentados e numa ação abertamente em desafio da solidariedade e consenso sociais.[48]

A origem da moralidade humana, consequentemente, estaria em uma esfera inferior àquela da vida societária, apesar de ainda pertencer ao âmbito social. É o "estar com os outros", aquele mesmo ser e estar que originaria a responsabilidade incondicional da subjetividade, defendida por Levinas como a estrutura primária da relação intersubjetiva.

A origem dessa responsabilidade incondicional está na proximidade com o Outro, daí Bauman defender a tese de que o gueto, ou seja, o afastamento entre os alemães não judeus e os judeus foi indispensável para obter a indiferença dos primeiros em frente do massacre dos últimos.

Também Tzvetan Todorov, em seu comovente livro *Em face do extremo*, sobre a possibilidade do comportamento moral nos campos de concentração, insiste no quanto é mais certeira e firme a moral que se constrói levando em consideração o próximo. Os homens podem fazer muito mal a outros homens em nome de causas abstratas, desejando servir à humanidade. Mas dificilmente se enganam se farão o bem ou o mal a um ser próximo de si. A moral do cuidado, como a chama Todorov, é a do próximo, e seu efeito é inequívoco. Mas, como aponta Todorov, há necessidade, também, de uma moral dos princípios, pois:

> O cuidado, sentimento humano profundamente arraigado, consolará os que têm pais e filhos, amante ou esposa, companheiro ou amigo. Mas quem ajudará os que não conhecem ninguém, os estrangeiros, ou seja, os mesmos de ainda agora, mas em outras circunstâncias, já que somos todos potencialmente estrangeiros, desconhecidos abandonados? Para esses, o cuidado dos seres que os amam não basta.[49]

Esses estrangeiros necessitam daquilo que Todorov chama de moral dos princípios, pois é essa que se requer quando o objeto da nossa ação moral não está próximo nem é amado por nós, como são a grande massa de minorias perseguidas a cada época.

Ora, quando consideramos os mecanismos por meio dos quais a liderança nazista conseguiu afastar a opinião pública alemã dos judeus perseguidos, suprimindo socialmente a responsabilidade moral, vemos que todos eles são mecanismos da modernidade, como afirma Bauman.

O poder da moderna tecnologia, fazendo com que seus impactos possam atingir outros seres humanos em dimensões espaciais e temporais incalculáveis, significa distanciar-nos dos objetos futuros ou longínquos de nossa ação de hoje. A própria imprevisibilidade que cerca o emprego da moderna tecnologia trabalha no sentido de apagar o vínculo real que existe entre a nossa ação deletéria e suas futuras vítimas, ou seja, da percepção de nossa culpa.

Como, além disso, a natureza sofre a ação de um emaranhado de ações que interagem entre si e se acumulam ao longo do tempo, há uma invisibilidade de cada ação individual, embora o resultado total seja perfeitamente perceptível na degradação da paisagem e contaminação. Assim, a fragmentação do processo de tomada de decisões — técnicos, administradores públicos, legisladores, autoridades de supervisão, tornam-se todos irresponsáveis pelos resultados finais, ou apenas responsáveis por sua pequena tarefa dentro da divisão do trabalho, tal qual cada oficial nazista podia ser considerado responsável *apenas* pela prisão, cadastramento, transporte, controle da válvula de gás e queima de cadáveres dentro da solução final infligida aos judeus nos campos de concentração.

A própria complexidade dos temas ecológicos, requerendo por vezes conhecimentos altamente sofisticados e manejo de uma terminologia específica, espanta e inibe o cidadão comum de participar dos processos decisórios. Cada vez mais assunto de autoridades técnicas competentes, essa natureza, outrora tão próxima de nós, vai se *desnaturalizando*, chegando ao ponto de ser tratada como Natureza morta, mera matéria informe que só adquire dignidade quando sujeita à nossa manipulação: aí, inclusive, em vez de árvore, fruta, animal, ela poderá ascender à categoria de *produto*. A sociedade tecnológica trabalha para distanciar-nos da natureza, e ao fazê-lo produz as condições da nossa indiferença em frente de seu sofrimento.

Por sorte, as características dos riscos nas sociedades reflexivas, a sua ubiquidade, o seu efeito bumerangue e a própria magnitude de tais riscos nos impedem de completar esse distanciamento e mobilizam nosso senso de responsabilidade. Nos movimentos ecológicos que lutam contra a ameaça de extinção de espécies, como baleias ou focas, e a morte dos bosques temperados pela chuva ácida, há muito mais do que a mera luta conservacionista, levada por interesses egoístas e racionais, da espécie humana. Permeados pelo simbolismo que liga a herança cultural celta aos seus bosques, ou nós, *Homo sapiens sapiens*, as espécies que possuem dialetos, choram a morte, cantam e encantam, como as baleias, em todos esses movimentos preservacionistas, há uma escuta. É nessa capacidade de ouvir a queixa da natureza que repousa a possibilidade da construção de uma Ética da Responsabilidade para a Era Tecnológica: "... E, no entanto, um mudo apelo pela salvação de sua integridade parece escapar da essência ameaçada do mundo da vida."[50]

NOTAS

1. Jonas Hans. *Das Prinzip Verantwortung*, p. 7 (tradução minha).
2. Edgar de Assis Carvalho, "Polifonia Cultural e Ética do Futuro". In *Ética e o Futuro da Cultura*, p. 27.
3. Theodor Adorno e Max Horkheimer, *Dialética do esclarecimento*, p. 20.
4. Karl Marx, *Formações pré-capitalistas*: 80.
5. Karl Marx, *op. cit.*, p. 80.
6. Max Weber, *A ética protestante e o espírito do capitalismo*, p. 236.
7. Max Weber, *op. cit.*, p. 235.
8. Theodor Adorno e Max Horkheimer, *op. cit.*, p. 20.
9. Herbert Marcuse, *A ideologia da sociedade industrial*, p. 30.
10. Sérgio Paulo Rouanet, *Teoria crítica e psicanálise*, p. 71.
11. Michel Foucault, *Microfísica do poder*, p. 96.
12. "Por 'técnicas sociais' compreendo o conjunto de métodos que visam influenciar o comportamento humano e que, quando nas mãos do Governo, agem como meios especialmente poderosos de controle social." Karl Mannheim. *Diagnóstico de nosso tempo*, p. 2.
13. Karl Mannheim, *Liberdade, poder e planificação democrática*, p. 25.
14. Christopher Lasch, *O mínimo eu*, p. 99.
15. Edgar Morin, *Terra-Pátria*, p. 88.
16. Jürgen Habermas, *Técnica e ciência como ideologia*, p. 70.
17. Cornelius Castoriadis, *A instituição imaginária da sociedade*, p. 192.
18. Jürgen Habermas, *op. cit.*, p. 89.
19. Edgar Morin, *Terra-Pátria*, p. 88.
20. Jürgen Habermas, *op. cit.*, p. 62.
21. Jürgen Habermas, *op. cit.*, p. 63.
22. Eugen Weber, *França, fin-de-siècle*, p. 14.
23. Bruno Latour, *Jamais fomos modernos*, p. 38.
24. Jürgen Habermas, *op. cit.*, p. 61.
25. Hans Jonas, *op. cit.*, p. 20.
26. Massachusetts, onde surgem as primeiras fábricas têxteis norte-americanas, primeiro viu seus rios serem poluídos pelas tintas e suas florestas serem cortadas para mover os motores a vapor. Depois a decadência da indústria têxtil do norte, iniciada com a Guerra da Secessão e continuada até as primeiras décadas do século XX, quando as últimas fábricas se fecham, permitiu a recuperação das florestas do Estado, hoje uma das principais fonte de ecoturismo da região.
27. Edgar Morin, *O Método II, A vida na vida*, p. 72.
28. Edgar Morin, *op. cit.*, p. 395.
29. Edgar Morin, *op. cit.*, p. 398.

30. Hans Jonas, *op. cit.*, p. 50 (tradução minha).
31. Jeremy Rifkin, *O século da biotecnologia*, p. 142.
32. Jeremy Rifkin, *op. cit.*, p. 143.
33. Jeremy Rifkin, *op. cit.*, p. 179.
34. Essa área de estudos continua praticamente ignorada na literatura brasileira, tendo sido objeto, porém, de alguns poucos e excelentes artigos em revistas brasileiras como o de Julia Guivant, "A Tragetória das Análises de Risco: Da Periferia ao Centro da Teoria Social", na revista *Bib- ANPOCS*, e o de Franz J. Brüseke, "Risco Social, Risco Ambiental, Risco Individual", na *Ambiente e Sociedade,* ano I, nº 1.
35. Ulrich Beck, *Risk Society*, p. 12.
36. Max e Hedwing Born, El lujo de la Conciencia. *In* Born, Max y Hedwig. *Ciência y Consciência en la Era Atomica*, p. 10.
37. Barry Commoner, "The Fallout Problem", *in Science*, vol. 127, p. 1023-1026 (tradução minha).
38. Max Born, Recuerdos y Reflexiones de un Físico. *In Ciência y Conciência en la Era Atomica*, p. 64 (tradução e grifos meus).
39. Karl Marx, O domínio britânico na Índia. *In* Karl Marx/Friedrich Engels, *Textos*, v. III, p. 291.
40. Cornelius Castoriadis, El Derrumbe del Occidente, p. 73. *In El Ascenso de la insignificância.*
41. Vandana Shiva, *Abrazar La Vida*, p. 53.
42. Hans Jonas, *op. cit.*, p. 7.
43. Hans Jonas, *op. cit.*, p. 24.
44. Hans Jonas, *op. cit.*, p. 28.
45. Hans Jonas, *op. cit.*, p. 55.
46. Hans Jonas, *op. cit.*, p. 36.
47. Emmanuel Levinas, *Éthique Comme Philosophie Première*, p. 96 (tradução minha).
48. Zygmund Bauman, *Modernidade e holocausto*, p. 205.
49. Tzvetan Todorov, *Em face do extremo*, p. 103.
50. Hans Jonas, *op. cit.*, p. 29.

A POLÍTICA DA ERA TECNOLÓGICA

O que há que sublinhar, desde já, e em primeiro lugar, é que é necessário dissipar esta ilusão de onipotência. Em segundo lugar que, pela primeira vez na história da humanidade, se torna imperiosa e urgente a questão, extremamente difícil, de um controle (distinto do eclesiástico) sobre a evolução da ciência e da técnica.[1]

A DITADURA ANÁRQUICA DA TECNOLOGIA

À primeira vista, a política da era tecnológica, como política destinada a uma época tecnológica, parece extremamente modesta. Pode ser resumida ao estímulo e fomento à pesquisa científica e tecnológica por parte do Estado, ao estabelecimento de programas ou projetos especiais para novas tecnologias e à bênção estatal a tudo aquilo que acene com progresso científico e tecnológico. Aparentemente, esse é um campo de consenso político absoluto. Ninguém, nem mesmo partido político, grupo social, governo, político de expressão, é contra a ciência e a tecnologia. Muito pelo contrário, todos são a favor.

Curiosamente, o aquecimento global, a depleção da camada do ozônio, a extinção acelerada de espécies animais e vegetais, a contaminação química dos oceanos e, em um nível mais tópico, os acidentes com usinas nucleares e os derramamentos de petróleo só foram possíveis graças ao desenvolvimento daquela ciência e tecnologia. De fato, ainda que considerássemos causas primeiras da catástrofe ambiental a ânsia do lucro, a vertigem produtivista/consumista e o narcisismo da sociedade contemporânea, a verdade é que sem os extraordinários progressos da ciência experimentados nesse último século não haveria catástrofe ambiental.

Essa cegueira em reconhecer a notável contribuição da ciência para a crise ambiental é ainda mais espantosa, quando vemos que nossa sociedade não se cansa de elogiar o progresso científico e mencionar todas as suas contribuições para a melhoria da qualidade de vida da humanidade, como as vacinas, a informática, os implantes dentários e as pontes de safena. É como se aquilo que é bom viesse da ciência, e aquilo que é mau de outra fonte. Mais ainda, o mal parece ser da ordem do natural, do inevitável, enquanto o bem é humano, intencional.

A tubulação de uma refinaria da Petrobras vaza e contamina grandes extensões do rio Paraná. Investigações apontarão que houve negligência na manutenção das tubulações. De quem será a culpa? Da própria empresa, que reduziu o número de funcionários para diminuir a folha de pagamentos, ou mera falha humana de alguém com nome e sobrenome e alguns anos de casa? Na melhor das hipóteses, a direção da empresa será responsabilizada pelo acidente, no que a lei brasileira tipifica agora como *responsabilidade objetiva*, ou seja, não será necessário examinar subjetivamente a conduta do poluidor para considerá-lo responsável pelo dano: basta que este tenha ocorrido e prejudicado o homem e o meio ambiente.

Mas certamente a Petrobras não decidiu sozinha instalar uma refinaria a uma distância tão pequena do rio Paraná. Certamente houve um projeto aprovado, talvez até um estudo de impacto ambiental, caso a obra tenha sido feita depois do Decreto nº 95.733, que instituiu a necessidade desse estudo, para quaisquer obras de "médio e grande porte". Quantos terão sido contrários à construção dessa refinaria nesse local? Talvez ninguém, talvez alguns pobres ribeirinhos, cuja oposição foi silenciada rapidamente com uma módica indenização.

Além do mais, essa refinaria é apenas uma das centenas de refinarias da Petrobras, que refina óleo bruto, produzindo a gasolina que transporta pessoas e bens no país, pois o transporte de carga e passageiros no Brasil é movido basicamente com petróleo. Decisivo para esse modelo de transporte foi o Plano de Metas de Juscelino Kubitschek no fim dos anos 1950. Grandes rodovias rasgaram o país e indústrias automobilísticas foram convidadas a virem para o Brasil. Muita gente foi contra tal empreendimento, mas essa oposição se referia à construção de uma nova capital no centro do país, Brasília, e os enormes gastos que tal projeto iria requerer. Ninguém se opôs à construção de rodovias e à implantação de fábricas de carros a passeio e caminhões de carga. E, principalmente, ninguém discutiu a necessidade de se ampliar e modernizar a rede ferroviária do país, incentivar o transporte de cabotagem e construir metrôs nas grandes cidades.

Por isso, não podemos culpar Kubitschek pela instauração desse modelo de transporte com base no petróleo, ou pelo menos não podemos deixá-lo sozinho, arcando com toda essa responsabilidade. Praticamente a opinião pública do país, os partidos políticos e os mais diversos setores financeiros foram igualmente responsáveis. Aliás, se recuarmos até os anos 1940 e resgatarmos a campanha "Petróleo é Nosso", teremos de acrescentar ao rol de culpados Getúlio Vargas, Monteiro Lobato, a UNE...

Se quisermos ir ao começo de tudo: aos primeiros texanos que descobriram o "ouro negro" em suas terras e aos primeiros engenheiros que inventaram as técnicas para a extração de petróleo, bem como aqueles primeiros empresários que perceberam a possibilidade de mover carruagens com gasolina, em vez de continuar usando a tração animal. E se retornamos ao futuro, o moderno sindicalismo brasileiro, a CUT e sua forte base na indústria automobilística, todos os governos que sucederam a JK e todos aqueles cidadãos que se enfurecem contra rodízios e sistemas de restrição da circulação de carros — embora não se enfureçam igualmente quanto à falta de alternativas ambientalmente mais sustentáveis para o transporte — não são também responsáveis pelo vazamento de petróleo na Petrobras, no rio Paraná?

Com efeito, esse vazamento de petróleo não poderia ter ocorrido se a Petrobras não tivesse sido autorizada a instalar seu oleoduto tão próximo ao rio. Essa instalação, contudo, se justifica quando se percebe que outro trajeto poderia encarecer enormemente o preço do produto final no sul do país, que, como outras regiões do Brasil, tem seu transporte de carga e passageiros baseado no combustível fóssil. Essa matriz energética já era assim, quando se tomou a decisão de construir o oleoduto e, portanto, os técnicos da Petrobras não podem ser responsabilizados por terem buscado uma solução que atendia às necessidades do país. E, assim, podemos retroagir nessa cadeia de responsabilidades até os primeiros texanos que descobriram o ouro negro.

Observando mais de perto essa cadeia de responsabilidades, podemos distinguir entre aqueles que tinham o real poder de decisão — Getúlio Vargas, Juscelino Kubitschek, Ford, ministros, parlamentares, engenheiros, num leque decrescente até o cidadão comum, sem carro, que sofre com a fumaça, o trânsito atravancado, a falta de transporte público, e ainda assim não protesta.

Também podemos distinguir entre aqueles que tomaram ou apoiaram decisões favoráveis ao modelo petrolífero quando suas consequências nem podiam ser antevistas — texanos, Getúlio Vargas, UNE, JK — e aqueles que continuaram apoiando políticas baseadas no petróleo, quando seus danos já eram evidentes: todos os presidentes da República que se seguiram a JK, todos os partidos políticos, as novas centrais sindicais, a UNE (ainda que agora por omissão), enfim quase todos nós.

Podemos concluir que o vazamento de petróleo no rio Paraná pode ser atribuído a um conjunto de decisões tomadas e toleradas, desde o começo do século XX nos Estados Unidos, até as últimas demissões de funcionários da Petrobras. Alguns dos agentes que tomaram essas decisões podiam ter alguma consciência do dano que poderiam causar no futuro, mas acharam que os benefícios valiam a pena. Outros, nem isso. Só viam vantagens no transporte a gasolina. Mas o fato da cadeia de responsabilidades se diluir a tal ponto no tempo e no espaço, e em tal variedade de graus de responsabilidade, não deveria nos impedir de reconhecer que a natureza desse acidente ambiental, e de todos os outros, *não é natural*.

Ao contrário, ela é tão ou mais artificial do que a morte por choque anafilático durante a cirurgia, ou intoxicação medicamental. Houve decisões, e muitas decisões — técnicas, econômicas, práticas, políticas e até estéticas —, tomadas em momentos e locais distintos, e que conduziram, com exatidão milimétrica do cálculo de probabilidades, ao acidente do rio Paraná. Ele não foi fruto do acaso, mas uma possibilidade dada em virtude das decisões anteriormente tomadas. Porém foi um acaso que o derramamento acontecesse no rio Paraná, ou o navio *Erika* rachasse em frente à maravilhosa costa da Bretanha. No entanto, centenas de acidentes com petróleo ocorrerão enquanto nosso transporte depender desse combustível, trazendo gravíssimas consequências ambientais — isso é tão exato quanto um teorema geométrico.

No entanto, o fato de se considerar acidentes ambientais uma fatalidade natural, fruto do acaso, ignorando que suas causas foram as opções realmente feitas ao longo de um século, indica o grau de alienação da sociedade moderna em relação ao seu modo de produção/consumo. Como comenta Beck,

A solução política superficial para essa contradição central de uma sociedade que ameaça a si mesma é propagar e salvaguardar um fatalismo industrial no qual os produtos do sistema não são atribuíveis ao próprio sistema, no qual se supõe que a culpabilidade, que não pode mais continuar sendo atribuída ao mundo externo, deriva de um destino natural da civilização, inteiramente criado e inelutável.[2]

Por certo, há modalidades distintas de fatalismo. Beck o diferencia entre três tipos: o *fatalismo positivo*, ou seja, a fé ingênua no progresso; o *fatalismo negativo*, tudo vai mal, mas não há saída; e o *fatalismo cínico*, embora se reconheça o perigo iminente de uma catástrofe ambiental, enquanto ela não vem, usufrui-se das benesses do progresso, já que não se pode fazer nada para evitá-la. Castoriadis, por sua vez, apontará a existência de uma crença semelhante no fatalismo do progresso técnico, tanto na ideologia capitalista quanto no marxismo:

> Na realidade, as duas vertentes (progressismo banal e progressismo revolucionário) formavam parte da mesma interpretação global da História. Para essa interpretação, havia uma "fatalidade do progresso" (esta é também a posição explícita de Marx e a que, implicitamente, é necessária para que o conjunto dos seus trabalhos adquira uma coerência).[3]

Na verdade, a consciência da catástrofe ambiental como um fenômeno complexo, consequência de um modo específico de relacionamento da sociedade com a natureza, instaurado justamente com o início da época moderna e graças a enorme contribuição da tecnociência, ainda é frágil. Embora evidente, a crise ambiental ou é atribuída a causas naturais e à fatalidade, ou, em situações tópicas, a indivíduos irresponsáveis ou insensíveis.

Há uma desculpa para essa inconsciência feliz de nossa época quanto à responsabilidade de todos pela crise ambiental. A maioria das decisões que conduziram a essa crise não foram tomadas de maneira "normal", ou seja, como o fizeram com outras decisões relativas aos direitos civis, políticos e mesmos sociais. Não passaram pelo Legislativo nem fizeram parte de programas políticos ou foram debatidas arduamente na mídia. JK pode ter formulado seu Plano de Metas, mas nunca submeteu ao Congresso um plano para que a indústria automobilística poluísse a atmosfera e contribuísse para o aquecimento global, ao mesmo tempo em que o Estado se comprometia a não desenvolver motores movidos a eletricidade ou a hidrogênio. Da mesma forma, os governos da Ditadura jamais levaram ao Congresso — e jamais houve deputados que o tivessem apresentado — um projeto de lei para o desenvolvimento de uma política de matriz energética baseada na energia solar, eólia ou de marés, e não há nenhum programa de fomento à produção agrícola que estabeleça como modelo preferencial para a exploração da terra o uso intensivo de agrotóxicos, micronutrientes e irrigação.

Na verdade, o grosso das decisões que afetam o meio ambiente dificilmente passam pelas instâncias de decisões políticas. No início da era industrial elas nunca foram objeto das decisões políticas, salvo quando se tratava de seu financiamento: ferrovias, correios, canais etc. Cabia ao Estado e aos cidadãos garantirem, reduzirem ou ampliarem os seus direitos civis, políticos e mesmo sociais, a guerra e a paz entre os homens e nações, mas não a forma como o homem se relacionava com a natureza.

Ao contrário, pressupunha-se um direito ilimitado de exploração da natureza. A lei tinha de entrar em ação somente quando direitos privados entrassem em choque, quando houvesse conflito de interesses. Como por força das circunstâncias, esses choques tinham de se intensificar à medida que a indústria crescia e poluía os rios e o ar com seus efluentes, além de perturbar o sono da vizinhança com suas máquinas barulhentas, assim os legisladores promoviam algumas mudanças na legislação, de maneira a orientar os julgamentos em caso de conflitos. Como mostra K. O. Henseling em sua análise da nova legislação empresarial da Alemanha de Bismarck (1871), nos casos de conflito entre direito público e privado *versus* indústria, o legislador tratava de favorecer a indústria. Ao Estado e aos interesses privados cabia *provar* que uma fábrica planejada iria provocar "estragos acima dos normais", antes de que esta fosse instalada. Caso os estragos só fossem descobertos após o funcionamento da fábrica, particulares jamais poderiam requerer o fechamento da empresa, mas apenas alterações técnicas capazes de reduzir os referidos danos. Caso tais alterações técnicas não fossem possíveis, o prejudicado deveria se contentar com a indenização. Na única situação em que se previa o fechamento da empresa, devido a danos graves e comprovados ao interesse público, o Estado se via forçado a indenizar plenamente a indústria.

Nesses exemplos, torna-se claro que o legislador favorece a indústria em detrimento da coletividade ou de outros interesses privados, por considerá-la mais importante para o conjunto da sociedade do que as demais atividades. A própria indústria, cônscia de sua importância econômica e social, o proclama em alta voz, como registra Henseling, em um parecer da União para a Defesa dos Interesses da Indústria Química, favorável à eliminação de qualquer limite para o uso de rios como destino de efluentes:

> A pesca não tem nenhum direito a reivindicar o uso exclusivo de áreas fluviais onde tenham sido ou possam ser instaladas indústrias; ...trata-se, em nome do interesse óbvio de qualquer região pobre, de fomentar o florescimento da indústria, mesmo que à custa da pesca.[4]

Assim, no seu início, a industrialização foi apoiada entusiasticamente, embora houvesse quem dela discordasse em alto e bom som por motivos sociais, políticos e ambientais. Nessa fase, no entanto, suas promessas de enriquecimento acelerado, empregos e conforto para as novas classes urbanas sobrepujavam inteiramente quaisquer prejuízos ambientais e sociais que ela viesse a causar. Se é verdade que a segunda parte do século XIX na Inglaterra não experimentou apenas entusiasmo pela modernidade, mas também angústias, em virtude da mudança acelerada de costumes, valores e rotinas, o sentimento geral permaneceu sendo o de fé no progresso técnico e material. A indústria, portanto, era praticamente sinônimo de progresso material e este último passava a ser visto como a base sobre a qual se erguiam todos os demais feitos do que se considerava a civilização. Por isso, as decisões administrativas, legislativas e governamentais que favorecessem a indústria, dispensavam qualquer legitimação política, fundada no debate público e na aprovação pelo Parlamento. Como diz Beck, "O Progresso substitui a votação. Mais ainda: o Progresso se torna uma espécie de substituto para perguntas, um tipo de consentimento prévio para objetivos e consequências que permanecem anônimas e desconhecidas".[5]

A construção do estado de Bem-Estar Social nos países industrializados, após a Segunda Guerra Mundial, não trouxe qualquer modificação a esse quadro. Ou seja, embora o estado de Bem-Estar Social tenha implicado uma ampliação do espaço estatal sobre a vida social, garantindo emprego, salários, educação e saúde públicas, o mesmo não ocorreu em relação à indústria e ao meio ambiente. Ao contrário, em nome do progresso material, da geração de empregos, do aumento da renda nacional, foi dada à indústria total liberdade. Só nas últimas duas décadas do século passado é que a ideia de que o meio ambiente pertence a todos começou a abrir caminho e, com isso, veio a obrigação do Estado de velar por esse direito difuso, intervindo na atividade produtiva e consumidora, se necessário for. Mas nem por isso as decisões concernentes ao meio ambiente passaram a ser objeto de debate público e de decisões parlamentares.

A novidade dos anos 1980, de fato, foi a criação de secretarias ou ministérios de meio ambiente, bem como agências e departamentos de controle e conservação ambiental, primeiramente em quase todo o mundo industrializado e logo, com um pequeno atraso, nos países menos industrializados. Esses, certamente, foram os frutos imediatos dos primeiros gritos de alarme emitidos pelo Clube de Roma e pela Conferência de Estocolmo com relação à degradação acelerada do meio ambiente.

Daí em diante, coube a esses órgãos públicos, abastecidos por seus técnicos e laboratórios, *decidir* quais os limites aceitáveis de poluição, quais os riscos que deveriam ser enfrentados, e quais as melhores alternativas tecnológicas.

A política ambiental escapou, portanto, ao Legislativo e ao povo, para ser exercida por burocratas e técnicos estatais. Um labirinto de normas e rotinas processuais passa a reger a vida de qualquer empreendimento desde que ele é concebido, até que é posto em funcionamento e finalmente desativado. Várias autoridades intervêm em distintas fases de concretização de qualquer empreendimento que possa potencialmente impactar negativamente o meio ambiente. E, respeitando-se todas essas exigências, normas, regulamentos, manutenção e aprimoramento técnico exigidos por órgãos ambientais e sobrevivendo a todas as inspeções e penalizações por descumprimento de normas, milhares e milhares de empreendimentos industriais e agrícolas estão todos os dias dando a sua modesta contribuição para o envenenamento global e a mais acelerada extinção de espécies que o planeta conheceu. Como constata Beck,

> Nada, certamente, ilustra melhor a situação perigosa de um estado altamente industrial do que o fato significativo de que, depois de mais de 20 anos de políticas ambientais conscientes, abrangentes e bem-sucedidas em

vários aspectos, o quadro geral de destruição da natureza tenha sido apenas desacelerado, mas não se tenha podido detê-lo.[6]

A imensa parafernália de órgãos fiscalizadores, normas e procedimentos, portanto, cumpre uma outra função: a de produzir a ilusão de que os cidadãos não necessitam preocupar-se com a política ambiental, pois já há gente especializada, encarregada dessa tarefa.

Na verdade, desde que as consequências deletérias para o meio ambiente do nosso modelo de desenvolvimento foram se tornando paulatinamente mais acintosas e decisões administrativas que trouxessem danos ao meio ambiente começaram a ser alvo de críticas, vem aumentando a importância política daqueles setores da administração pública encarregados de autorizar a instalação e o funcionamento de obras potencialmente poluentes. Aquilo que já se chamava vulgarmente de *lobby*, ou seja, o conjunto de atividades que não raro incluía o suborno para obter a aprovação pelas autoridades de determinados empreendimentos, se incrementa e se especializa. O *lobby* aos técnicos inclui atividades como convites com despesas pagas para seminários e congressos internacionais, cursos de especialização no exterior, viagens para visitar projetos industriais.

Evidentemente, técnicos e burocratas mais importantes são aqueles que têm o poder de definir políticas. O método das "Revolving Doors" é um dos modos preferidos pelo qual as empresas garantem essas decisões favoráveis a seus empreendimentos. Por meio dessa política, ou seja, do ir e vir de técnicos entre companhias privadas e administração pública, ora estabelecendo regras para o funcionamento da empresa privada, ora gerindo essas empresas privadas, para as quais recentemente fizeram as regras, garante-se um relacionamento empresa-Estado quase sem atritos. Esse fenômeno, obviamente, não se limita à área ambiental, como nos mostra a trajetória tantas vezes repetida e denunciada, no Brasil, de empresários da área financeira serem nomeados para importantes cargos públicos e, apenas desligados desses últimos, retornarem a empresas privadas, de onde haviam saído recentemente para trabalhar no governo.

O cenário desse *lobby*, no entanto, continua não sendo o plenário do Congresso ou o palanque eleitoral, mas os corredores e salas atapetadas de escritórios das empresas, agências governamentais, restaurantes caros e centros de convenções internacionais. É ali que se fazem os contatos, se ganham os aliados, se montam os acordos. Nesse espaço híbrido, que não é público mas também não é inteiramente privado, ocorre algo que não é *política*, mas também já não é algo *fora da política* e que Beck chama de *subpolítica*.

Aliás, como comenta o referido autor, as sociedades ocidentais industrializadas experimentaram uma verdadeira inversão de esferas. Em virtude do estado de Bem-Estar Social, e de seu relativo sucesso, grande parte dos temas que eram objeto de encarniçado debate político se despolitizaram, ou se burocratizaram. Por meio da assistência social, dos órgãos trabalhistas, dos serviços de proteção às minorias, questões políticas tornaram-se assuntos administrativos e burocráticos. Enquanto isso, aquilo que realmente está mudando radicalmente o nosso modo de ser e inclusive ameaçado-o — as inovações tecnológicas, seu ritmo e impacto — continua não sendo objeto de nossas decisões políticas.

À medida que cresce a percepção pública dos riscos e das ameaças das novas tecnologias e essas só tendem a crescer, mais agitado se torna o espaço da subpolítica, pois os interessados em manter atividades potencialmente poluentes mobilizam todos os recursos políticos e financeiros de que dispõem na defesa dos seus interesses.

Assim, quando em nome do progresso científico e material figuras políticas elogiam determinados projetos e qualificam de obscurantistas e conservadores seus adversários, não estamos assistindo a um real debate público, mas ouvindo uma retórica política, cujo objetivo é legitimar decisões que *já* foram tomadas *fora* do espaço público.

Quando, igualmente, meios de comunicação concedem amplo espaço a políticos e cientistas favoráveis a certos empreendimentos suspeitos de trazerem dano ambiental, esquecendo-se de retratar os argumentos do chamado "outro lado", estamos diante da mesma farsa, que visa fingir que há debate democrático sobre determinada questão tecnológica, que já foi decidida *sem* esse debate.

Essa situação é bem mais estranha quando consideramos que quem *efetivamente* está tomando decisões — empresas e técnicos — não possui legitimação para tal e se esconde por trás dos políticos, os quais, por sua vez, raramente sabem o que estão fazendo. Com comenta Castoriadis, ao falar da forma como são tomadas as decisões técnico-científicas:

> Aqui volta a aparecer, de múltiplas formas, a questão da democracia. Nas condições e estruturas atuais, torna-se fatal que as decisões sobre tudo isso

sejam da competência de políticos e burocratas ignorantes e de técnicos-cientistas movidos fundamentalmente por uma lógica competitiva. É impossível que a coletividade política construa a respeito uma opinião razoável. E o que é, contudo, o mais importante, e se torna palpável nessa área, para dizê-lo de alguma forma, é a norma essencial da democracia: evitar a *hybris*, a autolimitação.[7]

As razões pelas quais empresas decidiram investir nesta ou naquela tecnologia de ponta são quase exclusivamente de caráter econômico e de curto e médio prazos. Elas raramente levam a sério as críticas apresentadas contra o seu empreendimento, percebendo-as como uma ameaça ao retorno de capital empatado, perigo que tratam de contornar, arregimentando para suas fileiras políticos e cientistas maleáveis.

As razões por que cientistas e técnicos em geral concedem sua bênção àquelas novas tecnologias podem variar desde a natural deformação profissional, que faz com que a tecnologia exerça um fascínio irresistível sobre seus adeptos, até motivos menos nobres, como suborno. Embora o apoio de cientistas de renome, academias e associações profissionais seja muito importante, mais necessário ainda é o apoio dos técnicos que ocupam cargos na administração pública e dos políticos que os nomeiam, promovem ou os transferem para algum lugar indesejado.

Finalmente, os políticos endossam as novas tecnologias porque creem nos rendimentos políticos das promessas de maiores rendas, empregos e progresso associadas às novas tecnologias, além de serem, assim como os técnicos, permeáveis às pressões econômicas e ao tráfico de influências com as empresas interessadas e porque, também, não entendem nada do assunto, nem se sentem com condições e disposição para penetrar no emaranhado de argumentos científicos. Preferem formar sua opinião com base no aconselhamento de técnicos de sua confiança.

Estes últimos, como já vimos, têm seus motivos para escolher entre essa ou aquela tecnologia, embora não queiram assumir publicamente toda a responsabilidade que lhes coube pelas escolhas feitas pelos governantes. Preferem ficar à sombra, como modestas eminências pardas.

Isso explica, em muito, o enorme desgaste que a política tem sofrido, e os políticos em especial, à medida que os riscos e danos reais ao meio ambiente vão se tornando cada vez mais evidentes e mobilizando a atenção da opinião pública. É à classe política que se atribui a culpa pelos acidentes ambientais e às suas práticas de tráfico de influências, corrupção e negligência com a coisa pública.

Não é à toa que pesquisas de opinião pública mostram que os cidadãos alimentam uma razoável desconfiança na classe política, quando se trata de temas relacionados a novas tecnologias. Contudo, os políticos são tão responsáveis por decisões infelizes quanto o são o mercado, a comunidade científica ou as massas amorfas da opinião pública. Simplesmente estão na frente, seu rosto, partido político e cargo à amostra, como o exige a política. Pois, de fato, o que impera na sociedade tecnológica da segunda metade do século XX é o que Beck chama de irresponsabilidade organizada.

CIÊNCIA COMO MISTIFICAÇÃO

A enorme parafernália de normas, regulamentações, testes e literatura científica que constituem hoje o cotidiano das agências de controle ambiental em todo o planeta, foi construída aos poucos, durante o século XX, à medida que os efeitos deletérios das práticas produtivas modernas foram se revelando. Surgidas primeiramente em alguns países, elas são exportadas para outros, frequentemente aceitando testes e conclusões de forma acrítica.

É sabido, por exemplo, que grande parte dos níveis de exposição a determinadas substâncias químicas, aceitáveis para trabalhadores, foi primeiro estabelecida nos Estados Unidos e em seguida exportada para a Europa Ocidental e daí para o mundo menos industrializado. O que não se sabe, contudo, é que muitos destes "níveis aceitáveis de exposição" foram estabelecidos por estudos realizados pelas próprias indústrias que fabricavam tais químicos, como parte das exigências criadas pelos órgãos de fiscalização do governo norte-americano, a fim de autorizar sua liberação.

O fato de os governos raramente realizarem ou encomendarem pesquisas independentes para avaliar eventuais danos de novas tecnologias explica por que é tão fácil para empresas ocultar informação sobre danos diagnosticados por elas mesmas. O caso das bifenilas policloradas, PCBs, no Brasil conhecidas pela nome da marca fantasia — ascarel —, é um dos mais escandalosos. Quando nos anos 1920 os cientistas desenvolveram as PCBs, essa descoberta foi muito apreciada, pois tratava-se de líquidos condutores de calor, porém estáveis e não inflamáveis, e assim prometiam ser extremamente úteis à indústria. De fato, elas foram utilizadas como insulantes fluidos, lubrificantes, fluidos hidráulicos, removedores etc.

Mas logo os departamentos médicos da Monsanto e da Westinghouse, as duas empresas que fabricavam as PCBs, relacionaram-nas como a maior incidência de cânceres e distúrbios psicomotores entre seus operários, como recentemente veio a público em processo aberto pela entidade ambientalista Sierra Club nos Estados Unidos contra as duas empresas.

Pelo final dos anos 1960, os cientistas suecos estavam identificando o que mais tarde veio a chamar-se propriedade de *bioacumulação*, comum a várias substâncias químicas, ou seja, a capacidade de se ir acumulando por meio da cadeia alimentar até chegar aos animais no topo dessa cadeia — os grandes mamíferos, como baleias, golfinhos, ursos e seres humanos. Os cientistas suecos estavam encontrando enorme concentração de PCBs no sangue, pele e tecido adiposo de animais selvagens, e em especial em baleias.

O fato de animais do Círculo Polar, como ursos e baleias, apresentarem grandes concentrações de PCBs indicava, também, outra desagradável propriedade dessas substâncias: eram terrivelmente persistentes no meio ambiente, sendo transportadas pelas correntes marítimas desde áreas onde eram utilizadas e liberadas até regiões muito longínquas, sem qualquer atividade industrial. Aliás, o fenômeno chamado de destilação global se encarregava de transportar substâncias voláteis como pesticidas, PCBs e outras por meio do globo, até os polos, sobre os quais elas se condensavam em virtude das temperaturas mais baixas, vindo a se depositar finalmente no solo e nas águas.

É evidente que a Monsanto e a Westinhouse não sabiam dessas propriedades bioacumulativas e persistentes, mas, sim, tinham conhecimento de que as PCBs eram tóxicas, como puderam constatar em seus trabalhadores. As terríveis consequências das PCBs, portanto, foram potencializadas por aquelas propriedades que só posteriormente foram descobertas.

Embora desde os anos 1930 aquelas empresas soubessem dos perigos das PCBs, essas só em 1976 serão definitivamente proibidas nos Estados

Unidos, seguindo-se a essa proibição outras nos países europeus e finalmente naqueles em industrialização. Hoje em dia quase todos os animais das áreas próximas ao Polo Ártico têm concentrações altas de PCBs no seu tecido gorduroso e no sangue.

Outro exemplo desse lento processo de bioacumulação é o das mulheres inuit, do Quebec Ártico, no Canadá, cujo leite apresenta níveis de dioxinas e PCBs 3,5 mais altos do que aqueles encontrados entre as demais mulheres do Quebec. Enquanto estas últimas adotam uma alimentação mais variada, peixes e mamíferos marinhos são a principal base da alimentação inuit.

Outro caso de ocultação de evidência científica de danos à saúde produzidos por substâncias químicas foi o caso do Agente Laranja. A defesa de sete companhias processadas por veteranos da Guerra do Vietnã por enfermidades provavelmente provocadas pela sua exposição ao Agente Laranja, que vão desde cânceres a danos ao sistema imunológico, reprodutivo e neurológico — escudou-se na argumentação de que os poucos estudos realizados pela Monsanto com trabalhadores acidentalmente expostos às dioxinas — substâncias presentes em grande quantidade no Agente Laranja — não teriam indicado qualquer aumento de risco de cânceres.[8]

Algum tempo depois do fim do processo, o qual concluiu por uma indenização irrisória aos veteranos, "dada à falta de provas de que as empresas tivessem conhecimento da toxicidade das dioxinas para seres humanos", a cientista de Agência de Meio Ambiente dos Estados Unidos (EPA), Cate Jenkins, acusou a Monsanto de haver fraudado seus estudos sobre toxicidade das dioxinas. A EPA iniciou uma investigação, que se arrastou por dois anos sem nada concluir, enquanto a Dra. Cate teve de recorrer à justiça trabalhista para não ser sumariamente demitida. Hoje sabemos que o número de crianças nascidas no Vietnã com deformações resultantes do Agente Laranja já atinge a cifra de 500 mil.

Mais que a ocultação de evidências científicas por parte das indústrias, os sistemas públicos de controle de poluentes comportam outras mistificações.

A questão dos níveis aceitáveis de emissões de poluentes no meio ambiente, ou os chamados limites máximos de exposição, ou de ingestão de substâncias tóxicas por parte de seres humanos e animais é um dos subgêneros mais interessantes da ficção científica do século XX.

À medida que a indústria química crescia e jogava no meio ambiente novos tipos de substâncias tóxicas, sujeitando operários, vizinhança de fábricas e ecossistemas ao contato com poluentes desconhecidos, e à proporção que a toxicidade dos primeiros poluentes passou a ser descoberta, surgiu a ideia de se estabelecer níveis máximos de exposição dos seres humanos aos poluentes e de concentração destes no meio ambiente.

O pressuposto teórico subjacente ao estabelecimento de níveis aceitáveis era a ideia de que os homens podiam ser imunes a certos poluentes até certas quantidades e que a Terra, ou os ecossistemas, tinha determinada capacidade de assimilação de poluentes, a qual não deveria ser ultrapassada. Tal pressuposto, que não fora resultado de qualquer verificação científica, não passava de um argumento pseudocientífico esgrimido pela indústria para aplacar os temores da população. Como comenta Henseling:

> Como justificativa ideológica para sua pretensão da maior utilização possível do meio ambiente sem qualquer restrição legal, a indústria, na virada do século, recorreu sobretudo às teorias da "capacidade ilimitada de autopurificação da natureza" e da "diluição, como método de tornar inócuos os danos". Essas concepções foram estendidas e aplicadas não só ao uso dos rios, mas também dos outros meios, como o solo e o ar. Elas constituíram o pano de fundo ideológico para o desenvolvimento dos métodos de "eliminação", que até hoje estão sendo utilizados.[9]

Mas quando analisamos os próprios métodos utilizados para estabelecer esses "níveis aceitáveis" de poluentes, percebemos que eles foram construídos com base em pressupostos bastante questionáveis. A avaliação de toxicidade é estabelecida em função de testes com animais, portanto assumindo que homens reagem da mesma maneira que camundongos, coelhos e hamsters, enquanto se abandonam animais como macacos, cachorros ou bois, devido às dificuldades óbvias em utilizá-los como cobaias. Como comenta Allsopp:

> Contudo, ADI [Acceptable or Admissible Daily Intakes] podem não oferecer proteção efetiva para a saúde humana, uma vez que elas se baseiam em vários pressupostos e extrapolações dos dados laboratoriais. Além disso, os pontos finais nos experimentos animais, usados para deduzir os

dados de toxicidade, podem ser impróprios para uma determinada substância química particular, porque eles podem não ser suficientemente sensíveis para detectar efeitos na saúde adversos, causados por essas substâncias. Isso pode levar a estabelecer-se níveis "aceitáveis" mais altos do que aqueles adequados.[10]

As margens de segurança para o consumo humano são então estabelecidas por meio da multiplicação por determinadas grandezas dos níveis aceitáveis para ratos. Como aponta Beck, qualquer número aqui é cabalístico, e todas as inferências defeituosas, pois é possível que o que não cause mal a ratos faça a homens e não existe nenhum coeficiente de multiplicação fixo entre homens, ratos ou coelhos que nos possa oferecer uma margem de segurança aceitável.

Mas para multiplicar aquele "nível aceitável" em ratos por uma grandeza que dê a medida de segurança humana, é preciso construir um "tipo ideal" de ser humano. Tomam-se como base de cálculo um determinado peso corpóreo, expectativa de vida máxima e certas características culturais e ambientais que interferem na saúde desse homem abstrato. No entanto, nem todos os homens pesam 70 quilos, vivem em média 70 anos e adotam um regime alimentar rico em vitaminas e proteínas, inalando uma quantidade igual de gases tóxicos no seu cooper matinal. Um nível de exposição seguro a uma substância química devia considerar, por isso, patamar mínimo os grupos de risco, como crianças, enfermos, mal nutridos e expostos a condições ambientais particularmente adversas.

Entretanto, como comenta Allsopp em *Unseen Poisons*, embora os padrões de alimentação de crianças sejam diferentes daqueles dos adultos, ainda não se estabeleceram "níveis aceitáveis" distintos para bebês e crianças. No entanto, sabe-se que os níveis de certos organoclorados encontrados no leite materno hoje em dia excedem as "doses diárias aceitáveis", o que é extremamente preocupante quando se considera que alguns desses organoclorados podem afetar o desenvolvimento dos sistemas nervoso, imunológico e reprodutivo das crianças.

A própria natureza da inferência — testes de laboratório reproduzem exatamente as condições reais? — precisa ser questionada, especialmente quando pesquisamos efeitos de longo prazo, e em dimensões espaciais planetárias. Hoje se conhecem substâncias que podem ser inócuas em nível agudo e prejudiciais no nível crônico, ou cujos efeitos de contaminação aguda são completamente distintos daqueles crônicos. Basta dizer que quase todos os poluentes que hoje estão banidos, como o DDT e as PCBs, e muitos medicamentos que foram por décadas prescritos pela medicina a doentes não revelaram seus danos nos testes de laboratório, ou mesmo entre grupos humanos de voluntários ou consumidores.

Outro pressuposto metodológico que invalida os resultados do sistema dos "níveis aceitáveis" é o de que indivíduos e meio ambiente estejam expostos apenas a um determinado poluente *por vez*.

Embora seja compreensível que por motivos metodológicos se examine cada poluente em separado, não se deveria ignorar que, na vida real, indivíduos e meio ambiente são expostos a diferentes poluentes e não apenas a um deles. Estabelecer níveis aceitáveis para poluentes individualmente, ao mesmo tempo que se ignora o efeito cumulativo e sinergético dos diversos poluentes presentes, é trabalhar com um cenário absolutamente irreal.

Finalmente mais uma prova do quanto o sistema de níveis aceitáveis é sensível a outras variáveis que não as científicas é o fato de que eles possam ser muito diferentes de país para país e de região para região, dentro de um mesmo país.

Ou seja, utilizando-se os mesmos critérios, teorias e pressupostos, as diferenças entre os "níveis aceitáveis" adotados por diversos países devem ser atribuídos mais à percepção pública dos perigos e à sensibilidade dos governos à pressão da sua opinião pública, do que aos dados científicos propriamente ditos. E sob a pressão da opinião pública, revisões de níveis aceitáveis sempre acabam recomendando a redução desses níveis máximos de exposição (nunca o contrário), indicando que não tinham sido adotadas margens de segurança suficientes na fixação dos níveis anteriores.

O que está por trás desses métodos tão pouco científicos de determinação dos níveis aceitáveis de contaminação, mas que *simulam* procedimentos científicos — experiências laboratoriais, quantificação, tabelas e gráficos, nomenclatura técnica e referências científicas —, é a intenção de infundir tranquilidade na opinião pública, ao mesmo tempo que se continua a permitir a produção e emissão de substâncias tóxicas pelas indústrias químicas. Afinal, como aponta Bruno Latour em *Ciência em ação*: "Nesse aspecto, a diferença entre literatura técnica e não técnica não está em uma delas tratar de fatos e a outra de ficção, mas está em que a última arregimenta poucos recursos e a primeira, muitos, incluindo os distantes no tempo e no espaço."[11]

Os diversos truques descritos por Latour nesse seu livro — a manipulação de referências científicas, trazendo com isso a impressão de que há fatos incontestáveis, alinhando entre seus aliados autores consagrados, instituições científicas poderosas e filiações intelectuais; "o empilhamento" de informações sobre os pretensos fatos afirmados, como descrição de experiências laboratoriais, gráficos, tabelas, fotos, todos esses recursos do discurso científico são parte do arsenal com o qual cientistas batalham pelo reconhecimento de suas verdades, intimidando o crítico solitário, o espírito independente, o adversário com menos recursos econômicos e institucionais.

Em resumo, as políticas de níveis aceitáveis de contaminação com poluentes e ingestão de substâncias tóxicas não passam de uma autorização para a intoxicação da população e do meio ambiente em pequenas doses, como afirma Beck:

> A mais óbvia reivindicação pelo não envenenamento é rejeitada como utópica. Ao mesmo tempo, o tanto de veneno estabelecido como aceitável torna-se *normalidade*, desaparecendo por trás dos níveis aceitos. Níveis de aceitação tornam possíveis doses continuadas de envenenamento coletivamente padronizadas.[12]

Assim, não só esses "níveis aceitáveis" não são de fato aceitáveis, mas tornam o envenenamento cotidiano de nossa sociedade por parte das indústrias químicas um crime compartilhado pelas autoridades. O fato de que o sistema de "níveis aceitáveis" exiba tão pouca solidez por trás das suas aparências de boa ciência e que ele hoje sirva apenas para produzir uma sofrível sensação de segurança na população não requer qualquer teoria da conspiração para explicar a sua gênese. Naquela época, quando ele surgiu, ou seja, no momento em que a percepção da contaminação química começou a preocupar a sociedade industrial, a hegemonia do paradigma reducionista e racionalista — que via a natureza como um sistema simples de relações de causa e efeito quantificáveis — permitia imaginar a panaceia de "níveis aceitáveis".

Mais tarde, quando se foram descobrindo as propriedades de bioacumulação, persistência, efeitos de longo prazo etc. e, portanto, ficando clara a impossibilidade real de conter a contaminação química com base nos "níveis aceitáveis", a dependência química já havia se tornado uma poderosa realidade. Como abrir mão de todos aqueles produtos produzidos com substâncias químicas tóxicas e metais pesados, como desinfetantes, pilhas, lâmpadas, remédios, agrotóxicos, plásticos, vernizes e carros? E que governo seria louco o suficiente para desafiar o poderio econômico e político do ramo petroquímico, que reúne algumas das maiores indústrias multinacionais?

Aos poucos, a inocência que sustentava o sistema de níveis aceitáveis foi se transformando em fatalismo cínico. A sociedade industrial não teria outro caminho senão conviver com este tipo de problema. Poder-se-ia reduzir os riscos, mas nunca eliminá-los, pois isso significaria voltar à Idade da Pedra. Mas essa verdade teria de ser cuidadosamente escamoteada à opinião pública. "O rei está nu", mas vamos fingir que não notamos:

> Os níveis aceitáveis certamente preenchem a função de uma desintoxicação simbólica. São uma espécie de tranquilizante simbólico contra o número crescente de relatórios sobre tóxicos. Eles sinalizam que alguém está fazendo um esforço e prestando atenção. *De fato, seu efeito é aumentar o limiar de experiências com seres humanos.*[13]

Se, realmente, o que está ocorrendo é uma enorme experiência com seres humanos, em escala planetária e em várias gerações, essa experiência não está sendo sujeita a qualquer rigor científico. Não há hipóteses pesquisadas, variáveis selecionadas, amostras construídas nem grupos de controle. Por isso não há evidências, e a ausência destas serve como argumento para justificar essa experiência: a falta de evidência.[14]

O simples fato de que se use esse argumento já indica a que ponto de despudor chegou-se, pois ele é uma confissão de que não houve nenhuma avaliação séria de risco antes de se permitir a liberação em ampla escala de um referido poluente, planta transgênica ou tecnologia e de que, efetivamente, fomos usados como cobaias.

Além disso, tal argumento é falacioso, pois qualquer cientista sabe que experiência não controlada não permite conclusões empíricas, particularmente quando se buscam efeitos de longo prazo que possam ser ocasionados por intoxicação crônica, associada a diversos outros poluentes ou agravantes ambientais. A metodologia de testes para medicamentos — embora não infalível, haja vista o grande número de remédios posteriormente retirados de circulação — oferece um modelo testado e consagrado para avaliações de toxicidade. Primeiro são realizados testes com diversos tipos de animais, por várias gerações e depois passa-se a grupos humanos de voluntários. No total, um período de testes considerado seguro pode alcançar 10 anos. Depois de liberado o medicamento, contudo, ainda se continua comparando grupos aos quais esses medicamentos são administrados com outros que não o consomem, visando descobrir efeitos inesperados. Isso quer dizer que é possível ser tão rigoroso na avaliação de alimentos, inseticidas, desinfetantes, artigos de perfumaria e substâncias químicas em geral quanto se é com remédios.

No entanto, agências ambientais, em nenhuma parte do mundo, exigem que indústrias químicas, antes de lançar seus produtos no mercado e no meio ambiente, provem que eles não fazem mal.

É preciso ainda não se esquecer que aqueles poluentes sujeitos a controles legais por meio de "níveis aceitáveis" são apenas uma pequena parte do total de substâncias químicas produzidas em escala industrial. Atualmente, dos cerca de 11.000 tipos de organoclorados produzidos comercialmente, apenas um pequeno grupo foi testado quanto à sua carcinogênese e um grupo ainda bem menor quanto à sua capacidade de provocar perturbações endócrinas. De fato, substâncias químicas tóxicas passam a ser objeto de regulamentação somente quando elas já causaram danos à saúde humana ou animal, ou já afetaram o meio ambiente.

Uma prova adicional de que as indústrias não testam suficientemente seus produtos é o fato de elas não aceitarem qualquer regime de responsabilidade legal sobre estes. Assim, como comenta Peter Saunders:

> É interessante que as empresas rejeitem propostas que as responsabilizem por danos causados pela tecnologia de engenharia genética. Elas estão propondo um jogo em que só elas ganham; elas embolsam os ganhos e os demais ficam com o prejuízo. Isso também indica o quanto elas confiam em que suas tecnologias sejam realmente seguras.[15]

O argumento da "falta de evidência", portanto, deveria ser sempre rebatido com a constatação lógica de que "ausência de evidência não é evidência de ausência" e de que o que se espera da ciência, justamente, é que ela produza as evidências de que tais ou quais poluentes não causam dano.

Por fim, ao avançar pelo caminho dos "níveis aceitáveis" de poluição, várias questões éticas foram deixadas para trás. Por que se permite que empresas envenenem indivíduos e contaminem o meio ambiente? Por que se pode aceitar que alguns, por poucos que sejam, possam sofrer ou morrer em função desse envenenamento? Será que os lucros das empresas químicas e o eventual conforto dos consumidores ofertado por certos produtos valem esses sofrimentos e mortes? Ou a extinção de espécies e o comprometimento da qualidade ambiental para as futuras gerações? Quando tomamos essas decisões? Quem tomou? É evidente que deixamos as equipes técnicas decidirem por nós essas questões complicadas, sem que elas sejam obrigadas a explicitar os valores implícitos nesses julgamentos. Quais são os valores supremos que elas querem defender? Como decidem quando há conflito de interesses? Que interesses valem mais, ou precisam ser defendidos em primeira instância?

O sistema de "níveis aceitáveis", no entanto, não passa de um conceito subordinado àquele que é o conceito-chave ou a ideia mestra da sociedade de riscos, a Análise de Riscos, que pretende avaliar de forma objetiva, qualitativa e quantitativamente, benefícios e custos que adviriam da introdução de uma nova tecnologia ou empreendimento, proporcionando, ao fim, o seu veredicto afirmativo ou negativo.

Em que pese a enorme sofisticação das metodologias de Análise de Risco, todas elas padecem de defeitos básicos, em parte atribuíveis à inocente arrogância científica, que se crê, de fato, o suprassumo do saber humano, e de outra parte àquela dose de hipocrisia, que já se tornou "aceitável" na comunidade técnico-científica.

Epistemologicamente, a Análise de Risco começa errando, quando crê que todos os impactos benéficos e maléficos de um empreendimento são passíveis de ser conhecidos. Após todos os avanços da segunda parte do século XX, que nos obrigaram a reconhecer que nosso conhecimento está sujeito a uma margem de incerteza e também a um nível de ignorância jamais eliminável, é absurdo se supor que tal tipo de balanço benefícios/riscos poderia resultar num balanço completo. Particularmente quando se trabalha com longos períodos de tempo, dentro dos quais a nossa capacidade de estabelecer relações de causa-efeito diminui, ou com "objetos" cuja hipercomplexidade nos impede de avaliar todas as variáveis e interações possíveis. Como insiste Castoriadis: "A ciência comporta a incerteza em seu centro, assim que ultrapassa a manipulação empírico-computacional ou a simples descrição e assim que quer ser teoria."[16]

Ao pretender avaliar variáveis não só qualitativa, mas quantitativamente, a Análise de Risco introduz uma exigência, que frequentemente não se ajusta à natureza do seu objeto de pesquisa, pois grande parte dessas interações entre variáveis de um "objeto" hipercomplexo não são passíveis de serem reproduzidas em laboratórios e, portanto, quantificáveis.

A matematização oferece também outra oportunidade de disfarçar os riscos. Um relatório final de uma Análise de Risco que recomende um determinado empreendimento em virtude de risco de acidente *praticamente nulo*, ou *desprezível*, pode estar admitindo que há uma chance entre 100 mil de que uma usina nuclear possa explodir e consequentemente mate imediatamente 300 mil pessoas e 1 milhão de outras, durante os próximos cinquenta anos. Ao não atingir, portanto, uma grandeza aritmética mínima, o risco real desaparece inteiramente. Tanto é assim que a ocorrência de catástrofes ecológicas, como Chernobyl, Bhopal, Sevezo, não exigiram qualquer revisão das *Análises de Risco* feitas antes de suas instalações. Essas "probabilidades" estavam lá, escondidas atrás de muitos zeros à direita.

O passe de mágica aritmético é particularmente utilizado nos estudos epidemiológicos, nos quais é difícil contar com uma amostra grande de pacientes, como é o caso de pessoas intoxicadas acidentalmente com certos contaminantes e cujo estudo deveria determinar se houve aparecimento ou maior incidência de certas enfermidades. Em uma pequena amostra de 30 ou 50 pessoas que foram vítimas de um acidente químico e que permaneceram sob observação durante vinte anos, o diagnóstico errado sobre a morte de uma dessas pessoas, ou o fato de deixar fora da amostra outros dois indivíduos que efetivamente morreram das doenças pesquisadas, pode alterar inteiramente o resultado estatístico da amostra e terminar por inocentar substâncias que, de fato, são tóxicas.

Mas o aspecto mais absurdo da *Análise de Risco* é a pretensão de que algumas pessoas possam fazer um balanço *objetivo* entre benefícios e custos e, em função disso, emitir um veredicto favorável ou negativo a um determinado empreendimento.

O julgamento entre benefícios e riscos pressupõe atribuir valores positivos ou negativos a certas consequências. Se há aspectos sobre os quais não pairam dúvidas quanto a serem ou não negativos, como enfermidades ou danos ambientais, outros não são tão fáceis. A introdução de plantas transgênicas, por exemplo, deve provocar uma maior monopolização do mercado de sementes e, com isso, tornar os países menos industrializados mais dependentes das grandes multinacionais para a sua segurança alimentar. Evidentemente, este mesmo fato será avaliado como positivo por qualquer uma dessas companhias transnacionais e governos de países industrializados, interessados em ampliar seus mercados no Sul e, ao contrário, extremamente preocupante para agricultores familiares, comunidades rurais e a população desses países.

Supondo-se, no entanto, que fosse possível classificar de modo consensual os impactos de um empreendimento como positivos ou negativos, o passo seguinte — a comparação entre custos e benefícios — é ainda mais carregado de subjetividade. Para continuarmos no nosso exemplo de transgênicos, aceitando-se que haja um risco de monopolização crescente do mercado de sementes e consequentemente uma maior insegurança alimentar em nossos países, não valeria a pena correr esse risco em troca do desenvolvimento da biotecnologia no país e, futuramente, da "invenção" de algumas plantas transgenicamente enriquecidas com proteínas e vitaminas e produzidas a custo baixo, de modo que, no futuro, as populações pobres do país pudessem ser alimentadas com uma ração básica de superfeijão da Embrapa? Podemos imaginar como responderiam a essa questão, de forma radicalmente distinta, um cientista cujo projeto de pesquisa dependesse de uma política de fomento da biotecnologia e um cidadão pobre, candidato a passar sua vida comendo o "superfeijão", ainda que em suas modalidades: feijão simples, sopa de feijão ou tutu de feijão.

Como essas, uma infinidade de comparações entre custos e benefícios pode ser feita e suas respostas dependerão do gosto, valores e compromissos pessoais daqueles que irão respondê-las. Vale a pena corrermos o risco de extinção de alguns insetos, para penetrarmos na era da biotecnologia de engenharia genética? Essa pergunta, aparentemente simples, pressupõe uma concepção ontológica sobre a natureza. Caso entendamos que a natureza é um ente hipercomplexo, em eterna evolução, cujas características mal podemos compreender, teremos medo de interromper subitamente esse equilíbrio ecológico, que levou tantos milhões de anos para ser atingido e cuja mudança continua se dando numa escala de milhões de anos. Como diz Morin:

Assim, apesar e através destes processos de desorganização, a reorganização produz um ecossistema que se regula a si mesmo num estado estacionário chamado *clímace*. É notável no clímace não só o quase-equilíbrio alcançado por ajustamentos mútuos "míopes", mas também os prodigiosos e incessantes processos de desorganização/reorganização, degenerescência/regeneração, desintegração/reintegração que mantêm o *status quo*.[17]

Mas se formos partidários de uma nova concepção da natureza, vista como um conjunto de informações contidas nos DNAs dos seres vivos, que, devidamente manipuladas, permitem certas inovações e criações, então estamos no limiar de uma era em que nós, a parte mais desenvolvida da natureza, começamos a passá-la em revista para aprimoramentos. Estes últimos podem incluir a eliminação de insetos, pois encontraremos substitutos para as funções de controle que eles até então vieram cumprindo. Uma inocente Análise de Risco pressupõe, portanto, posturas éticas perante os seres vivos, visão multidisciplinar sobre aspectos técnicos aí presentes, opções por determinadas políticas, concepções a respeito do estatuto da natureza, do conhecimento e da função social da ciência. É isso o que explica o fato de duas equipes de indivíduos, aplicando a mesma metodologia de Análise de Risco, chegarem a conclusões diametralmente distintas.

O essencial na *Análise de Risco*, portanto, é aquilo que não se coloca explicitamente — seus pressupostos implícitos, subjetivos. É por isso que alguns estudiosos do tema recomendam que se assuma publicamente o conjunto de pressupostos que orientará a *Análise de Riscos* e que se justifique a adoção desses pressupostos a partir do exame da legitimidade da instituição avaliadora, seu grau de *accountability* em face da sociedade e a *própria aceitabilidade dos pressupostos adotados.*

Se a análise da Análise de Risco é uma operação tão subjetiva, o conceito de risco tampouco possui qualquer objetividade. A sociologia da Análise de Risco — ramo que vem se desenvolvendo particularmente na Europa — parte do pressuposto de que a definição do risco é uma construção social.

É justamente nesse ponto que reside uma das razões do atrito entre a comunidade científica e a opinião pública. Os tecnocientistas insistem em uma avaliação objetiva dos riscos, entendendo por isso a realização de uma Análise de Risco, ao mesmo tempo em que refutam os temores expressos pela opinião pública como irracionais e emocionais. Ora, é impossível avaliar objetivamente qualquer coisa, inclusive riscos, já que cada indivíduo, sociedade ou cultura atribuirá valores distintos a coisas, práticas ou ideias. As sociedades europeias, segundo Beck, herdeiras da cultura celta, nutririam maior sensibilidade pelas florestas e não seria à toa que o tema das "florestas moribundas" mobilizaram tanto o movimento ambientalista.

> Para dizê-lo de forma sistemática, a indignação cultural escolhe entre os assuntos da mais alta relevância *objetiva* e essa escolha não é guiada pelo próprio assunto, mas por símbolos culturais e experiências que governam o modo como o povo pensa e age, tendo sua origem na sua história e nas condições sociais de vida.[18]

Aliás, Beck chama a atenção para a reação aparentemente paradoxal de populações sujeitas a situações desesperadoras, em que os perigos são aceitos com certa resignação, ou até rejeitados. O caso de Seveso, aldeia italiana vitimada por um acidente em 1976, quando uma fábrica química em suas redondezas liberou uma nuvem de dioxinas, ilustra bem essa reação. A hostilidade da população afetada não se voltou contra a fábrica, mas contra as autoridades que forçaram sua remoção da área de risco, bem como contra os ambientalistas que denunciam a gravidade do acidente. Os danos, no entanto, não eram imaginários, como estudos epidemiológicos posteriores vieram a comprovar, mostrando que a população afetada apresenta índices maiores de certos tipos de cânceres. Se a percepção do risco de se morar ao lado de um reator nuclear ou de um incinerador de resíduos tóxicos pode expressar-se em uma enorme gradação de reações que vão da indiferença ao horror, o que dizer de riscos que são imperceptíveis, como a intoxicação cotidiana presente nos alimentos, na água e no ar que respiramos?

A natureza dos riscos da sociedade reflexiva é exatamente esta — requer a ciência para identificá-los, pois eles não são evidentes. Isto explica o que algumas pesquisas de opinião vêm mostrando: que há uma correlação positiva entre maior informação e maior rejeição das pessoas a novas tecnologias. O caso dos alimentos transgênicos é ilustrativo dessa situação. Para grande decepção das empresas produtoras de alimentos transgênicos, à medida que aumenta a informação e o debate sobre esses produtos, aumenta a sua rejeição.

No extremo oposto, o caso do césio em Goiânia, no qual dezenas de pessoas foram contaminadas com a carga radioativa liberada por uma bomba de cobalto jogada em um ferro velho, ilustra a relação entre ignorância e não percepção do risco. O filme *Césio 137*, de Roberto Pires, ao expor ao espectador informado a ignorância e o fascínio das vítimas pelo material radioativo com o qual brincavam, denuncia o perigo de se lidar cotidianamente com tecnologias cujo poder de dano ultrapassa em muito nosso poder de controlá-las.

Embora a maioria dos riscos da sociedade reflexiva não seja perceptível, a segunda metade do século XX se encarregou de mostrar que eles existem. Os testes atômicos no deserto de Nebrasca e nas ilhas Bikini até hoje fazem vítimas, para não falar de Chernobyl. A população rural idosa se lembra de todos os agrotóxicos que eram vendidos como a solução segura para as formigas e pragas e que hoje se encontram proscritos, e algumas delas sabem que é possível que alguns de seus males atuais, como cânceres, mal de Parkinson ou outras afeções neurológicas tenham a ver com aqueles agrotóxicos. Da mesma forma, as pessoas idosas da cidade podem fazer uma lista de inseticidas, desinfetantes e materiais de construção que já sumiram do mercado, acusados de produzir câncer, distúrbios motores, neurológicos e alergias.

Embora os medicamentos sempre tenham estado submetidos a um controle muito maior do que agrotóxicos ou demais substâncias químicas, nem por isso se pôde evitar a tragédia da talidomida e diversos outros produtos, que foram discretamente retirados do mercado após a constatação de efeitos colaterais indesejados. Enfim, aqueles que leem jornal, veem televisão ou tiveram a infelicidade de ser vítimas de acidentes químicos, radioativos ou médicos, *sabem* que esses riscos existem, em que pesem todas as negativas de autoridades e cientistas.

Por isso, a tentativa de caracterizar a reação da opinião pública como histérica ou emocional só aumenta a desconfiança que aquela alimenta em relação às novas tecnologias. Como dizem os pesquisadores do ESRG,

> A pesquisa tem evidenciado, contudo, que grande parte do público longe de necessitar de um melhor conhecimento científico está bem informado sobre o progresso científico e as novas tecnologias, raciocinando a respeito de forma bastante sofisticada. Muita gente "simples" entende bastante

bem a questão da incerteza. Se há algo em que o público está muito mais avançado do que muitos cientistas e consultores políticos é em sua percepção instintiva da necessidade de agir de forma preventiva.[19]

Como comenta Beck, são os cientistas naturais os que se enganam, ao ignorarem que qualquer avaliação de risco inclui valores que queremos ver preservados e respeitados, rejeitando arrogantemente a racionalidade social. Historicamente, aliás, a racionalidade social sobre os riscos sempre precedeu e forçou a racionalidade técnico-científica a enfrentar o assunto.

A crença em uma Análise de Risco objetiva e científica só pode ser sustentada sinceramente por uma mentalidade pré-sociológica. No entanto, na origem de qualquer usina nuclear, indústria química, refinaria, usina hidroelétrica, rodovia, hidrovia, incinerador e aterro sanitário que foram construídos nos últimos vinte ou trinta anos no planeta, houve uma Análise de Risco justificando-os. O que chama atenção nesse fato não é a precariedade metodológica dessas Análises de Risco, mas, ao contrário, uma questão sociológica, e das mais instigantes: como foi possível que, por tantas décadas, as ciências sociais não tivessem sido capazes de criticar esse modus vivendi social, essas Análises de Risco tão pouco sociológicas, mas com consequências tão graves para a sociedade?

Da mesma maneira que Bauman se pergunta por que a sociologia não soube extrair nada de útil de uma experiência tão terrível quanto a do Holocausto, devíamos nos perguntar o que significam cinquenta anos de destruição sistemática do planeta, sob a bênção das *análises de risco* praticadas por equipes "multidisciplinares" de administradores, cientistas e empresários, e às vezes alguns cientistas sociais, sem que isso despertasse qualquer curiosidade no grosso da comunidade dos cientistas sociais.

Talvez, assim como no caso do Holocausto em que é necessário renunciar à dileta crença de que a sociedade é quem moraliza o indivíduo, o caso da catástrofe ambiental consentida tivesse exigido abandonar a crença no progresso científico e tecnológico, que fascinou igualmente liberais, esquerda e direita das ciências sociais durante todo o século XX. Afinal, como sempre nos chama atenção Castoriadis:

> Onde nos apercebemos que o movimento tecnológico contemporâneo possui uma inércia considerável, que ele não pode ser desviado ou parado com pouca despesa, que é visivelmente materializado na vida social, ten-

demos a fazer da técnica um fator absolutamente autônomo, ao invés de ver nela *uma expressão de orientação do conjunto da sociedade contemporânea.*[20]

Além disso, não se pode esquecer que as ciências sociais historicamente são ciências, ou seja, partilham daquela pretensão iluminista de explicar, intervir e modificar o seu "objeto". Por isso mesmo, são capazes de chamar a sociedade de *objeto*.

Do marxismo como guia para a ação ao intervencionismo esclarecido de um Durkheim, Weber e Talcott Parsons, a sociologia sempre se pensou ao lado do poder, senão no próprio poder.

Se hoje, porém, ela inicia uma crítica da cultura, da ciência e das formas de vida que levaram a humanidade a ameaçar sua própria existência — e o ramo da Análise de Risco é a expressão mais legítima dessa autocrítica —, ela o faz forçada pelas circunstâncias. O movimento ambientalista, um dos chamados "novos movimentos" surgidos após 1968, o exigiu.

O MOVIMENTO AMBIENTALISTA

O moderno movimento ambientalista, surgido nos anos 1960, pode ser diferenciado dos demais "novos movimentos" por alguns traços, ainda que tenha com eles muito em comum.[21] Em primeiro lugar, à diferença de movimentos libertários como o feminista, homossexual, o antipsiquiátrico e os antiautoritários, o movimento ambientalista não exige que o Estado abandone terrenos que doravante deveriam ser encarados como da livre escolha dos indivíduos: sexualidade, costumes, educação, saúde etc. Ao contrário, ele requer que o Estado intervenha em prol do meio ambiente, que impeça a atividade de agentes destruidores. Essa característica estatista do movimento ambientalista decorre da própria natureza do problema com o qual ele se defronta: a destruição do meio ambiente. Ao contrário de outras causas libertárias nas quais, por meio de uma revolução do cotidiano, conquista-se a liberdade reivindicada por intermédio do destemido exercício dessa própria liberdade, o exercício cotidiano do ambientalismo fora de um quadro macropolítico reduz-se a um proselitismo sectário.

De fato, de nada adianta cultivar verduras orgânicas em seu sítio de fim de semana, separar seu lixo caseiro em comida, papel, vidro e plásticos e denunciar a venda de animais selvagens em feiras populares se os rios, solo e ar continuam recebendo todos os dias toneladas de contaminantes industriais; se seu lixo "separado" vai ser reunido no mesmo lixão da periferia e se os animais selvagens se extinguem, antes de tudo, porque a própria floresta está se extinguindo.

Soluções para o problema ambiental requerem a intervenção do Estado, pois só ele tem o poder de proibir, regulamentar, fiscalizar, punir, incentivar financeiramente e educar amplamente. É por isso que o movimento ambientalista sempre teve uma característica política mais acentuada, levando a que surgissem, inclusive, partidos políticos ecológicos, dos quais os mais expressivos são os partidos verdes da Alemanha e da França.

Outro aspecto que diferencia o movimento ambientalista dos demais "novos movimentos" é sua característica conservadora. Embora uma análise mais sofisticada possa mostrar o quanto há de inovador por trás da utopia ambientalista, ao modificar radicalmente a relação do homem com a natureza e do seu conhecimento com a sua existência, não se pode negar o fato de que o movimento ambientalista surge como um movimento de reação à modernidade e não como um movimento de desdobramento da modernidade. Se os movimentos libertários podem ser vistos como uma continuação do Esclarecimento, como ampliação das liberdades civis e individuais, o movimento ambientalista pretende limitar a liberdade de atores sociais e da atual geração em continuar a destruir o meio ambiente.

É por isso que Ricardo Leis compara o movimento ambientalista ao socialista do século XIX, ambos pretendiam corrigir os excessos do mercado:

> As diferenças entre os "socialismos" do passado (que entendidos como parte de um processo defensivo ultrapassam a visão ofensiva do marxismo, incluindo do socialismo assistencialista de Bismarck até o socialismo espiritualista de um Gandhi) e os "ambientalismos" do presente, apesar de serem significativos, constituem, na realidade, aspectos complementares de um mesmo processo. Ambos os momentos são de caráter defensivo frente aos aspectos deletérios da expansão de mercado e se inspiram na necessidade de preservar relações de solidariedade e cooperação entre os

homens e entre eles e a natureza, enfatizando apenas mais um aspecto do que outro em cada etapa.[22]

Nesse sentido, é interessante notar que a semelhança do caráter socialmente defensivo entre o movimento socialista do século XIX e o movimento ambientalista do século XX também se estende ao aspecto da relação com o Estado, formulada anteriormente. Também o socialismo não pode ser compreendido como um estilo de vida praticado individualmente, mas requer a intervenção do Estado. Também as experiências "utópicas" de Robert Owen e os falanstérios de Fourrier vieram mostrar o quanto era impossível estabelecer nichos de uma sociedade justa do trabalho em meio à economia de mercado.

Mas, como já no século XIX surgiam os primeiros movimentos conservacionistas e as primeiras sociedades protetoras de animais, é preciso examinar se o movimento ambientalista de hoje é a mera continuação daqueles primeiros movimentos, com uma roupagem anos 1960, ou se de fato nele há algo de "novo".

Os movimentos conservacionistas e de proteção de animais, nascidos ainda no século XIX, particularmente na Inglaterra, expressam uma mudança de sensibilidade do homem em relação à natureza, magistralmente retratada por Thomas em seu livro *O homem e o mundo natural*. Segundo Thomas, a nova sensibilidade que emerge em relação aos animais teve suas raízes teológicas na tradição heterodoxa de que o homem deveria cuidar da criação divina. Mas fora reforçada pelas descobertas da geologia, da geografia, da paleontologia, da zoologia e da biologia, nos séculos XVII e XVIII, que vinham mostrar que a terra e a natureza tinham uma história própria, independente da humana e, portanto, abalavam a ingênua visão antropocêntrica da natureza, até então em vigor. Além disso, essa mudança de sensibilidade em relação aos animais se inseria num culto mais amplo da sensibilidade, que domina toda a segunda metade do século XVIII.

De fato, como a literatura de Mme. Sevigné e mais tarde Rousseau e Jane Austen irão mostrar, "transmitir felicidade é a característica da virtude", e, portanto, esportes e divertimentos populares com base no sofrimento animal passaram a ser objeto de repulsa.

A rigor, as primeiras proibições contra divertimentos cruéis com animais datam do período puritano, quando foram proibidos os açulamentos de ursos e as rinhas de galo, mas ambos "divertimentos" voltaram a ser permitidos com a Restauração. No entanto, desde a fundação da Sociedade pela Supressão da Crueldade contra os Animais, em 1824, as proibições se sucedem no Parlamento inglês: em 1822 já fora proibida a crueldade contra cavalos e bois, em 1835 a rinha de galos e em 1854 os açulamentos de cachorros.

A proibição da caça constituía um assunto mais difícil, pois era o esporte da nobreza e a seu favor pendiam argumentos utilitários. Por isso, primeiro se combateu a caça a animais mansos e não comestíveis, como gamos e lebres, depois as aves inofensivas e, finalmente e só na metade do século XIX, a caça à raposa. Pois embora houvesse o argumento de que a raposa era um predador da avicultura, a verdade é que desde o século XVIII já se preservavam artificialmente raposas com vistas à caça.

Mas essa mudança de sensibilidade em relação aos animais não foi fruto simplesmente de alterações do panorama intelectual e moral de uma época. Thomas acredita que, paradoxalmente, foi o isolamento de uma população urbana crescente em relação aos animais o que permitiu o surgimento desses novos sentimentos. Foram camadas urbanas de classe média, que lidavam com os animais domésticos de estimação, quem se ergueu contra a crueldade com os animais.

> A resposta parece ser o seguinte: os processos intelectuais precisaram ser estimulados pela transformação social externa. O triunfo da nova atitude esteve estreitamente vinculado ao crescimento das cidades e à emergência de uma ordem industrial em que os animais se tornaram cada vez mais marginais ao processo de produção.[23]

Além disso, o repúdio à caça mesclava-se indefectivelmente com a luta de classes do período, ou seja, a luta da burguesia ascendente contra a nobreza, que tinha na caça seu esporte predileto.

O desenvolvimento da sensibilidade em relação às plantas e aos bosques percorre caminho semelhante. Durante a Idade Média, as florestas europeias foram sistematicamente destruídas. O máximo de desflorestamento ocorreu entre os séculos XI e XIII e, no século XVI, a Inglaterra e os Países Baixos sofrem com a escassez de madeira. Deléage chama a atenção para o fato de que não foi à toa que a Inglaterra foi o primeiro país a substituir o combustível vegetal pelo fóssil — o carvão —, pois lá, no período elisabetano e dos Stuart, havia absoluta escassez de madeira.

Por razões eminentemente utilitárias — faltava madeira para a indústria naval, para aquecer as lareiras, construir casas e castelos, bem como bosques para a caça —, surgem as primeiras penalidades para a derrubada ilegal de árvores. E no século XV já se começa o plantio de árvores nas florestas reais, bem como em propriedades privadas, visando a sua exploração comercial. Vale dizer que os camponeses sempre se opuseram ao corte das florestas, que eram fonte de frutos, raízes e pastagem para o gado, assim como fornecedoras de lenha. A nobreza da Restauração, contudo, gostava de acusar as classes baixas pelo desmatamento ocorrido no período do Interregno, apresentando-se como a defensora das árvores.

Aos poucos, no entanto, as razões estéticas vão se tornando muito mais fortes do que as utilitárias para a preservação das árvores. Os séculos XVII e XVIII são tomados da paixão pelos jardins, alamedas, bosques, flores e plantas exóticas. O próprio estilo inglês de jardinagem, imitando a natureza e contrastando com o jardim francês, geométrico e de plantas podadas, indica o quanto ali vicejava o amor pela natureza. Um verdadeiro culto às árvores ressurge do passado celta, vistas como símbolos da vida, da família, das tradições e mesmo da nacionalidade.

Ao mesmo tempo, a população urbana — da nobreza à classe operária — é tomada pela paixão da jardinagem e muitos são os botânicos e herbanários amadores. Como no caso da compaixão pelos animais domésticos, essa nova paixão pelos bosques e jardins acomete uma sociedade já em grande parte urbanizada e forçada a conviver com o *smog* londrino, resultante do uso do carvão mineral na calefação doméstica, bem como das indústrias de vidro, curtumes e lavanderias.

Assim, o amor pelo verde cresceu à medida que esse mesmo verde desaparecia sob a poluição atmosférica e de envenenamento dos rios, causados pelo crescimento das cidades e das indústrias. Mas sobretudo as novas indústrias, com seus efluentes industriais e seu uso intensivo de carvão, agrediam enormemente o meio ambiente, e por extensão a população de suas redondezas. Na última década do século XIX, por exemplo, as principais cidades industriais inglesas apresentavam altíssimos índices de raquitismo, pois a poluição atmosférica impedia a penetração dos raios ultravioleta, necessários para a fixação do cálcio nos ossos.

Os rios, que estavam se transformando em verdadeiros esgotos, fétidos e lamacentos, acabaram por provocar o surgimento de uma das primeiras entidades conservacionistas internacionais. Em 1878 surgiu a

União Internacional para a Limpeza dos Rios, Solos e Ar, cujo principal líder, o médico alemão Gerhard Bonne, publicou o livro *Rios ou cloacas alemãs? Uma séria e urgente advertência ao nosso Governo e ao nosso povo*, no qual denunciava a situação calamitosa em que se encontravam os rios alemães próximos às grandes cidades e áreas industriais.

Às vésperas da Primeira Guerra Mundial, um jornal operário retratava desta maneira o desastre ambiental:

> Nunca antes da metade do século passado, o homem habitou o mundo animal e vegetal de forma tão irracional, inclemente, cruel e inescrupulosa, ou seja, desde o desenvolvimento do modo de produção capitalista (...) Costuma-se chamar o século XIX, orgulhosamente, de "o século das ciências naturais", e há uma certa razão nisso... Porém, parece que todos esquecemos apenas de uma coisa: da própria Natureza.[24]

Mas todos esses movimentos anteriores à segunda metade do século XX — de proteção aos animais, conservacionistas ou naturalistas — distinguem-se do movimento ambientalista dos anos 1970 pela natureza dos riscos que eles enfrentam. De fato, embora no começo da industrialização os rios cheirassem mal, a poluição atmosférica impedisse a passagem do sol e muitas aldeias da costa europeia ou norte-americana houvessem se tornado verdadeiras fábricas de óleo de baleia, cobertas de sangue, ossos e óleos, esses estragos eram localizados. O mundo ainda podia ser dividido romanticamente entre cidade e campo, áreas de pastagem e floresta agreste, usinas hidroelétricas e áreas onde a pesca continuava possível, casacos de pele e martas e caça ao tigre-de-bengala.

De certa maneira, tudo o que estava empestando o mundo podia ser atribuído a homens irresponsáveis, gananciosos e egoístas, pois eram eles que se recusavam a gastar um pouco mais que fosse para tratar seus efluentes, ou ganhar um pouco menos, poupando árvores e baleias, ou mesmo transferirem suas indústrias para áreas menos centrais. Tecnologias para reduzir os estragos até que havia, como ilustra o caso da polêmica entre lavagem de gases de enxofre *versus* elevação das chaminés de fábrica. O que não havia era vontade. Segundo Hanseling, desde o fim do século XIX já se haviam desenvolvido métodos para a lavagem de gases, mas a indústria continuou defendendo a tese de que chaminés altas "diluíam" os gases de enxofre, tornando desnecessária a adoção de novas tecnologias.

O mundo dos anos 1970, que assiste ao surgimento do movimento ambientalista, é um mundo inteiramente diferente. E aparentemente mais limpo e saudável. Nada cheira mal, até porque os desinfetantes da indústria química não só eliminaram todos os maus cheiros, como dividiram o mundo em alguns poucos tipos de perfumes autorizados: lavanda, limão e pinho. A medicina, no entanto, começa a desconfiar e, em certos casos, constatar que muitas dessas substâncias químicas usadas como desinfetantes causariam alergias, dermatites, rinites, distúrbios nervosos, dores de cabeça etc.[25] É pela mesma razão, ou seja, pelo excesso de substâncias químicas, que alguns rios europeus se tornaram enormes desertos líquidos. Nos sedimentos dos rios acumulavam-se os metais pesados tóxicos como o cádmio, o chumbo e o arsênico, tornando perigosas quaisquer operações para dragar seus sedimentos. O rio Reno, sobretudo, em cujo curso inferior se localizam várias das indústrias químicas suíças, era um caso de calamidade pública. Nos anos 1970, portanto, começaram as campanhas para ressuscitar o rio Reno e também o Tâmisa. Em 1986, contudo, a explosão de um depósito da empresa Sandoz, em Basileia, lançou 30 toneladas de substâncias químicas no rio, bem como 220 quilos de mercúrio. Milhares de peixes morreram e a água do rio Reno se tornou imprópria para consumo humano em quatro países, nas cidades que se encontravam à beira do rio por centenas de milhas a jusante de sua nascente.

Em contraste com os centros fabris do século XIX e da primeira metade do século XX, os distritos industriais dos anos 1970 eram assépticos. Os efluentes líquidos corriam, canalizados, para os riachos e rios menores, que também haviam sido canalizados e aterrados. Usinas de tratamento de águas filtravam o material particulado e o lodo, desinfetando a água com grandes doses de cloro e flúor, em seguida despejando essas águas "limpas" nos grandes rios que permaneciam a céu aberto, mortos. Dados os inconvenientes à saúde provenientes da ingestão de cloro e flúor, desenvolve-se aceleradamente a indústria de água mineral engarrafada.

As emissões de dióxido de enxofre e de carbono haviam diminuído, pois o carvão já estava sendo substituído pelo petróleo no transporte automobilístico, nas usinas térmicas e na calefação doméstica. Isso não impediu, contudo, que da metade dos anos 1960 em diante as principais cidades industriais do mundo inaugurassem o sistema de medição da qualidade do ar, com periódicas recomendações a idosos, crianças e pessoas com doenças respiratórias para que ficassem em casa nos dias em que as concentrações de gases poluentes atingissem seu pico. O crescimento meteórico da indústria automobilística fazia com que ela estivesse se tornando, na maior parte do mundo, o principal fator da poluição atmosférica.

Também os resíduos sólidos, industriais e domésticos tinham encontrado novas tecnologias para seus tratamentos. Aterros sanitários — construídos segundo esmeradas técnicas e em áreas periféricas das cidades — e sobretudo incineradores transformavam resíduos industriais, hospitalares e domésticos em cinzas, a serem depositadas em aterros. Mas era impossível evitar que o chorume vazasse dos aterros sanitários e que os incineradores não exalassem cheiro. Por isso desvalorizavam-se os terrenos vizinhos a aterros e incineradores e havia os que se queixavam de uma maior incidência de doenças respiratórias nas proximidades daqueles últimos. E finalmente surge a suspeita, mais tarde confirmada, de que os incineradores eram capazes de sintetizar substâncias químicas novas, entre elas as hoje famosas dioxinas, consideradas os mais poderosos cancerígenos criados pelo homem. A tecnologia reage a esta descoberta desenvolvendo filtros nas chaminés dos incineradores e sistema de lavagem de gases no seu interior. Mas novas pesquisas descobrem que parte das dioxinas se formam fora das chaminés, ou seja, depois que passaram pelos tratamentos preventivos. Como último recurso, as autoridades estabeleceram "índices máximos de exposição aceitáveis às dioxinas", que embora venham sendo diminuídos a cada revisão, tornaram-se suspeitos quando o estudo sobre dioxinas, realizado pela agência ambiental norte-americana (EPA) em 1995, não encontrou qualquer dose mínima que não produzisse efeitos adversos em animais de laboratório.

A contaminação com dioxinas se torna tão ubíqua que pediatras alemães passam a recomendar às jovens mães alemãs a não amamentarem seus bebês por mais do que três meses, em virtude da quantidade de dioxinas presente em seu leite e que pode afetar o desenvolvimento da criança. Na Holanda, grande parte do leite produzido por vacas holandesas traz concentrações de dioxinas superiores às "aceitáveis" e por isso é comprado pelo governo holandês, para ser queimado em incineradores, num círculo vicioso que desafia qualquer bom-senso. Na Suíça, igualmente, se constatou que o leite das vacas criadas ao redor de incineradores contém maior quantidade de dioxinas do que o de vacas distantes destas fontes de poluição.

Nos anos 1970, o lixo doméstico e industrial mudara muito de aparência. Em geral inodoro, pois o material orgânico diminuíra muito proporcionalmente, era rico em plásticos, esse novo material que vinha substituindo com sucesso o vidro, a madeira e o metal. O problema, contudo, era que os plásticos se degradavam muito lentamente nos aterros. Por isso, os incineradores pareciam uma solução particularmente engenhosa, até porque os plásticos queimavam com facilidade. Mas se descobriu que era exatamente a presença dos plásticos de PVC o que permitia a formação das dioxinas.

Além disso, estava evidente de que no ritmo em que crescia a indústria papeleira, em breve se esgotariam as florestas. Com outros recursos naturais, o desperdício era igualmente grande. O movimento ambientalista começa a defender a ideia do uso econômico dos recursos naturais. Surge a ideia da reciclagem dos resíduos e, para isso, a separação prévia desses.

Nas gôndolas dos supermercados e nas cozinhas, o panorama também mudara muito desde cem anos atrás. Agora, nos países industrializados, se encontram quase todos os tipos de alimentos, frutas e verduras, mesmo fora de estação e vindos de países exóticos. Embora cara, a alimentação era abundante, bonita e vistosa. Mas as análises químicas mostravam que frutas e verduras continham quantidades espantosas de agrotóxicos e metais pesados. As declarações tranquilizantes das autoridades sanitárias não diluíam inteiramente o alarme público e ressurgem as feiras, que já estavam acabando sob o peso da concorrência dos supermercados, dessa vez como feiras de "produtos orgânicos". Pessoas cultivam vegetais em suas hortas de fim de semana, comunidades de *hippies* desenvolvem a tese de que o *"small is beautiful"* e todos os que enveredam pela nova senda dos alimentos realmente saudáveis descobrem que estes são mais saborosos, embora menores e até menos bonitos e vistosos.

Além da saúde humana, o uso intensivo de agrotóxicos estava destruindo o próprio hábitat necessário à agricultura. Rachel Carson, em seu livro *Primavera silenciosa*, publicado em 1962, denunciava a "revolução verde", que estava eliminando todos os insetos e animais, inclusive aqueles benéficos à agricultura. Além disso, o uso intensivo de micronutrientes estava empestando rios e solos com metais pesados, fosfatos e nitrogênio, enquanto a irrigação salinizava ou inundava terras agricultáveis.

Finalmente, o mundo dos anos 1970 é inteiramente movido a energia elétrica, e as fontes dessa energia são o petróleo, a energia hidráulica e a nova energia nuclear. Os poços de petróleo sempre trouxeram um dano localizado, ainda que de grande monta, nas suas áreas de exploração. Mas os novos navios-petroleiros, que permitiram cruzar os oceanos com enormes quantidades de petróleo, também inauguraram a era dos derrames de óleo no mar. Nos anos 1970, uma série de acidentes com trens e caminhões carregando substâncias químicas vieram mostrar que se estava lidando, realmente, com material explosivo.

Além disso, a crise do petróleo em 1974, quando a OPEP elevou subitamente os preços do combustível, sinalizou que não só por razões ambientais seria recomendável buscar outras fontes de energia. Também estava se tornando muito preocupante a enorme dependência das economias industrializadas em relação ao petróleo dos países árabes.

Dos anos 1950 em diante, assistimos à construção de grandes represas para geração de energia e foram poucos os corações que se confrangeram com o fato de tesouros arqueológicos como os de Abu-Simbel, no Egito, ou maravilhas da natureza, como Sete Quedas, fossem imolados ao deus da eletricidade. Mas algumas pessoas, entidades científicas ou admiradores da natureza começaram a pensar que estávamos pagando um preço muito alto pelo uso dos novos eletrodomésticos.

Finalmente a energia nuclear foi a gota-d'água de todo esse cenário calamitoso. Embora fossem poucos os que questionavam a absoluta segurança dessas instalações, ninguém queria ser vizinho de depósitos de rejeitos atômicos. O movimento antinuclear alemão aí começa, reunindo estudantes, moradores e camponeses de Wyln, Kaiseraugst e Gorleben, três cidades na vizinhança do que deveria ser tornar o único depósito alemão de rejeitos radioativos, construído em uma mina de sal, escolhida pelas autoridades federais. Em 1979, porém, o acidente com a usina nuclear de Three Mile Island, nos Estados Unidos, que exigiu a remoção de 60 mil moradores, veio desmentir as afirmações categóricas de técnicos e governos quanto à absoluta segurança das usinas nucleares. Chernobyl, em 1986, levou à evacuação de 130.000 pessoas, à hospitalização de 200, à morte imediata de 30 e à estimativa de que mais de 20.000 a 40.000 venham a morrer nos anos vindouros.

Todos esses inconvenientes e perigos das fontes de energia fóssil, hidroelétrica e nuclear faziam com que o movimento ambientalista nascente advogasse a busca de outras fontes de energia, que fossem ambientalmente adequadas.[26] Alguns dos primeiros ecologistas, inclusive, mostravam que o balanço energético das atividades humanas era francamente insustentável. Ou seja, cada vez gastamos mais energia na forma de energias fósseis, para produzir menos calorias em nossos alimentos, por exemplo.

O movimento ambientalista dos anos 1970, portanto, enfrenta riscos invisíveis, generalizados, múltiplos e todos eles resultantes do próprio desenvolvimento tecnológico. É a natureza desse risco, fruto de tecnologias avançadas, que caracteriza e diferencia o movimento ambientalista dos anos 1970 dos seus antecessores, ainda que a luta contra os testes nucleares nos anos 1950 e 1960 deva ser entendida como a sua primeira manifestação. (E igualmente o ressurgimento do movimento pacifista, que havia praticamente desaparecido desde o fim da Primeira Guerra Mundial.)

Por isso, a crítica à ciência e à tecnologia não se origina de uma ignorância ou de um temor irracional diante da ciência, mas ao contrário, da percepção de que a ciência não só falhou em nos proteger dos perigos, como é em grande parte responsável pelos perigos que enfrentamos. Como diz Beck,

> Da mesma forma como foram constituídas, com sua divisão de trabalho superespecializada, sua concentração em teoria e metodologia, sua determinação de se abster de qualquer prática — *as ciências são inteiramente incapazes* de reagir adequadamente aos riscos civilizacionais, uma vez que elas estão, de forma proeminente, envolvidas na origem e crescimento desses riscos.[27]

A razão pela qual a ciência negligenciou os riscos e inclusive os legitimou estaria no seu enorme compromisso com as metas de aumento da produtividade, na sua adesão acrítica ao modelo produtivista/consumista de nossa época. Na mesma medida em que a sociedade foi tomando consciência dos riscos reais a que está sujeita, ela teve de confrontar-se com a comunidade científica, que rejeitava a percepção social de risco, como "temores totalmente infundados". Por isso Beck afirma que a história da consciência ambiental é, ao mesmo tempo, a história da desmistificação da ciência.

Uma última característica do movimento ambientalista valia ser comentada. Enquanto os demais movimentos têm seu círculo de adeptos restritos a certas áreas culturais e sociais, o movimento ambientalista penetra em todas as classes sociais, partidos políticos e "subculturas". J. Huber compara o movimento ecológico ao dos trabalhadores industriais do século XIX e começo do XX, por ser capaz de "produzir uma oposição majoritária em escala mundial" e mesmo entre as elites do poder. Idêntica característica é apontada por Ricardo Leis: "Por serem defensivos e inspirados em valores, estes contramovimentos capturaram adesões 'vertical' e 'horizontalmente' em todos os espaços da sociedade e em todas as sociedades, embora essas adesões não se viabilizem simultaneamente com a mesma intensidade."[28]

Surgido nos anos 1970, portanto, o movimento ambientalista reage sobretudo aos desmandos da era tecnológica, postulando uma radical mudança do curso tomado pela humanidade. Se nos anos 1970 o movimento ambientalista se desenvolvia predominantemente em cenários locais, regionais ou, no máximo, nacionais, a descoberta do processo de aquecimento global, da destruição da camada de ozônio, da contaminação dos oceanos com substâncias químicas persistentes e bioacumulativas, a extinção acelerada de espécies animais e vegetais tornou esse movimento ambientalista um movimento internacional. O internacionalismo que une o movimento ambientalista não é apenas aquele resultante de uma solidariedade entre iguais, como é o caso do movimento operário, de direitos humanos ou de mulheres.

Mais do que solidariedade entre os ambientalistas de todo o mundo, há o que Morin chama de "uma comunidade de destino" de todas as pessoas que habitam a Terra, pois o poder da tecnologia atual fez com que o destino de todas as espécies vivas desse planeta dependa de todos nós.

NOTAS

1. Cornelius Castoriadis, *El Ascenso de la Insignificancia*, p. 73 (tradução minha).
2. Ulrich Beck, *Ecologic Politics in an Age of Risk*, p. 65.
3. Cornelius Castoriadis, *El Ascenso de la Insignificancia*, p. 26 (tradução minha).
4. Karl Henseling, *Ein Planet wird vergifted*, p. 98.
5. Ulrich Beck, *Risk Society*, p. 184 (tradução minha).
6. Ulrich Beck, *Ecological Politics in an Age of Risk*, p. 43 (tradução minha).
7. Cornelius Castoriadis, *op. cit.*, p. 74 (tradução minha).
8. O processo foi aberto contra a Monsanto, a Dow Chemicals, a Uniroyal, Hercules, Diamond Shamrock, Thompson Chemical and TH Agriculture, por veteranos e seus parentes, reclamando uma indenização de mais de US$180 milhões. Warwick, H., *Agent Orange: the poisoning of the Vietnã*.
9. Karl Henseling, *Ein planet wird vergifttet*: 99, p. ?? (tradução minha).
10. Allsopp *et al.*, *Recipe for Disaster: a review of persistent organic pollutants in food*, p. 16.
11. Bruno Latour, *Ciência em Ação*, p. 59.
12. Ulrich Beck, *Risk Society*, p. 65 (tradução minha).
13. Ulrich Beck, *op. cit.*, p. 69 (tradução e grifos meus).
14. No atualíssimo debate sobre a segurança dos alimentos transgênicos, vemos esse argumento ser esgrimido *ad nauseam*. A Comissão Técnica Nacional de Biossegurança, formada majoritariamente por cientistas da área de biotecnologia, ao anunciar o seu "parecer técnico conclusivo" favorável ao plantio e consumo da soja transgênica da Monsanto no Brasil, declarou em sua nota de imprensa que: "Mais de 2 bilhões de pessoas consomem alimentos transgênicos a mais de 5 anos, sem que até agora nenhuma enfermidade tenha sido registrada."
15. Peters Saunders, *Use and Abuse of the Precautionary Principle*, p. 4.
16. Cornelius Castoriadis, Ciência Moderna e Interrogação Filosófica. *In Encruzilhadas do labirinto 1*, p. 163.
17. Edgar Morin, *O Método II: Vida na Vida*, p. 34.
18. Ulrich Beck, *Ecological Politics in Age of Risks*, p. 47.
19. ESRC, *The Politics of GM food*, p. 8.
20. Cornelius Castoriadis, *Encruzilhadas do labirinto 1*, p. 244 (grifos meus).
21. Esses "novos movimentos" também foram chamados de "movimentos alternativos". Joseph Huber, sociólogo e ativista de movimentos alternativos, os subdividiu nas seguintes categorias, muito inspiradas, aliás, pela realidade alemã: iniciativas civis; movimento ecológico, antiusinas atômicas e pelas tecnologias alternativas; estilos de vida alternativos e crítica do

consumismo; movimento de jovens e movimento de idosos; movimento de comunidades rurais e regionalismo; movimento de mulheres, inclusive feminista, movimento *gay* e movimento pedofílico; movimento psicologista, emancipacionista e pró-sensibilidade; seitas religiosas e novo espiritualismo; movimento pacifista e iniciativas pró-Terceiro Mundo; movimento pelos direitos do cidadão e contra o cerceamento de direitos e liberdades democráticas; esquerda não ortodoxa e expontaneísta. Joseph Huber, *Quem deve mudar todas as coisas?*, p. 12.

22. Ricardo Leis, *Ambientalismo: Um projeto realista-utópico para a política mundial*, p. 29.
23. Keith Thomas, *op. cit.*, p. 217.
24. Karl Henseling, *op. cit.*, p. 103 (tradução minha).
25. O século XX assistiu ao desenvolvimento da química do cloro, o qual é obtido ao se quebrar a molécula de sal através da eletrólise. Ao realizar essa operação, o que se pretende, sobretudo, é a extração da soda cáustica, de múltiplos usos na indústria. O cloro é, entretanto, um subproduto inevitável dessa operação e para o qual se procuraram diversos usos: desde o *Agente Mostarda*, o gás tóxico usado na Primeira Guerra Mundial, passando-se por inúmeros desinfetantes, agrotóxicos, branqueadores e solventes até o plástico PVC. "Diferentemente do cloro presente no sal, o gás clorídrico é uma substância extremamente reativa e tóxica, que raramente pode ser encontrado na natureza. Ele se liga rapidamente à matéria orgânica para formar uma nova classe de substâncias químicas chamadas de "organoclorados." (...) "Cerca de 11.000 tipos diferentes de organoclorados são produzidos hoje em dia, usados em produtos que vão desde pesticidas e plásticos, até pastas de dentes e antissépticos bucais. Fora esses, a própria produção e uso desses organoclorados gera outros milhares, como subprodutos não intencionais. Por exemplo, as dioxinas, que resultam da manufatura do PVC." Greenpeace, *Body of Evidence*, p. 4 (tradução minha).
26. O conceito *ambientalmente adequado* é uma tradução do conceito inglês *environmentally sound* ou *environmentally friend*. Em qualquer dos casos, em inglês ou português, o conceito é propositalmente vago. Como os riscos, o que se considera ambientalmente saudável vai depender da sociedade. Incineradores foram e ainda são concebidos como ambientalmente adequados em muitas sociedades, e usinas nucleares foram tidas como "energia limpa" durante os anos 1950, pois não emitiam gases poluentes nem destruíam a paisagem!!!
27. Ulrich Beck, *Risk Society*: 59.
28. Ricardo Leis, *Ambientalismo: um projeto realista-utópico para a política mundial*, p. 15.

UM PROJETO DE FUTURO

> *Este novo casamento entre a natureza e a humanidade necessitará, sem dúvida, como acabamos de dizer, de uma superação da técnica atual, que por sua vez necessita duma superação do modo de pensar atual, inclusive científico.*[1]

O extraordinário artigo "Técnica", incluído mais tarde no *Encruzilhadas do labirinto 1,* escrito por Castoriadis em 1973, se encerra com um parágrafo final no qual o autor se recusa a delinear o que seria a técnica do futuro:

> O essencial, de fato, situa-se além dessas considerações; se uma nova cultura humana é criada, após uma transformação radical da sociedade existente, ela não terá somente que se declarar contra a divisão do trabalho sob suas formas conhecidas; em particular a separação do trabalho manual e intelectual; ela se fará junto com uma mudança das significações estabelecidas, dos quadros da racionalidade, da ciência dos últimos séculos e da tecnologia que lhes é homogênea. Mas devemos renunciar hoje a ouvir um pouco dessa música de um futuro longínquo, sob pena de confundi-la com as alucinações auditivas que nosso desejo pode fazer nascer.[2]

Quase 30 anos depois, já não é tão perigoso ou absurdo ouvir esse canto de sereia. As dimensões crescentes da catástrofe ambiental e o desenvolvimento da ciência, da política e da consciência ecológicas fazem com que hoje já seja possível delinear em seus contornos mais gerais aquilo que se pode chamar de um projeto ecológico.

É claro que ele não está concluído, e nem deveria. Foi-se o tempo em que se pode crer que alguma teoria da história humana seria capaz de prever o futuro da nossa aventura sobre a Terra. O projeto ambientalista não é, portanto, uma profecia, mas uma proposta para o futuro, gestada por uma infinidade de movimentos sociais e políticos, pelo debate acadêmico e filosófico e pela paulatina — mas crescente — sensibilização da cidadania planetária para a questão ambiental. Ele tem sido feito, aos poucos, à medida que novos temas e desafios ambientais são percebidos, mas também à proporção que outras áreas da reflexão e da *práxis* social o interrogam, como a filosofia, a política, a economia, a antropologia, a sociologia, a ética e a estética, bem como o mundo do trabalho, os novos movimentos sociais, a gestão pública, as religiões, o direito e a arte.

UM TODO BEM COMPLEXO

Talvez o elemento mais antigo do projeto ambientalista, surgido nos tempos dos primeiros movimentos conservacionistas ou de proteção aos animais do século XIX, seja o de proteger hábitats raros ou espécies ameaçadas. Esses objetivos continuam válidos até hoje, reforçados por novos argumentos científicos e éticos. A descoberta da complexidade das inter-relações em um ecossistema e entre ecossistemas fez com que a necessidade de preservação de animais ou plantas independa do seu valor singular, mas se justifique pela função que todo o organismo assume na complexidade da natureza. A crítica da visão antropocêntrica, por outro lado, nos impôs o reconhecimento do direito à existência de espécies vivas, o que no passado só se era dado aos animais considerados "nobres" e às plantas com um significado cultural especial.

Em confronto com os problemas sociais, o projeto ambientalista teve de renunciar àquela visão radical de conservação da natureza, que excluía o homem do seu seio. Da política de parques ou reservas proibidas ao ser humano, passou-se lentamente a aceitar que o homem pudesse habitar as florestas e ecossistemas frágeis, e fosse capaz de explorá-lo sem dilapidá-lo, ao seguir técnicas de manejo sustentável tradicionais ou modernas. Um pouco mais adiante e já se reconhecia que a melhor maneira de preservar um ecossistema ameaçado por atividades antropogênicas predatórias seria garantir à comunidade ali existente a sua permanência e sobrevivência, pois é essa comunidade que protegerá esse ecossistema contra as invasões de grupos humanos predatórios.

A economia do consumo de energia, em especial as energias fósseis, também está presente nos primeiros esboços de um projeto ambientalista. A razão disso é que muitos dos primeiros ecologistas foram cientistas que perceberam o profundo beco sem saída em que a humanidade estava se metendo, ao consumir energia originada de fontes não renováveis, como o carvão e o petróleo.[3] Os economistas ecológicos vão questionar a noção de que o mercado possa servir de mecanismo para regular a escassez e oferta de bens ambientais. Com efeito, se bem é verdade que um bem escasso valha mais, um bem não existente teria um valor inestimável, ou seja, na prática, não valeria nada. E, como certos bens ambientais não são renováveis, ao contrário, necessitaram bilhões de anos da história natural para serem produzidos, de nada serviria à humanidade, que em conformidade com a teoria econômica, seus preços começassem a subir meteoricamente, quando aqueles bens se aproximassem do seu esgotamento. O que importaria, do ponto de vista da existência material dos homens, é que não haveria mais carvão ou petróleo, uma fonte de energia particularmente apropriada para mover grandes "objetos móveis", como carros ou aviões.

Ao levantar esse tipo de problema, esses economistas-ecologistas contrariavam igualmente a teoria do valor marxista, pois propunham que se atribuísse valor a recursos naturais, coisas que não seriam fruto do trabalho humano: "Uma coisa pode ser valor de uso, sem ser valor. É esse o caso, quando sua utilidade para o homem não é medida por trabalho. Assim, o ar, o solo virgem, os gramados naturais, as matas não cultivadas."[4]

Vistos como abundantes e inesgotáveis, os recursos naturais só poderiam ter valor caso pudessem ser apropriados privadamente e modificados por meio do trabalho humano, de modo a adquirirem uma nova utilidade. Como os homens de seu tempo, Marx ignorava esse trabalho mudo da natureza, criando e recriando a biosfera em que vivemos e a necessidade de enquadrar o trabalho humano dentro do ritmo e da base física daquele trabalho da natureza. Como diz Vandana Shiva:

> As mulheres que compartem as águas do rio para satisfazer as necessidades de suas famílias e da sociedade não participam no trabalho produtivo: quando são substituídas por um engenheiro, a administração e o uso das águas se convertem em atividades produtivas. Os bosques naturais permanecem improdutivos, até que sejam desenvolvidos em forma de monoculturas de espécies destinadas ao comércio. (...) Desdenhar a obra da natu-

reza ao renovar-se a si mesma e o labor da mulher ao produzir o que satisfaz as necessidades básicas e vitais é parte essencial do paradigma do mau desenvolvimento, que considera não produtivo ou improdutivo todo o trabalho que não dê lucros e não crie capital.[5]

Daí o mérito extraordinário de Serhil Podolinsky, médico socialista ucraniano, contemporâneo de Marx, que desenvolveu o conceito de "rendimento energético", afirmando que sociedades humanas só poderiam ser viáveis se o rendimento energético do trabalho humano fosse maior do que o custo energético desse trabalho. Podolinsky escreveu a Engels, propondo que a teoria do valor fosse combinada com a teoria energética, mas a única coisa que mereceu dele foram alguns comentários mordazes a respeito, em sua correspondência com Marx.[6]

A ideia de se conceder um preço "mais alto" a recursos naturais escassos, no entanto, horrorizava, como ainda horroriza, os nossos economistas convencionais. Ignorando a lição de Marx, de que *o valor é uma relação social*, pois só há valor onde há propriedade privada, divisão social do trabalho desenvolvida, mercado e marco jurídico que reconheça e garanta a troca; ignorando ainda todas as políticas de intervenção na economia, como preços de monopólio, preços subsidiados, preços aumentados por impostos e taxas e preços "congelados", ou seja, toda a parafernália da política econômica pós-keynesiana, nossos economistas ortodoxos continuam insistindo em que o valor é um fenômeno natural, criado por esse deus todo-poderoso, que é o mercado. Na verdade, a economia clássica não é uma teoria adaptada a esses tempos modernos, pois, como diz Enzo Tiezzi:

> O ambiente e as gerações futuras não podem ser mais excluídas do mercado, ao chegarmos a esse dilema histórico entre as opções da sobrevivência e as de destruição global do planeta: *a economia não pode mais basear-se em ciências "reversíveis" (mecânicas), mas sim em ciências "em devir" (biológicas, termodinâmicas).* O sistema vivo não possui o determinismo da tecnologia. A redução do sistema vivo à quantidade, à medida, não é possível: *a economia clássica é uma forma de reducionismo.*[7]

No entanto, fora a proibição pura e simples — o que é sempre difícil de executar e pode ser contraproducente, tornando altamente rentável a exploração ilegal de um determinado recurso —, a imposição de taxas ou impostos ao uso de recursos não renováveis é a maneira mais eficaz e mais de acordo com a "lógica do mercado", de conduzir a economia pelos caminhos adequados.

O raciocínio básico desses primeiros ecologistas e que fundamentava a proposta de redução e economia no uso dos recursos fósseis era a percepção de que o universo funcionava de acordo com a segunda lei da termodinâmica, ou seja, a energia transita sempre de formas mais fortes para formas mais brandas, não capazes de gerar a mesma energia que está sendo consumida. Nessas circunstâncias, o melhor que podemos fazer é reduzir o ritmo em que consumimos os recursos naturais esgotáveis, retardando, assim, ao máximo possível o momento em que não teremos mais de onde extrair energia para sobreviver.

O mesmo raciocínio, evidentemente, pode ser estendido a outros recursos naturais que não os combustíveis fósseis. Metais pesados, igualmente raros, são extraídos do solo em enormes quantidades, e é possível calcular quando irão se esgotar. Até recursos considerados renováveis, como florestas ou espécies animais, podem desaparecer inteiramente se sua exploração for desenfreada, não respeitando seus ritmos naturais de reprodução.

A destruição acelerada das florestas desde o século XIX, a caça ao elefante, aos tigres-de-bengala e às baleias, por motivos econômicos, e aos leões como esporte, ameaçaram seriamente de extinção essas espécies. Assim, desenvolve-se a ideia de que é necessário reduzir o ritmo de exploração de recursos naturais e na medida do possível "arredondar" isso que tem sido uma seta unívoca — o *output* e o *input* humanos com a natureza. Para os recursos naturais inanimados, surge a "Política dos 3 Rs", ou seja, *reduzir, reutilizar, reciclar*, enquanto para os recursos vivos concebem-se as políticas de pesca e caça sustentáveis, e o manejo sustentável para florestas. Quando se diagnosticam situações críticas, no entanto impõe-se *moratórias*, ou seja, um período de suspensão de atividades exploratórias até que os estoques possam se reconstituir.

Contudo, o mero balanço energético dos primeiros ecologistas deixava de fora outros aspectos estreitamente relacionados com o uso de combustíveis fósseis e que também deviam ser levados em consideração, ao se realizarem escolhas ecológicas. Embora o carvão seja mais abundante que o petróleo, seu uso deveria ser descontinuado — como já vem acontecendo —, por ser pior que o petróleo como poluente atmosférico e gás estufa. O uso do petróleo, carvão e gás natural, por outro lado, deveria ser reduzido não só porque são recursos escassos, que deveremos poupar para o futuro, mas porque sua combustão acelera o aquecimento global e polui a atmosfera, atacando a saúde humana e animal e destruindo florestas.

A questão do aquecimento global introduz no projeto ambiental um critério de prioridade novo: o dos desafios globais. Não se trata apenas de que o carvão e o petróleo poluam em cada lugar onde são extraídos e consumidos, mas de que eles afetam *toda* a biosfera, inclusive as áreas onde não estão individualmente presentes. A Convenção das Mudanças Climáticas, assinada durante a realização da ECO-92, pretende reduzir as emissões de gases estufa na atmosfera, e essa é a razão pela qual várias organizações ambientalistas não governamentais vêm acompanhando-a de perto, como a Greenpeace, a WWF, os Amigos da Terra etc. No entanto, seus progressos têm sido lentos, barrados, sobretudo, pelos Estados Unidos.

Outro tema que será incorporado ao projeto ambiental é a reforma dos métodos de produção, de forma a reduzir ou eliminar os contaminantes tóxicos. Metais e substâncias químicas tóxicas estão hoje presentes no nosso cotidiano, de forma assustadora e desnecessária. Uma vez extraídos da terra ou produzidos, metais e químicos tóxicos permanecerão por longo tempo junto a nós, na forma de matéria-prima, produto e finalmente lixo tóxico. De início, o movimento ambientalista propunha que se reduzisse o uso dessas substâncias tóxicas, mas rapidamente percebeu que essa não era uma solução viável nem efetiva. Trata-se, aqui, portanto, de buscar *evitar* o uso de substâncias tóxicas, eliminando-as do circuito de produção-consumo-deposição final. Daí surge a chamada política de Prevenção da Geração de Resíduos Tóxicos, que combate o problema na fonte, buscando eliminar e substituir matérias-primas e tecnologias tóxicas por outras ambientalmente adequadas ainda na fase produtiva, evitando que o problema do lixo tóxico se apresente no final do processo, após o consumo.

A problemática do lixo industrial, urbano e hospitalar, que vai se avolumando nos anos 1980, reúne o tema dos contaminantes e o da economia dos recursos naturais, tornando-se uma das grandes áreas de atuação dos movimentos de base, os chamados *grassroots movements*. É que cada vez mais comunidades se veem agredidas pelos odores e acidentes envolvendo aterros sanitários e incineradores, penalizadas localmente por opções feitas — ou melhor dito, não feitas — pelo conjunto da sociedade. Isso que irá se chamar de efeito NIMBY *(Not in my backyard)* e que se tornou um dos pavores das empresas construtoras de incineradores e aterros — encontrar pela frente uma comunidade aguerrida e hostil — foi em grande parte responsável pela popularização da questão ambiental do lixo e das políticas de prevenção. Para rejeitar projetos de construção de incineradores ou aterros em sua vizinhança, donas de casa, trabalhadores não qualificados e pessoas de formação não especializada iam buscar argumentos com cientistas, ambientalistas e advogados e, em breve, incorporavam em seu vocabulário palavras como dioxinas, combustão, "política dos 3 Rs", "prevenção da geração de lixo", "direito à informação" etc.

Um exemplo paulistano desse tipo de experiência foi a luta das comunidades de São Mateus, Santo Amaro e Perus contra o projeto da prefeitura na gestão de Paulo Maluf, entre 1994 e 1995, que pretendia construir três incineradores de resíduos domésticos em cada um desses bairros. Em pouco tempo, de fato, os líderes comunitários estavam em condições de enfrentar as autoridades públicas, não só contestando suas afirmações de que os incineradores eram tecnicamente perfeitos, como sugerindo políticas alternativas dos 3Rs e de coleta seletiva.

O efeito NIMBY fez com que as indústrias de manejo de lixo buscassem situar seus empreendimentos em áreas economicamente deprimidas, onde não fosse provável a resistência da população e onde fosse possível, inclusive, seduzir as autoridades locais com iscas especiais. Daí resulta o fato de nos Estados Unidos existirem proporcionalmente muito mais aterros de lixo perigoso e incineradores em reservas indígenas, bairros pobres e negros e cidades de emigrantes mexicanos do que em áreas WASP (*white, anglosaxon and protestants*). Reagindo a essa tendência, surgiu um ramo do ambientalismo, chamado de *Environmental Justice*, extremamente forte nos Estados Unidos entre comunidades negras, indígenas e hispânicas, mas que igualmente se estende pelo mundo menos industrializado. Conceitualmente, aliás, pode-se dizer que todo o movimento no Sul, que rejeite lixo tóxico produzido no Norte a ele enviado, é um movimento de *environmental justice*.

Uma das consequências do efeito NIMBY foi o surgimento de um comércio internacional de resíduos perigosos, por meio do qual os países do Norte começaram a exportar seus resíduos perigosos para os países do Sul, gerando a problemática *global* que dará origem à Convenção da Basileia.

Outro problema global ligado ao tema da contaminação química foi a percepção de que todos os oceanos do planeta estavam contaminados com poluentes orgânicos persistentes e que o "efeito de destilação global" penalizava particularmente os seres humanos e os animais que viviam ao redor do Polo Ártico, em ecossistemas muito frágeis. Por isso, uma série de convenções regionais e internacionais vêm tentando, desde 1989, equacionar o problema desses poluentes, visando eliminá-los.[8]

A rigor, a luta contra os tóxicos utilizados na agricultura já era uma luta antiga, datando pelo menos da época em que Rachel Carson lançou, em 1963, *A primavera silenciosa*. Desde os anos 1970, os movimentos comunitários e rurais começaram a praticar uma agricultura *orgânica*, abdicando de agrotóxicos, micronutrientes artificiais e práticas de manejo do solo da grande agricultura. Recuperando as práticas de comunidades indígenas e camponesas, a agricultura orgânica veio desenvolvendo uma crítica sistemática à Revolução Verde, mostrando que os métodos desta última destroem o solo pela erosão e salinização, envenenam o solo e as águas com substâncias tóxicas e empobrecem a diversidade biológica, ao estimularem o plantio de umas poucas variedades de plantas em forma de monoculturas.

Finalmente os avanços da engenharia genética, modificando plantas comestíveis e fibras para torná-las mais resistentes a herbicidas ou transformando-as em agrotóxicos, por meio da inserção de genes de bactérias tóxicas, vieram potencializar todas as agressões já causadas ao meio ambiente pela Revolução Verde. Com efeito, além dos já conhecidos danos relativos à perda de diversidade biológica, empobrecimento dos solos e envenenamento do solo e águas com poluentes, a engenharia genética pode ter efeitos imprevisíveis sobre a fauna benéfica à agricultura, gerar pragas agrícolas super-resistentes e, onde houver plantas selvagens aparentadas, transferir-lhes seus traços genéticos, por meio da polinização cruzada. Caso essas plantas transgênicas sejam mais competitivas do que as "convencionais", algo que é impossível saber-se *a priori*, e as últimas venham a desaparecer, teremos perdido aquele estoque de variedades selvagens ao qual os agricultores recorrem para desenvolver híbridos resistentes a mudanças climáticas, a novas pragas e outras necessidades.

EM INTERAÇÃO COM OUTRAS *PRÁXIS*

O projeto ambientalista não vem se constituindo apenas a partir de temas tipicamente ambientais. Ao contrário, desde o seu início ele surge do encontro com outras áreas de reflexão e práticas sociais. No seu começo, ele é, sobretudo, um movimento de motivação ética — a proteção dos animais — e estética, querendo preservar os bosques e os jardins para a fruição humana.

Mas também não foi avesso às considerações econômicas. Às preocupações dos séculos XVIII e XIX em poupar a madeira para os navios e os bosques para a caça, seguiram-se as questões espinhosas de uma economia ecológica para o uso dos recursos energéticos, desde meado do século XIX. Recentemente, no entanto, a questão do desemprego estrutural de um lado e, de outro, a necessidade de uma política de transição para tecnologias ambientalmente sustentáveis tem incrementado notavelmente o diálogo entre a ecologia, a economia e o ambientalismo, daí surgindo algo que se está chamando de *economia ecológica,* ou *ecologia econômica* ou até de *ecologia política.*

O movimento ambientalista veio se encontrar com o "mundo do trabalho" por várias vias. Às vezes porque o próprio movimento sindical, na luta pela melhoria de suas condições de trabalho, mobilizava-se contra os riscos de acidente e a contaminação ocupacional, acabando por se envolver com a questão ambiental como um todo. Essa tendência tem sido mais frequente em certos sindicalismos do que em outros. Entre os mais comprometidos com a questão ambiental estão o sindicalismo brasileiro e o alemão. Às vezes o encontro só é possível depois de muitos desencontros, especialmente quando ambientalistas lutam pelo fechamento de fábricas altamente poluentes, como é o caso da maioria das fábricas químicas. Temendo perder seus empregos, não é raro que os trabalhadores se coloquem ao lado dos empresários e em franca oposição aos ambientalistas. Estes últimos, reconhecendo "as razões" operárias, têm desenvolvido uma proposta para lidar com a questão do desemprego resultante do fechamento de fábricas, a que chamam de "conversão industrial". Assim como um governo pode decidir fechar certas indústrias ou atividades por razões de segurança ou saúde, assim empresas tóxicas deveriam ser fechadas após um período no qual se trataria de reciclar e encontrar outros empregos para trabalhadores. O raciocínio que está por trás é que não deve ser o trabalhador quem pagará pela decisão de instalar uma fábrica poluente, já que ele em nada partilhou dessa decisão. Empresário e Estado, ambos os responsáveis, devem arcar com os custos do fechamento de uma empresa, inclusive com a obrigação de providenciar emprego para os trabalhadores demitidos.

Outro aspecto que envolveu o projeto ambientalista e o movimento sindical é a questão do desemprego estrutural. Com efeito, enquanto inicialmente se temia que políticas ambientais viessem a reduzir mais ainda o emprego, ao fechar ramos industriais inteiros, hoje se especula que uma indústria e uma agricultura ecológicas empregariam mais mão de obra, e melhor ainda, mão de obra bem mais qualificada.

De fato, à medida que o custo ecológico real da utilização de energias não sustentáveis for sendo "internalizado" no preço final, valerá a pena substituir novamente máquinas por seres humanos, o contrário do que ocorreu no começo do capitalismo. Passaremos por um fase de transição, como aponta Enzo Tiezzi, em que as tecnologias *hard* serão substituídas por tecnologias *soft*, cujas características são:

> serem de baixa intensidade de capital e de alta intensidade de trabalho, destinadas a uma plena e correta valorização dos recursos humanos, naturais e energéticos num determinado território. Tais tecnologias, de baixo custo de instalação e de escalas bastante pequenas, envolvem principalmente energias renováveis e descentralizadas e apresentam notável flexibilidade.[9]

Quanto a uma tendência de qualificação da mão de obra, isso já é evidente na agricultura orgânica, quando comparada à agricultura intensiva em insumos químicos. Por um lado, a renúncia aos herbicidas e agrotóxicos requer uma manutenção manual das plantações; por outro, a adoção de cultivos múltiplos e rotação de culturas, o controle biológico de pragas e a integração de atividades agrícolas, pecuárias e de silvicultura exigem um maior conhecimento e especialização — polivalente — dos agricultores.

No setor industrial, além do emprego que foi gerado pela própria indústria de controle da poluição — como as indústrias de equipamentos de controle da poluição e que hoje movimentam negócios milionários em todo o mundo —, pode-se supor que produtos mais personalizados, duráveis e "desmaterializados" requeiram mais força de trabalho e que esta precise ser mais qualificada.

Além disso, ao substituir-se produtos descartáveis, ou de curta duração, por produtos reutilizáveis, passíveis de conserto e de longa duração, novos empregos serão gerados para as atividades de manutenção, conserto, reaproveitamento e reciclagem dos produtos usados.

Como já comentava Castoriadis desde 1973, se há ganhos reais de escala, é preciso averiguar se certa dimensão deles não são apenas "parte dos preconceitos da ideologia dominante" e se não estamos desperdiçando recursos naturais, desempregando gente e empatando capital que poderia ser utilizado de forma mais útil, em nome de um princípio duvidoso de racionalidade técnica

Uma sinergia entre o projeto ambientalista e as propostas do movimento operário de redução da jornada de trabalho ocorre nesse momento. Se a redução da jornada de trabalho reduz o desemprego, o tempo livre pode ser aproveitado para o trabalho de caráter artesanal, comunitário e familiar — que, igualmente produzindo valores de uso, o faz de forma ambientalmente mais adequada, sem o desperdício em recursos naturais e humanos em que a produção em grande escala implica. Embora possa dispor de recursos altamente sofisticados, como computadores, batedeiras de bolo ou máquinas de costura, esse trabalho está sob o inteiro controle daquele que o executa.

O produto desse trabalho de pequena escala tem a vantagem de ser feito na medida do seu futuro consumidor: os parentes, os vizinhos, os amigos e, por meio disso, dessa troca de bens fora do mercado, reavivar a sociabilidade humana. Portanto, esse trabalho em pequena escala tem o mérito de superar as diversas formas de *alienação do trabalho*, apontadas por Marx em sua obra na juventude.

É verdade que esse trabalho não alienado só é possível nas sobras da jornada de trabalho não utilizada para o trabalho em grande escala. Mas isso é sempre melhor do que uma jornada de trabalho de oito horas, tediosa e extenuante para uns, enquanto outros se aborrecem igualmente nas filas das repartições à espera de seus salários-desemprego e assistentes sociais mal pagos se desesperam no atendimento a famílias desestruturadas, trabalhadores alcoólatras e deprimidos, e jovens revoltados com a falta de perspectiva pessoal.

A redução da jornada e a promoção de atividades produtivas personalizadas e em pequena escala consistem ainda na solução para a redução da produção e do consumo, medida imperiosa do programa ambientalista para que a humanidade se adapte aos limites físicos do planeta. Essa redução, contudo, deverá ser empreendida apenas no Primeiro Mundo, pois em grande parte do planeta trata-se de ampliar a produção dos bens de primeira necessidade, como alimentos, medicamentos, moradia, educação e vestimenta. A priorização da agricultura familiar, como forma de garantir a segurança alimentar das populações, e o investimento em serviços de saúde e educação devem compensar os empregos perdidos nos ramos poluentes e de bens supérfluos. A respeito da agricultura, é interessante observar o surgimento do conceito de *multifuncionalidade*, esgrimido pela União Europeia e Japão, visando proteger suas economias agrárias da desregulamentação advogada pela Organização Mundial do Comércio. Segundo esses países, a agricultura não teria apenas a função econômica, mas também preencheria funções sociais como fixação da mão de obra no campo e garantia da segurança alimentar e funções ambientais, como preservação dos solos e da biodiversidade agrícola. Embora o conceito possa estar sendo utilizado para defender agriculturas nada ambientais, como alegam os Estados Unidos e mesmo o Brasil, o conceito em si é uma aquisição real, pois nenhuma atividade produtiva humana deveria ser considerada apenas do ponto de vista econômico-monetário.

Ao defender a redução na produção e no consumo, visando diminuir o *output* da natureza, o projeto ambientalista se reencontra com os movimentos de estilos de vida alternativos e críticos ao consumismo aos quais, aliás, ele sempre esteve ligado desde os seus primórdios nos Estados Unidos, nos anos 1960, com os movimentos de volta ao campo, *small is beautiful* e *vida em comunidades*. Na verdade, todos esses movimentos de contracultura norte-americanos, como seus *beatniks* e *hippies* dos anos 1960, que se propagam após 1968 por todo o mundo industrializado, foram a explosão final de uma crítica à sociedade de massas norte-americana que já se expressava no pós-guerra por meio da arte *beatnik* e da atividade intelectual professada por círculos em torno de Marcuse e outros. Como disse J. Huber,

> De certo modo, a busca de novos estilos de vida é uma versão ecológica extraparlamentar daquilo que foi conhecido, no quadro da ordem instituída, como "humanização do trabalho" e "aperfeiçoamento da qualidade de vida" e que, já no começo dos anos 70, havia fracassado, antes mesmo de ter sido claramente formulado.[10]

Rejeitavam-se, portanto, "o consumismo no sentido amplo, que atinge os símbolos de *status*, o consumo de luxo, tanto quanto o consumo de massa" e a redução dos indivíduos a meros produtores e consumidores.

A esse esforço de ressignificar a vida, como diria Castoriadis, não poderia ter faltado a religião, como forma tão antiga de religar homens e natureza, e homens entre si. O movimento ambientalista não é um movimento religioso, mas inúmeros são os pontos de contato entre ambos. Em primeiro lugar, há movimentos religiosos que praticam e defendem princípios ecológicos e há também o contrário, movimentos ambientalistas com fortes pendores religiosos. Mas do que isso, no entanto, a aproximação entre o ambientalismo e as religiões vem de algo que ambos têm em comum: a percepção de que a natureza e a humanidade são mais do que um conjunto de propriedades materiais e monetárias e, portanto, uma forte rejeição à visão materialista, que orientou o desenvolvimento econômico e social dos últimos dois séculos:

> As ciências naturais parecem ter desencantado o mundo. No entanto, a aparente sobriedade revela-se, agora, como uma inigualável embriaguez de racionalidade objetiva que provoca a ressaca dos maus espíritos e demônios. Tanto o positivismo das ditas ciências burguesas como o chamado materialismo histórico-dialético do marxismo tardio enviesaram-se como pensamentos instrumentais e fisicalistas. Quanto mais secionamos a matéria por meio do microscópio, mas nos foge a consciência do imaterial e do espiritual.[11]

Por isso, Ricardo Leis comenta que o evento mais carregado de simbolismo durante a ECO-92 teria sido a vigília inter-religiosa "Um novo dia para a Terra", organizada pelo Iser, da qual participara Dom Luciano Mendes de Almeida, Dom Hélder Câmara e o Dalai Lama.

Um bom exemplo da influência religiosa no ambientalismo é o caso da Greenpeace, que foi fundada por dois casais quacres norte-americanos, que haviam se mudado para o Canadá de modo a evitar que seus filhos adolescentes fossem convocados para a guerra do Vietnã. Tomando conhecimento de que o governo norte-americano estava realizando explosões nucleares de superfície no Alasca, e temendo que essas explosões viessem a provocar abalos nas geleiras da região, os dois casais associados a um grupo pequeno de pessoas alugaram um barco e foram fazer o que os quacres recomendam a todos os homens bons: *bearing whitness*, cuja tradução difícil seria algo como testemunhar, numa mistura de protesto e sacrifício. Também pertence à tradição puritana a desobediência civil, traço essencial dos "novos movimentos" e a não violência. Quem sabe podemos atribuir à herança puritana não só a ética do trabalho, que vai desaguar na sanha produtivista de nossa época, mas a ética da consciência do dever perante os demais, que nutrirá o movimento ambientalista?

Desde seu início, no século passado, o ambientalismo convive de perto com a problemática da saúde pública, lutando contra a poluição atmosférica que gerava o raquitismo e favorecia o desenvolvimento de doenças respiratórias. A poluição dos rios e o saneamento público uniram ambientalistas e sanitaristas, e, na última década, surgiram vários movimentos de médicos e profissionais da saúde pública trabalhando na área ambiental. A consciência de que poluentes bioacumulativos podem estar relacionados ao crescimento de cânceres, distúrbios hormonais e depressão do sistema imunológico tem feito com que os médicos adotem o Princípio de Precaução, como é defendido pelos ambientalistas. Não basta apenas diagnosticar precocemente o câncer, mas eliminar as prováveis causas ambientais de seu aumento, como a exposição a substâncias químicas e metais pesados cancerígenos nos alimentos e na água que consumimos, e no ar que respiramos.

Devido à provável conexão entre o aumento dos cânceres de mama e de útero e a contaminação com dioxinas, surgiram movimentos de mulheres, médicos e ambientalistas, visando eliminar as fontes geradoras de dioxinas, como incineradores, fábricas de cloro, PVC e outros organoclorados, depósitos químicos, fábricas de branqueamento de papel com cloro etc. Em 1996, fundou-se nos Estados Unidos um movimento voltado para tornar o exercício da medicina uma prática sem danos, buscando-se eliminar a incineração de lixo hospitalar, bem como a substituição de materiais tóxicos utilizados na prática hospitalar, como mercúrio e plásticos PVC, por substâncias ambientalmente adequadas. O Health Care Without Harm reúne um amplo espectro de outros movimentos e pessoas, como médicos, movimentos de mulheres preocupadas com as relações entre o câncer de mama e a contaminação do meio ambiente, grupos ambientalistas, centrais sindicais etc.

A busca de uma alimentação natural, sem agrotóxicos e nutrientes artificiais conduziu o movimento ambientalista ao encontro de comunidades camponesas e da pequena agricultura familiar, que, por tradição e também por falta de meios, não utilizam esses recursos industriais. Se uns queriam consumir produtos orgânicos, outros queriam vendê-los, e daí surgiram as inúmeras associações e cooperativas de produtores e consumidores orgânicos, certificando os produtos, orientando tecnicamente os produtores, garantindo aos consumidores produtos certificados e ao produtores escoamento seguro de sua produção.

Agricultores orgânicos, pequenos agricultores, consumidores orgânicos e ambientalistas, no entanto, têm tido de enfrentar inimigos poderosos, que ameaçam gravemente a existência e o desenvolvimento de uma agricultura ecológica. As grandes empresas multinacionais agroquímicas como a Monsanto, a Novartis, a Dow Chemical, a Du Pont, a Rhone-Poulenc, que adotam estratégias agressivas de monopolização dos mercados de sementes e insumos agrícolas, tanto horizontal como verticalmente, dominando portanto a cadeia produtiva que vai da semente às empresas que moem e comerciam grãos internacionalmente. Há um acelerado processo de concentração em curso nesse ramo, que se intensificou particularmente após os grandes investimentos feitos em biotecnologia de engenharia genética. A Novartis, por exemplo, é a fusão da Sandoz e da Ciba-Geigy e a AgrEvo, da Hoechst e da Schering. Recentemente a Monsanto uniu-se a Pharmacia, sendo possível que haja mudança de nomes.

Não bastasse o poderio econômico que essas empresas representam, a política agrícola da maioria dos governos apoia prioritariamente a grande agricultura de exportação, aquela que gera divisas para os Estados e conquista novos mercados. Para a grande agricultura poluente de rios, solos e alimentos, há sempre créditos, incentivos, perdão de dívidas e facilidades para exportação. Como Vandana Shiva já insistiu tantas vezes, a alegada maior produtividade da agricultura intensiva em capital não é real; é apenas fruto de maior proteção política:

> Não foi o rendimento, mas o poder, os lucros e o domínio que levaram os grandes grupos de empresas internacionais dominantes a optarem pelas sementes "milagrosas", as quais tornaram os camponeses dependentes das sementes e produtos químicos produzidos internacionalmente.[12]

A pequena agricultura, que utiliza poucos insumos externos, vai perdendo terreno para a grande agricultura, enforcada que é pela falta de crédito, de orientação técnica, de canais de comercialização. Enquanto isso, a grande propriedade intensifica o uso de agrotóxicos, micronutrientes, técnicas de irrigação e aragem da terra que levam à erosão, salinização e contaminação de solos e águas. A destruição de solos, contudo, é tanto mais intensa, à medida que abundam terras e essas podem ser arrendadas, como é o caso do Brasil. Mesmo que essas novas terras sejam roubadas de um ecossistema tão ameaçado como o cerrado brasileiro ou a floresta amazônica — regiões onde atualmente mais cresce o plantio de soja no país.

Toda essa atividade frenética da grande agricultura atual tem fundamentalmente um destino: o estômago de vacas, galinhas e porcos, nos países desenvolvidos. Embora 800 milhões de pessoas continuem morrendo de fome no planeta, a maior parte da produção de grãos como soja, milho e trigo está destinada à ração de animais para corte nos países do Primeiro Mundo, os quais, segundo os nutricionistas, ingerem uma alimentação demasiadamente rica em proteínas e calorias. Por isso, especialistas na área de segurança alimentar veem com profunda preocupação a intensificação dessa tendência perversa da agricultura mundial, que é a responsável por condenar países inteiros à subnutrição.

Assim, a luta contra a agricultura não sustentável reúne ambientalistas, agricultores orgânicos, pequenos agricultores, consumidores, médicos ambientalistas, comunidades tradicionais, povos indígenas e movimentos de trabalhadores sem terra, pois a agricultura insustentável expulsa a mão de obra do campo.

A última ofensiva do complexo agroquímico com as plantas geneticamente modificadas veio consolidar essa frente em um grau mais alto, na medida mesma do perigo que a engenharia genética representa para a humanidade. Quatro ou cinco das maiores empresas no setor, por meio do patenteamento de plantas e animais, estão à beira de se apropriar da natureza, no que Vandana Shiva chamou de *"enclosure of the commons"*, numa referência ao cercamento das terras, na Inglaterra, na aurora da era burguesa, tão vivamente descrito por Marx no capítulo 24 de *O Capital*.

De fato, o recente tratado sobre propriedade intelectual, TRIPS, assinado dentro do marco da Organização Mundial do Comércio, permite o patenteamento privado de formas de vida, como plantas, animais e microrganismos, equiparando a tarefa da invenção àquela da descoberta. Considerando-se que são países em desenvolvimento, de clima tropical, os que detêm a maior megadiversidade — Brasil, Índia, Indonésia entre outros —, eles têm sido pressionados fortemente para modificar sua legislação, aceitando o patenteamento de formas de vida.

Caso esse movimento seja bem-sucedido, algumas indústrias químico-farmacêuticas e agroquímicas terão efetivamente roubado às comunidades indígenas e tradicionais os conhecimentos que lhes permitiram identificar propriedades desejáveis em plantas e animais, realizar cruzamentos e domesticá-los, herança que pertence a toda a humanidade.

Essa é a razão mais recente pela qual a aliança entre o ambientalismo e as comunidades tradicionais e povos indígenas fortaleceu-se. De fato, desde que a crítica às modernas tecnologias se desenvolveu, os ambientalistas voltaram a atenção para as práticas sustentáveis de comunidades indígenas e tradicionais, reconhecendo a dívida de nossa civilização tecnológica para com essas comunidades que primeiro domesticaram plantas e animais, desenvolvendo o conhecimento sobre a natureza e transmitindo-o a nós.[13] O projeto ambientalista reconhece o direito de comunidades indígenas e tradicionais preservarem a sua cultura e os recursos naturais dos quais necessitam para viver de forma harmônica com a natureza. No início dos anos 1990, portanto, já não se falava apenas em diversidade biológica, mas também em diversidade cultural, como uma das condições para a preservação da primeira.

A Convenção da Biodiversidade, assinada na ECO-92, aproximou ambientalistas, povos indígenas e comunidades tradicionais trabalhando juntos para deter o avanço das transnacionais e dos países industrializados sobre os recursos genéticos do mundo menos industrializado. O objetivo, que está longe de ser conseguido, é proteger a biodiversidade e, ao mesmo tempo, o direito dos povos indígenas e comunidades tradicionais aos recursos genéticos que eles vieram explorando e ao conhecimento que desenvolveram.

Finalmente, são vários os pontos de contato do projeto ambientalista com o projeto democrático. Em primeiro lugar, o movimento ambientalista depende inteiramente da existência de regimes democráticos para funcionar. Na verdade, como outros "novos movimentos", o modo de atuação do movimento ambientalista se resume a trazer para o centro do debate político público temas e propostas políticas, procurando atrair para esse debate o máximo de atores sociais possíveis. Para tal, é necessário haver liberdade de pensamento e organização, bem como imprensa livre. Mas se a democracia é um pressuposto do movimento ambientalista, ela também é seu resultado, porque ao informar e conclamar a sociedade a discutir e participar das decisões que envolvem as políticas ambientais, ela amplia o exercício da cidadania.

Ao defender o direito ao meio ambiente saudável para toda a humanidade, inclusive as próximas gerações, o movimento ambientalista, junto com o movimento de consumidores, provocou o surgimento dessa terceira geração de direitos — os direitos difusos. Esses são direitos que não emanam nem de cada indivíduo em particular nem do Estado, mas de todos.

Além disso, a luta dos movimentos ambientalistas de todos os matizes — dos *grassroots* às grandes entidades internacionais como a Greenpeace ou a WWF — contra empresas privadas e governos que desrespeitem os direitos ambientais encontrou na justiça, frequentemente, um forte aliado. A conscientização da comunidade jurídica pelo problema ambiental implicou o surgimento do direito ambiental e um diálogo, daí em diante dos mais frutíferos, entre o ambientalismo, o direito, a filosofia e a *práxis* política. Existem, inclusive, organizações não governamentais internacionais de advogados, como a Environmental Law (E-Law), cujo objetivo é prestar auxílio a comunidades e movimentos vítimas de agressões ambientais. Um direito ambiental robusto e um Ministério Público atuante e independente podem ser aliados preciosos dos movimentos ambientalistas na busca de justiça ambiental, como têm mostrado os casos brasileiro e indiano.

O projeto ambientalista é internacionalista por definição, pois a questão ambiental não tem fronteiras. Mais ainda, só a cooperação internacional entre países, povos e culturas poderá trazer soluções eficazes para desafios tão grandes quanto o aquecimento global, a destruição da camada de ozônio, a perda da biodiversidade, a contaminação com poluentes orgânicos persistentes etc. Por isso, desde que a comunidade internacional começou a reunir-se para discutir estratégias multilaterais, as organizações não governamentais ambientalistas acompanharam esses esforços. De início, os governos tentaram reduzir sua participação de todas as formas, mas, especialmente após a ECO-92, é que se reconheceram a legitimidade e a real contribuição das ONGs para o debate e a busca de soluções amplamente compartilhadas.

O movimento ambientalista nasceu ao mesmo tempo que o movimento pacifista. A luta contra a construção de bombas nucleares e seus testes, logo após a Segunda Guerra Mundial, liderada por cientistas como Max Born, na Alemanha, Barry Commoner, nos Estados Unidos, e Bertrand Russell, na Inglaterra, mostrava que defender a vida implica, antes de tudo, ser contra a guerra. Com raras exceções, o movimento ambientalista é não violento, como o são a maioria dos "novos movimentos". A Greenpeace caracteriza-se particularmente por esse princípio, tanto no seu nome quanto na forma como realiza as suas famosas *Ações Diretas*: elas podem ser emocionantes e inclusive trazer riscos a seus ativistas, mas nunca aos indivíduos e propriedades dos indivíduos ou empresas-alvo.

Os ambientalistas acreditam que não se poderá impor pela força um projeto ambiental. Ele será fruto de decisões tomadas a partir de ampla informação, participação e convencimento da cidadania planetária, ou não será. Essa é uma aposta que o movimento ambientalista vem fazendo há 30 anos.

Clean production

Ao longo de sua história, o movimento ambientalista foi elaborando um conjunto de critérios para julgar se determinadas formas de produção são ambientalmente sustentáveis. O termo *Clean Production* visa designar "um novo modo de produzir produtos e serviços de forma a ajudar a reverter nossas atuais práticas de produção e consumo destrutivas".[14]

De início, o conceito de *Clean Production* se concentrava na questão do como produzir, daí a presença da palavra *production* no termo. Mais tarde, no entanto, percebeu-se que o ponto de partida de uma produção ambientalmente adequada era a crítica do consumo supérfluo. O conceito não incluía serviços, e a menção a aspectos mais "políticos" relacionados aos princípios democráticos, à justiça social e à conservação da diversidade cultural foi objeto de debates. Não que houvesse qualquer oposição de fundo a esses princípios. Mas alguns julgavam que estas definições eram demasiado vagas para significar algo e, se fossem mais detalhadas, poderiam gerar divergências que obstruiriam a popularização do conceito.

Segundo Ken Geiser, um seminário organizado pelo Congressional Office of Technology Assessment, em 1996, nos Estados Unidos, teria dado origem ao conceito. Basicamente ele nasce do diálogo entre ativistas e acadêmicos preocupados com um nova maneira de produzir para a indústria que não fosse poluente. A Greenpeace foi um dos seus centros de gestação, mas o Lowell Center for Sustainable Production, na Universidade de Massachusetts, foi outro.

Até 1989, quando o Programa de Meio Ambiente das Nações Unidas (PNUMA) adotou o termo *Cleaner Production*, davam-se vários nomes para esse conceito. A Greenpeace, entretanto, preferiu utilizar a expressão *Clean Production*, para contornar certa ambiguidade presente no comparativo *"cleaner"*. De fato, paulatinas melhorias no processo produtivo industrial não bastam para deter os níveis gigantescos de contaminação tóxica e desperdício de recursos naturais a que estamos acostumados. Para uma efetiva redução em ambas as práticas, é necessária uma política mais radical, em que se exija da indústria *tudo o que ela possa fazer*, e não apenas algum passo adiante em comparação com o *status* anterior.

Assim, os métodos de produção devem ser examinados quanto aos seus impactos nos ecossistemas e nas comunidades nos quais suas diversas etapas serão realizadas. Deve-se tomar decisões cuidadosas sobre local e tamanho da empresa, a seleção, extração e elaboração das matérias-primas a serem utilizadas, a fabricação, montagem ou cultivo do produto; o transporte de materiais; a distribuição e comercialização; o seu consumo e o destino final do produto.

O conceito, além de ser um guia de ação, também é uma utopia, no sentido de estabelecer aquilo que por ora ainda não é possível técnica e economicamente. Pois, se não pensarmos o que precisamos que a técnica resolva, ela não o resolverá. Em termos mais práticos, se os agentes econômicos não forem obrigados, dentro de determinado calendário, a encontrar soluções técnicas para seus modos de produção prejudiciais ao meio ambiente, eles não o farão. Parafraseando Marx, se não é certo "que os homens só se coloquem problemas que eles possam resolver", é, no entanto, absolutamente óbvio que só se resolvem problemas que tenham sido colocados.

A *Clean Production* é uma abordagem holística, ou seja, parte do pressuposto de que qualquer produto deve ser analisado dentro do seu ciclo de vida, que inclui a extração das matérias-primas e insumos necessários à sua produção, sua própria produção — aí incluindo-se a tecnologia utilizada para produzi-lo, instalações fabris e demais recursos, em seguida seu consumo e finalmente seu descarte final, ou seja, seu retorno à natureza.

De fato, às vezes um produto é ambientalmente nocivo ao ser produzido, e não ao ser consumido ou eliminado, como móveis feitos com madeira de espécies ameaçadas. Outras vezes seu consumo pode ser inofensivo, mas sua produção e eliminação final se constituem em causa de fortes agressões ambientais, como a produção e o descarte final de sacolas de plástico; e há produtos, cuja produção e consumo inofensivos, podem gerar problemas ambientais em certas circunstâncias, dependendo da forma da sua disposição final, como alimentos estragados jogados em lixões, atraindo insetos ou o excesso de matéria orgânica em rios, absorvendo o oxigênio necessário aos peixes.

Partindo desse pressuposto, portanto, de que não se pode analisar um produto apenas em uma das suas fases de existência, mas sempre o seu ciclo de vida como um todo, a *Clean Production*, em primeiro lugar, vai se perguntar sobre a necessidade de se produzir determinado bem: "[Clean Production] também questiona a necessidade do próprio produto. É muito comum que outros meios que são mais limpos, seguros e consomem menos materiais e energia possam suprir os serviços que aquele produto provê."[15]

Outro traço que distingue fortemente a *Clean Production* de outras políticas de minimização de riscos é a prioridade que ela concede à meta de eliminação de substâncias e tecnologias tóxicas no processo de produção, consumo e descarte final.

Assim, enquanto muitos programas "reformistas" satisfazem-se com a redução do emprego de substâncias tóxicas ou seu tratamento e diluição *a posteriori*, a *Clean Production* insiste em eliminá-las do circuito produtivo desde o início. Trata-se de buscar substitutos para tais substâncias tóxicas, ou seja, matérias-primas ambientalmente adequadas, ou caso isso não seja viável, outros produtos que satisfaçam as mesmas necessidades.

A Clean Production rejeita energicamente as tecnologias de fim de tubo, ou seja, as tecnologias que pretendem minimizar o problema do lixo tóxico depois que ele foi criado. Não só esse tipo de abordagem é ineficiente, pois substâncias tóxicas sempre sobram ao fim do processo, não havendo mágica capaz de eliminá-las, como os próprios processos de "tratamento de resíduos tóxicos" acabam gerando outras substâncias, por vezes mais tóxicas do que aquelas que se pretendeu eliminar inicialmente, como é o caso das dioxinas geradas nos incineradores para resíduos domésticos. As tecnologias de fim de tubo apenas deslocam resíduos de um meio para o outro, do solo para o ar, ou do ar para as águas, dispersando-os no meio ambiente e socializando seus danos inclusive entre aqueles seres vivos que vivem longe da área inicial de emissão.

Além disso, essas tecnologias de fim de tubo apenas servem para legitimar a manutenção de formas de produção ambientalmente nocivas, pois produzem a ilusão de que efluentes tóxicos estão sendo inteiramente eliminados por meio de filtros, longas chaminés e sistemas de tratamento de água, em vez de incentivar a busca de tecnologias realmente limpas.

Outro princípio básico da *Clean Production* é a redução — na fabricação de produtos — do uso de água, matérias-primas e energias renováveis, pois, fora casos excepcionais, a *Clean Production* sequer considera a possibilidade do uso de energia fóssil, dados os seus notórios inconvenientes ambientais. Diversas técnicas podem ser adotadas para reduzir o consumo de energia, desde a redução do consumo perdulário de energia até a utilização de energias baratas e verdes, como a solar, eólia e das marés. O sistema de circuito fechado, com tratamento da própria água utilizada, permite uma enorme economia desse recurso, além de estimular o abandono de detergentes e solventes não biodegradáveis. Serviços como lavanderias deveriam sempre trabalhar dentro desse sistema.

A tendência à "desmaterialização dos produtos", ou seja, à redução da quantidade de matéria-prima presente no produto em relação com a parte intelectual de sua concepção, também é uma maneira de se atingir esse objetivo, da mesma forma que sua "minituarização", ou redução absoluta de matéria. Particularmente esbanjadora de matérias-primas é a área das embalagens, utilizando-se de papel, plásticos, tintas, colas e energia apenas para vender melhor um conteúdo cada vez menor e pior. Embalagens reutilizáveis devem ser fomentadas, em detrimento daquelas descartáveis. A reutilização de uma embalagem ou produto é sempre preferível, do ponto de vista ambiental, à reciclagem, pois esta última implica gasto de energia muito maior e certo desperdício de matéria-prima, que não pode ser inteiramente reaproveitada na reciclagem. Por isso, a fórmula dos 3 Rs (reduzir, reutilizar e reciclar) reproduz a hierarquia das opções preferenciais no tratamento de resíduos não tóxicos.

Recursos renováveis, como madeira, peixes e cetáceos, precisam, mesmo assim, ser explorados de forma adequada, respeitando o tempo necessário para a sua reprodução. O desaparecimento de tantas espécies vegetais da floresta amazônica bem como a queda dramática das populações de baleias evidenciam a necessidade de se estabelecer planos de manejo de florestas e métodos cientificamente controlados de caça e pesca.

Um dos aspectos em que a *Clean Production* propõe a mudança de rumo radical no modo atual de produzir e consumir é o que se relaciona com a duração dos produtos. Na última metade do século XX, assistimos à vitória absoluta da produção descartável, cuja máquina fotográfica descartável é um dos exemplos mais gritantes. Ora, o produto descartável é, por definição, um produto que desperdiça matéria-prima, energia e outros insumos e potencializa o problema do descarte final, ou seja, do resíduo tóxico. Além do mais, grande parte desse material descartável é feito de plástico — mais leve e barato — porém extremamente nocivo quando se trata de seu descarte final, pois os plásticos, em geral, necessitam de muito tempo para degradar-se. Por isso, a *Clean Production* estimula o *design* de produtos que sejam duradouros e reutilizáveis.

No *ecodesign* do produto, também deve estar presente a preocupação em projetar um produto que possa ser desmontado, consertado por partes e com peças de reposição padronizadas. De fato, a obsolescência material de grande parte dos produtos mais complexos que consumimos, como eletrodomésticos e carros, é antecipada intencionalmente pelo fato desses produtos "saírem de linha" e com isso não existirem peças de reposição no mercado. Além disso, aparelhos multifuncionais — aparelho de som 3 em 1, fax/telefone/secretária eletrônica, TV/vídeo — significam que quando um deles apresenta defeitos fatais, todos os outros produtos acoplados também estão inutilizados.

Um último aspecto importante do *design* do produto é a sua concepção visando a sua reintegração na natureza de forma harmônica, uma vez finalizada sua vida útil. Embalagens que misturam plástico, papel e alumínio, por exemplo, implicam um enorme trabalho para separar cada um desses materiais e dar o destino adequado a cada um.

Finalmente, é fundamental que os métodos da *Clean Production* protejam a diversidade biológica e cultural. Assim, todas as formas de produção e consumo que conduzam à homogeneização da natureza, como a monocultura agrícola, devem ser abandonadas, em virtude das enormes perdas em biodiversidade que elas acarretam. A perda de diversidade cultural não só significa perda de conhecimentos sobre a natureza — suas espécies, variedades, propriedades e uso — mas também de técnicas de produção. O desaparecimento de outras visões de mundo, de outros imaginários, empobrece a crítica que podemos fazer da nossa própria cultura, e com isso nos empobrece como um todo.

Ultimamente, tem sido acrescentado a esses princípios básicos o de adoção de um *Princípio de Precaução* na escolha de materiais e do desenho do sistema e do produto. Ou seja, não seria preciso existir evidência científica inquestionável para que se opte por evitar certos materiais, sistemas ou produtos sob os quais pesem suspeitas de danos. Mais adiante discutiremos o *Princípio de Precaução* de forma mais detalhada.

Outro aspecto novo que vem sendo incluído recentemente é o que se chama de *trabalho sustentável*, ou seja, ocupações que possam ser mantidas a longo prazo, pois sendo poupadoras de recursos naturais e ambientalmente adequadas, elas garantem o trabalho a longo prazo.

Cabe ainda considerar que a *Clean Production* só pode se realizar plenamente caso mobilize todos aqueles afetados pelas atividades produtivas, como trabalhadores, consumidores e comunidades, garantindo-lhes o direito à informação e participação nos processos decisórios.

O movimento ambientalista tem criado várias estratégias para promover a *Clean Production*. Medir os efluentes tóxicos e o gasto de recursos naturais, por exemplo, pode ter um efeito muito educativo sobre as empresas. Nos Estados Unidos, onde há uma lei obrigando as empresas a informarem o quanto de substâncias tóxicas elas liberam — a Toxic Release Inventory —, enormes progressos têm sido realizados na redução das emissões tóxicas. A simples divulgação pública dos dados e sua comparação com empresas menos poluentes do mesmo ramo tem levado as empresas mais poluentes a adotarem programas de redução de suas emissões. Aliás, como comenta Ken Geiser, na maioria das vezes as empresas saem ganhando com a diminuição das emissões tóxicas: tecnologias limpas costumam ser mais econômicas, pois não requerem tecnologias de *fim de tubo*, reduzem gastos com saúde, seguro e processos movidos por seus trabalhadores ou vizinhos. Além do ganho na imagem da empresa junto à opinião pública.

A *rotulagem ecológica* também pode ser muito efetiva em incentivar os produtores a abandonarem métodos e materiais tóxicos, assim como o sistema recém-inventado pelo governo sueco, em que certos produtos vêm acompanhados de uma "declaração ambiental", ou seja, de uma descrição mais ou menos completa do seu *ciclo de vida*, bem como instruções sobre seu uso e conserto.

Há também várias maneiras de tornar o produtor responsável pela proteção ao meio ambiente e à saúde pública, várias delas tendo surgido por iniciativa dos próprios produtores. Algumas empresas exigem que seus fornecedores garantam que suas matérias-primas tenham sido produzidas respeitando-se certas exigências ambientais. Um bom exemplo disso é a rede de mais de cem supermercados na União Europeia, que exige que seus fornecedores não utilizem insumos transgênicos, garantindo assim um produto final igualmente não transgênico. Em todos esses casos, a pressão do consumidor é decisiva, pois é visando conquistá-lo e mantê-lo que esses esforços são realizados.

O método da *responsabilidade estendida ao produtor* é muito efetivo ao comprometer o produtor a buscar soluções limpas para sua produção. Por meio desse sistema, o produtor torna-se responsável financeira ou fisicamente pelo recolhimento dos seus produtos após o consumo. Pilhas, baterias de carro, carros, eletrodomésticos, computadores, pneus e embalagens não reutilizáveis são devolvidos a seus produtores, para que estes lhes deem o destino final. O resultado disso é que o produtor passa a ser diretamente interessado em encontrar soluções para eliminar as substâncias tóxicas de seus produtos, torná-los mais duráveis, reutilizáveis ou, ao menos, recicláveis.

Uma última modalidade de consumo tem sido aventada para reduzir significativamente a produção. Companhias podem *vender o serviço, e não o produto*. Em vez de vender produtos, empresas podem fornecê-los para o momento que precisemos usá-los, como carros, bicicletas e televisões. Ao mesmo tempo elas garantem a manutenção, conserto e descarte final adequado do produto.

Esse último exemplo ilustra, contudo, o quão importante é a mudança de mentalidade do consumidor, para que a transição para a *Clean Production* realmente se dê. A compulsão pela aquisição, o uso de bens de luxo como signo de *status* social, o consumo excessivo e supérfluo são traços da nossa civilização que são incompatíveis com a base física do planeta.

Finalmente, há ainda uma série de medidas financeiras que podem ajudar a promover a *Clean Production*. A mais simples delas é remover subsídios, créditos e facilidades das empresas poluentes e consumidoras de muita energia. Outra medida seria conceder facilidades especiais para empresas que adotem métodos de *Clean Production*. É também absolutamente necessário que a administração ambiental estatal privilegie as empresas que adotam métodos de prevenção de geração de resíduos em comparação com aquelas que simplesmente utilizam tecnologias de fim de tubo.

A mais ambiciosa das políticas financeiras, contudo, é a que vem sendo chamada de Reforma Tributária Ecológica (RTE). O atual sistema fiscal favorece o uso de recursos e energia, em detrimento de força de trabalho. Porém, o custo da energia, e da força de trabalho, já sabemos, não corresponde a uma realidade física, mas meramente mercantil. Por meio da RTE, busca-se tornar mais caro o uso de recursos, e mais barato o custo do trabalho. O grosso dos impostos a serem recolhidos seria deslocado daquelas atividades que mais se utilizam de trabalhadores para aquelas que mais depletam recursos. Embora o total de impostos arrecadados possa ser o mesmo, a RTE teria como resultados o estímulo à economia no uso de recursos e um substancial aumento do emprego.

O PRINCÍPIO DE PRECAUÇÃO

O fato das novas tecnologias estarem evoluindo numa velocidade maior do que aquela das próprias ciências em avaliarem os seus riscos faz com que o Princípio de Precaução venha adquirindo importância notável nos últimos anos. Basta ver que em todos os últimos fóruns internacionais, como no Protocolo de Cartagena sobre Biossegurança, que trata dos movimentos transfronteiriços de organismos vivos modificados, assinado em janeiro de 2000, em Montreal, na Convenção de Estocolmo sobre Poluentes Orgânicos Persistentes, assinada em maio de 2001, em Estocolmo, nas reuniões do Codex Alimentarius, órgão intergovernamental formado pela Organização Mundial da Saúde (OMS) e pela Organização para Alimentação e Agricultura (FAO), visando avaliar a segurança dos alimentos transgênicos e nas reuniões da Convenção sobre Diversidade Biológica, a polêmica em torno do Princípio de Precaução vem crescendo de modo significativo.

De um lado, o bloco pró-Princípio de Precaução, liderado pelas entidades ambientalistas e países nórdicos, que vieram obtendo o apoio dos países africanos, da União Europeia e, de forma oscilante, dos demais países menos industrializados da América Latina e Ásia.

Do outro lado, o bloco que, em vez do Princípio de Precaução, reivindica "métodos científicos", liderado pelos Estados Unidos, Canadá, Austrália e Nova Zelândia, tendo recebido grande apoio da Argentina e do Chile, bem como da Rússia, do Japão e da Coreia do Sul.

Nesse contexto, é interessante notar como a classificação de países segundo suas posições mais ou menos avançadas em termos de meio ambiente, feita por Eduardo Viola e Ricardo Leis em 1992, alterou-se ligeiramente. Enquanto os países nórdicos continuaram sendo o centro do setor mais avançado — os globalistas sustentabilistas, contando com o novo apoio da França e da Inglaterra —, os globalistas predatórios consolidam um núcleo de resistência em torno dos Estados Unidos, formado por Canadá, Austrália e Nova Zelândia, recebendo as adesões de Argentina, Chile e África do Sul, o que introduz a cisão significativa no Grupo dos 77, representativo dos países menos industrializados.

Torna-se cada vez mais evidente que o destino do planeta dependerá da aceitação do Princípio de Precaução como o norte para a tomada de decisões em questões em que predomine a incerteza quanto a riscos futuros.

De fato, embora não haja uma única e consensual definição do que seja esse *princípio*, sua ideia básica é o imperativo de agir para evitar que um dano grave ocorra no futuro, em situações nas quais estes possam ocorrer. Como dizem Carolyn Raffensperger e Joel Tickner em *Protecting Public Health and the Environment*:

> A incerteza científica acerca do dano é o fulcro desse princípio. Os problemas cotidianos que cobrem vastas dimensões de tempo e espaço são difíceis de serem avaliados pelos instrumentos científicos atuais. Consequentemente, nós nunca podemos saber se certo tipo de atividade causará danos. Mas podemos confiar na observação e no bom-senso para prever e prevenir tais danos.[16]

Se, de fato, nos anos 1970, as autoridades poderiam agir na área ambiental seguras de que a ciência lhes dava todos os subsídios necessários para tomar suas decisões, trinta anos depois acabaram-se as ilusões quanto à certeza de que podemos controlar todas as variáveis da evolução dos ecossistemas e impactos diretos, indiretos e cumulativos de novas atividades antropogênicas na natureza. Isso faz com que as decisões a serem tomadas se desloquem do campo técnico-científico para o campo político. Trata-se de decidir, com efeito, que riscos queremos correr em razão de quais benefícios esperados. Ainda que para tomar essas decisões precisemos ser corretamente informados pelos cientistas sobre os cenários prováveis de cada uma das opções, é óbvio que quem deve decidir é a sociedade como um todo, e não apenas a comunidade científica.

O que deve fazer a sociedade em face da incerteza quanto à relação entre causa e efeito é uma questão de política, não de ciência. A decisão de não agir frente à incerteza, esperando por maior evidência científica, é uma decisão de ordem tão política quanto aquela de adotar uma ação preventiva.[17]

Para tomar decisões de acordo com o Princípio de Precaução é importante que haja plena informação e participação de todos os setores sociais afetados. Não se pode esquecer, igualmente, a questão da responsabilidade transgeracional, ou seja, a necessidade de que defendamos os interesses das gerações futuras, que não podem estar presentes nesse debate.

Outra característica que está presente em todas as possíveis definições do Princípio de Precaução é a chamada *inversão do ônus da prova*. Em vez do público, cabe ao proponente da atividade arcar com o ônus de provar que ela é segura. Há várias razões para essa inversão, e a primeira delas é a de proteger primordialmente o meio ambiente. Com efeito, há uma assimetria na facilidade de obtenção de informação científica sobre eventuais danos ao meio ambiente e na arregimentação de apoio científico e político, quando comparamos os recursos técnico-científicos e políticos dos proponentes de atividades potencialmente prejudiciais ao meio ambiente, e a sociedade, de outro lado. Danos à ecologia e à saúde são difíceis de serem coletados, porque muitos deles requerem décadas de estudos detalhados e abrangentes. Proponentes de atividades poluentes não têm interesse em realizar esses estudos e portanto, embora possa haver indícios de danos possíveis, a sociedade não encontrará fundamentação científica conclusiva.

A informação também é assimétrica no que tange à sua natureza. Como comenta Cranor, as empresas não costumam ser tão agressivas em identificar e comunicar os possíveis efeitos negativos de seus produtos, quanto o são em propagandear suas benesses. Há, com efeito, um excesso de informação sobre os benefícios e vantagens de um novo produto e um silêncio absoluto sobre eventuais efeitos colaterais indesejáveis, o que faz pender a balança para o lado do novo empreendimento.

Há, finalmente, uma assimetria na constituição do apoio ou oposição política a um empreendimento potencialmente negativo. Enquanto empresas reúnem o apoio político — governantes, administradores, comunidades locais e até cientistas planejam antecipadamente seu *merchandising*, como parte de suas estratégias de lançamento de novos produtos ou empreendimentos —, a sociedade reage de maneira desarticulada e não planejada, sem os recursos econômicos, políticos e técnicos necessários para um debate em igualdade de condições. Um bom exemplo disso é ver o quanto custa um anúncio de matéria paga em qualquer jornal de ampla circulação e daí deduzir por que movimentos sociais e organizações não governamentais *nunca* podem rebater acusações feitas a elas por empresas multinacionais ou mesmo pelo governo de um país.

Outro aspecto que aparece em muitas das formulações do Princípio de Precaução é a necessidade de se contrapor alternativas àquela apresentada pelo proponente de uma atividade. "Uma série de alternativas razoáveis, inclusive a alternativa da não ação (para novas atividades), devem ser consideradas, quando possa haver evidência de danos causados por aquela atividade."[18]

Esse último aspecto requer a definição de alguns critérios do que possam ser consideradas alternativas ambientalmente adequadas, ou sustentáveis. Cientistas dos Laboratórios de Pesquisa da Greenpeace, como Johnston, Santillo e Springer, sugerem que se adotem os critérios propostos por Cairns para avaliar se, em termos gerais, uma atividade está em conformidade com a sustentabilidade. Segundo Cairns, uma atividade é sustentável quando: 1) não há aumento sistemático de substâncias da crosta terrestre na ecoesfera; 2) não há aumento sistemático de substâncias produzidas pela sociedade na ecoesfera; 3) não há diminuição sistemática da base física necessária à produtividade e diversidade da natureza; 4) o uso dos recursos para satisfazer as necessidades humanas é feito de forma justa e eficiente.[19]

A elaboração de critérios específicos para lidar com determinadas problemáticas ambientais requer a definição prévia dos valores maiores a serem preservados e os riscos próprios a cada uma dessas problemáticas. Se estamos tratando de contaminação de oceanos com poluentes, nossa maior preocupação deveria ser preservar todas as espécies existentes, especialmente aquelas mais ameaçadas de extinção. Por causa disso, os riscos maiores a serem evitados seriam os poluentes persistentes e bioacumulativos, cujo impacto no tempo e na cadeia trófica é maior. Nossas prioridades não deviam ser a balneabilidade de áreas turísticas, nem a presença de coliformes nas praias, já que esses são contaminantes não persistentes nem bioacumulativos. Da mesma maneira, quando tratamos da questão do lixo urbano, deveríamos priorizar a eliminação dos resíduos tóxicos aí presentes, em vez de preocupar-nos, sobretudo, com a coleta eficiente do lixo nas vias públicas.

A historiografia do Princípio de Precaução ainda está sendo escrita. A maioria dos historiadores data suas primeiras aparições da legislação da República Federal Alemã dos anos 1970, sob a égide dos governos social-democratas desse período. Esses governos desenvolveram a ideia do *Vorsorge*, ou da precaução, ou seja, a de que o Estado deveria evitar danos futuros, por meio de um planejamento cuidadoso. Invocando o *Vorsorgeprinzip*, o governo alemão justificou políticas vigorosas de combate à chuva ácida que afetava as florestas alemãs, à contaminação de rios e à poluição do Mar do Norte.

É interessante notar o contexto geopolítico em que o Princípio surge. Os anos 1970 foram de crescente sensibilização da opinião pública alemã com a questão ambiental. A morte dos bosques de coníferas em virtude da chuva ácida, a morte dos peixes do Reno, produzida pelos efluentes químicos e os contínuos estados de alerta quanto à poluição atmosférica no Ruhrgebiet, a região de maior concentração das indústrias metalúrgicas e automobilísticas, fizeram com que o senso político interviesse na questão ambiental. Além disso, a Alemanha passava por um período de crescimento econômico extraordinário e o *Vorsorgeprinzip* parecia indicar ser possível compatibilizar o crescimento econômico com a proteção ambiental, naquilo que foi chamado de "modernização ecológica". Um lucrativo setor de tecnologias de controle ambiental desenvolveu-se na Alemanha, contribuindo para o aumento do emprego e exportações.

Em outros países europeus, como Inglaterra e França, a resistência ao Princípio de Precaução foi muito maior. Na Inglaterra, as razões da resistência se encontravam em uma espécie de "nacionalismo científico", ou seja, a longa tradição de elitismo e corporativismo da comunidade científica inglesa, que não se abria para as pressões sociais, preferindo insistir nas teorias da "capacidade de assimilação da Terra", por meio do uso das chaminés altas e canos de descarga compridos.

Na França, os programas nucleares militares e civis, bem como a generalizada adoção de incineradores para lidar com o lixo tóxico, indicavam uma arrogância igual à inglesa, se não pior, por parte das autoridades técnico-admistrativas. É importante não se esquecer que a França até recentemente desafiou a opinião pública internacional com os seus testes nucleares, primeiro de superfície e depois subterrâneos, na Polinésia, em nome de sua estratégia militar, nacionalista, da *force de frappe*. Foi, aliás, a única grande democracia ocidental cujos serviços secretos executaram um atentado violento contra uma entidade ambientalista. Em 10 de julho de 1985, agentes secretos do governo francês introduziram duas bombas plásticas no navio *Rainbow Warrior* da Greenpeace, ancorado em um porto da Nova Zelândia. Na explosão, morreu um membro da tripulação, o fotógrafo português Fernando Pereira.[20]

Aos poucos a Alemanha conseguirá submeter seus outros parceiros da futura União Europeia a seus novos parâmetros ambientais. Tratava-se, na verdade, de garantir a competitividade da indústria alemã diante das suas concorrentes europeias, que continuavam a externalizar os custos ambientais.

Além disso, impor parâmetros mais exigentes para a indústria e serviços europeus significava igualmente exportar suas tecnologias ambientais para o mercado europeu. Por volta de 1992, a Alemanha tinha conseguido que os demais países do Mercado Comum Europeu adotassem políticas comuns de precaução, o que pudemos ver mais claramente durante a ECO-92, quando os países europeus, enfrentando a oposição norte-americana, conseguiram que a Convenção sobre Mudanças Climáticas fosse assinada naquela ocasião.

Há razões para supor que o Princípio de Precaução nasceu ao mesmo tempo na Suécia. Em 1972, o Act on Products Hazardous to Man or the Environment, a nova lei que regulava a questão de produtos tóxicos, estabelecia claramente, em seu artigo 5º, que:

> todas as pessoas que manuseassem ou importassem substâncias perigosas para o homem ou para o meio ambiente deveriam adotar todos os passos e além disso observar todas as precauções necessárias para prevenir ou minimizar danos ao homem e ao meio ambiente.[21]

A nova lei sobre produtos químicos, em 1985, manteve o Princípio de Precaução sob uma nova redação, e na revisão dessa lei, em 1990, acrescentou-se o *princípio da substituição,* ou seja, impôs-se a obrigação de evitar certos produtos químicos para os quais já houvesse substitutos menos tóxicos.

A Suécia foi precursora de várias das primeiras proibições a substâncias tóxicas contra as quais ainda não existiam provas definitivas do seu dano à saúde ou ao meio ambiente. O pesticida DDT foi proibido em 1970, por suspeitar-se de que ele fosse responsável pelo adelgaçamento da casca dos ovos de aves predadoras. As indústrias química e florestal questionaram vivamente a decisão governamental, acenando com perdas catastróficas nas exportações suecas de madeira, o que não veio a se confirmar, mais tarde.

Após o acidente de Sevezo, na Itália, houve uma forte pressão da opinião pública sueca para que se proibissem certos pesticidas, cujo processo de produção implicasse a formação de dioxinas como produtos intermediários. O órgão de controle competente relutou em tomar uma decisão, forçando o executivo a reformular a norma existente por sua própria conta, em 1977. Em 1978, foi a vez de serem proibidos os pesticidas que tinham em sua composição fenóis clorados, incluindo pentaclorofenóis, usados para prevenir cupins e fungos em madeira e tecidos, pois se temia que eles gerassem dioxinas no processo de combustão.

Produtos industriais foram proibidos na Suécia, em épocas nas quais se tinha ainda pouca certeza do vínculo causal entre produto e dano. Assim foi o caso dos clorofluorcarbonos, CFCs, proibidos em 1977, embora fossem tênues as evidências de que eles afetassem a camada de ozônio.

Os compostos químicos PCBs começaram a ser restringidos na Suécia em 1971, quando as características de persistência e bioacumulação dessas substâncias ainda eram ignoradas. Havia suspeitas, contudo, de que elas estariam prejudicando a reprodução de focas, lontras e aves predadoras. Em 1981, a Suécia proibiu o uso do cádmio em pigmentos para placas elétricas e como estabilizantes, porque temia que sua concentração no solo inviabilizasse a agricultura a longo prazo.

A precoce proibição do uso de mercúrio inorgânico na agricultura, para tratamento de sementes, em 1966, contrastou com a dificuldade em se obter uma proibição para o uso de chumbo na gasolina, que só foi aprovada em 1989. Enquanto no caso do mercúrio alguns cientistas previdentes apoiaram a iniciativa, a eliminação do chumbo na gasolina contou com a oposição veemente da Academia de Ciências da Suécia. Essa entidade desqualificava todas as investigações científicas que vinham demonstrando que o chumbo podia causar retardamento mental em crianças, e que uma de suas principais vias de exposição era a inalação pela gasolina. Importante para entender esses fatos contraditórios é recordar-se que uma das maiores prejudicadas com a proibição do chumbo seria a grande fábrica de carros sueca, a Volvo, que teria de adaptar catalisadores a seus motores, o que, aliás, o fez sem problemas, logo que a proibição foi aprovada.

Nos Estados Unidos, o caso do chumbo tetraetila, acrescentado à gasolina como aditivo, para aumentar o poder de explosão dos motores, é particularmente elucidativo. Nos anos 1920, o desenvolvimento desse aditivo procurou resolver o problema surgido com os novos motores da GM, que produziam desagradáveis explosões quando movidos pela gasolina comum. A General Motors, a Standard Oil e a Du Pont, que queriam introduzir esse aditivo na gasolina, tinham de se defrontar com aqueles críticos, que temiam os efeitos prejudiciais à saúde produzidos pelo chumbo. Por essa época, já se conhecia plenamente a toxicidade do chumbo, capaz de afetar o sistema motor e nervoso, prejudicar seriamente o desenvolvimento intelectual e motor de crianças. Dadas essas resistências, convocou-se uma conferência de especialistas, em 1925, cujo resultado, indefinido, foi recomendar a formação de uma comissão de sete membros para dar seu veredicto final. Este, em 1926, dizia: "até o momento, não há razões para proibir o uso do 'etil' na gasolina" e, assim, o chumbo tetraetila foi introduzido na gasolina norte-americana, contaminando milhões de pessoas durante várias décadas, até ser proibido pelo Congresso dos Estados Unidos em 1989.

A concorrência comercial é também frequentemente esgrimida como razão para não se empreenderem determinadas políticas restritivas. Novamente, em nenhum dos casos de adoção do Princípio de Precaução observaram-se prejuízos reais às economias dos países. Ao contrário, houve ganhos em termos de exportação de tecnologias mais avançadas e vantagens competitivas em termos de produtos mais limpos.

No âmbito internacional, o Princípio de Precaução apareceu pela primeira vez na I Convenção Internacional de Proteção do Mar do Norte, em 1984, cujo objetivo era proteger o delicado ecossistema dessa região da contínua poluição com substâncias químicas. Na II Reunião do Mar do Norte, em 1987, se reconheceu a necessidade de se tomarem medidas para controlar a introdução dessas substâncias, mesmo antes que uma relação causal tenha sido estabelecida por clara evidência científica.

No caso da London Dumping Convention (LDC), que havia surgido em 1973, logo após a Conferência de Estocolmo para o Meio Ambiente, arrastou-se por anos a inclusão explícita do *Princípio de Precaução*. Embora a London Convention tenha surgido com o objetivo de apenas controlar o despejo de resíduos nos oceanos e não o de evitá-lo, com o correr do tempo várias *moratórias* foram sendo aprovadas para o despejo de certos tipos de resíduos. Em 1985, uma moratória indefinida no despejo de resíduos radioativos de baixo teor e, em 1988, se propôs suspender a prática de incineração de resíduos líquidos e perniciosos em navios, que entrou em vigor em 1990. Nesse mesmo ano, decidiu-se suspender o despejo de resíduos industriais nos oceanos, o que foi efetivado em 1995. Desde 1987 a Greenpeace vinha propondo que o Princípio de Precaução constasse claramente do texto desse tratado. A oposição a essa proposta, contudo, foi mais do que enérgica, como conta Michael M'Gonigle, à época membro da delegação da Greenpeace presente à reunião: "Ao contrário, o que nos surpreendeu foi a raiva mais do que visceral, pessoal, que a defesa do princípio provocou entre os cientistas adversários, dos quais parecia se estar desafiando suas provas científicas, suas credenciais acadêmicas e sua integridade intelectual."[22]

Em fins de 1991, a Greenpeace apresentou uma proposta de inclusão do Princípio de Precaução na London Convention, dessa vez citando diversos precedentes internacionais, inclusive a recente convenção sobre resíduos tóxicos, firmada entre os países da Organização para a União Africana, a Convenção de Bamako, que incluía claramente o Princípio de Precaução entre os seus princípios-guia. Mas, ainda que a London Convention tenha sido uma das convenções em que mais se aplicou na prática o Princípio, ela só veio incluí-lo de forma explícita em 1996.

Aos poucos as resistências eram vencidas e o Princípio de Precaução foi sendo incluído em diversos tratados e declarações internacionais, como o Programa de Meio Ambiente da ONU, aprovado em sua XV reunião, em 1989; a Conferência Internacional do Conselho Nórdico, em 1989; a Recomendação nº 1/89, da Convenção de Paris sobre a Prevenção da Poluição Marinha através de Fontes Terrestres, de 1989: a III Reunião da Conferência do Mar do Norte; a Declaração Ministerial de Berger sobre o Desenvolvimento Sustentável para a Comunidade Europeia Econômica, em 1990; a II Conferência Mundial do Clima, em 1990; A Convenção de Bamako sobre Resíduos Perigosos Transfronteiriços na

África, em 1991; a Recomendação C/91 do Conselho da Organização para Cooperação e Desenvolvimento Econômico (OCDE) para Prevenção e Controle Integrado de Poluição, 1991; a Convenção de Helsinki sobre Proteção e Uso dos Cursos de Rios Transfronteiriços e Lagos Internacionais, em 1992, culminando todos esses esforços com a inclusão do Princípio de Precaução na Declaração do Rio sobre Meio Ambiente e Desenvolvimento, em 1992, durante a ECO-92.[23]

Assinada durante a ECO-92, a Conferência sobre Mudanças Climáticas também menciona explicitamente o Princípio de Precaução, bem como a Convenção Paris/Oslo, que protege o nordeste do Atlântico, ainda em 1992. Em 1994, o Tratado de Maastricht, da União Europeia, estabelece que "a política da Comunidade sobre o meio ambiente... deverá ser baseada no Princípio de Precaução e nos princípios de que ações preventivas devem ser tomadas, de que o dano ambiental deveria ser evitado na fonte e que o poluidor deve pagar."[24]

Em 1996, a Conferência de Barcelona, sobre Proteção do Mediterrâneo, reafirma o Princípio de Precaução, bem como novamente, a conferência da Comissão Paris/Oslo, em 1998.

Aparentemente, portanto, as resistências ao *Princípio de Precaução* estariam esmorecendo. Contudo, nas negociações do Protocolo de Biossegurança que, por solicitação da Convenção da Diversidade Biológica, deveria constituir-se em um instrumento internacional para controlar os movimentos transfronteiriços de organismos vivos modificados, renasceu uma enorme resistência por parte de alguns países em aceitar a inclusão do Princípio de Precaução no texto do Protocolo. Essa resistência provinha do chamado Grupo de Miami, que reunia os países produtores e exportadores de transgênicos — Estados Unidos, Canadá e Argentina — e seus aliados — Austrália, Nova Zelândia, Uruguai e Chile.

Talvez mais do que em qualquer outra questão ambiental, as aplicações da engenharia genética requerem a adoção da precaução, dada a natureza imprevisível, incontrolável e irreversível de seus possíveis danos. De fato, além de se tratar de uma tecnologia muito nova, cujos prováveis impactos mal começaram a ser pesquisados, o problema principal dessa tecnologia é a natureza dos riscos a ela associados, por se tratar de modificações em seres vivos, que não podem ser recolhidos da natureza com facilidade, caso se revelem impactos negativos após a sua liberação no meio ambiente.

Além do mais, associada à proposta de não incluir explicitamente o Princípio de Precaução no texto do Convênio — o Grupo de Miami propunha a redação de um artigo que subordinava os deveres e direitos dos países-partes dessa convenção a compromissos assinados em outros acordos. Trocada em miúdos, caso essa redação fosse aprovada, países que rejeitassem o ingresso de transgênicos em seu território, sem terem "provas científicas" dos danos que estes pudessem causar, poderiam ser denunciados junto à Organização Mundial do Comércio (OMC) por estarem colocando barreiras não tarifárias a mercadorias de outros países.

A luta pela inclusão do Princípio no artigo operativo do Protocolo provocou a mobilização sem precedentes da comunidade internacional de organizações não governamentais na Conferência Ministerial de Montreal, em janeiro de 2000, as quais lograram vencer a resistência do Grupo de Miami, por meio da constituição de uma frente dos países menos industrializados, o chamado Grupo dos "Like-Minded" e da União Europeia.

Dificuldades significativas se repetiram nas negociações prévias para a Convenção de Proteção dos Oceanos contra Poluentes Orgânicos Persistentes (POPs). A resistência não se expressou apenas na oposição à menção explícita do Princípio, mas também nas medidas de implementação do princípio dentro da Convenção. Com efeito, o problema mais complexo para uma real eliminação de poluentes orgânicos persistentes nos oceanos não está na proibição de produtos químicos identificados, como determinados pesticidas ou PCBs, que, na maioria dos países, já estão proibidos há algumas décadas. O problema reside naquelas substâncias orgânicas persistentes que surgem involuntariamente do processo de produção da indústria de cloro. Ao fabricar o PVC, por exemplo, vários metabólitos organoclorados são liberados no meio ambiente, podendo mais tarde, por meio de reações químicas, se transformar em dioxinas e furanos. Da mesma forma, a fabricação e a incineração de PVC geram dioxinas. Assim, uma política realmente preventiva para impedir a geração de dioxinas e furanos exigiria, ainda que a longo prazo, o gradual abandono de todo o ramo da indústria química do cloro.

Novamente os Estados Unidos, apoiados por Canadá, Austrália, Nova Zelândia e mais discretamente Argentina e Chile, alegavam que não seria "realista" propor a *redução, com vista à eliminação a longo prazo de POPs não intencionais*. Embora estivessem de acordo em proibir a produção de menos de uma dúzia de produtos, a maioria deles já não mais fabricados e que foram responsáveis pela contaminação dos oceanos em décadas passadas — DDT, PCBs e vários dos piores agrotóxicos —, com relação ao futuro, esses países não se dispunham a evitar que contaminação semelhante ou ainda mais grave continuasse a ocorrer. É óbvio que, se a palavra *eliminação* não estivesse presente nesse tratado, todas as promessas de *redução* da geração de POPs seriam inúteis, pois apenas se conhece uma fração mínima dos POPs disseminados no meio ambiente, aquela que é gerada para ser um produto final. O grosso dos POPs que nos circundam, portanto, não são quantificados. Ninguém os queria; são produtos involuntários da indústria do cloro, e só deixarão de ser gerados caso essa própria indústria venha a desaparecer.

Esses episódios recentes de resistência à introdução do Princípio de Precaução nesses acordos internacionais exigem explicação. Uma delas, e a mais óbvia, é a envergadura dos interesses econômicos que estão em jogo. Aceitar o Princípio de Precaução como razão suficiente para que um país rejeite a importação de transgênicos ameaça o retorno de capital das cinco ou seis maiores transnacionais da agroquímica, que investiram pesadamente em sementes transgênicas nos últimos 20 anos. O fracasso de seus novos produtos no mercado internacional significará uma catástrofe econômica irremediável. No caso de POPs, igualmente, todo o ramo da indústria de cloro se encontra diretamente ameaçado. Sem o aproveitamento econômico do cloro, ou seja, sem ser possível externalizar os custos da produção de soda cáustica, ela se tornará muito mais cara, ao incluir os custos necessários à neutralização das quantidades de cloro que continuarão a ser geradas.

Se compararmos os interesses econômicos em jogo, nessas duas últimas convenções, com aqueles de todas as convenções que trataram de resíduos perigosos, nos oceanos ou solo, ou conferências que visavam preservar espécies vegetais e animais ameaçadas, a diferença salta aos olhos. No primeiro caso são ramos industriais inteiros, dos mais monopolizados e transnacionalizados, que se sentem ameaçados, enquanto nos últimos casos os grupos econômicos são de envergadura bem menor: fundições secundárias de metais pesados, indústrias pesqueiras, madeireiras, máfias de lixo tóxico, caça ilegal etc.

Outra razão para esse ressurgimento de uma posição contrária ao Princípio pode ter causa completamente distinta, de ordem ideológica.

Desde a formação da Organização Mundial do Comércio, em 1995, os defensores do velho modelo produtivista/consumista e predatório do meio ambiente estão novamente na ofensiva. A aceleração da produção e a desregulamentação do comércio mundial para recompensar as "economias competitivas" são vistas como a panaceia para todos os males. Os adeptos dessa versão *faisandé* do *laissez-faire* têm encarado as crescentes restrições, que os acordos multilaterais de meio ambiente vêm propondo a produtos e tecnologias, como meras barreiras não tarifárias. Por ignorância do calamitoso quadro ambiental em que nos encontramos, ou por privilegiar conscientemente ganhos de curto prazo em detrimento das futuras gerações, a verdade é que tem crescido a oposição a políticas ambientais que interfiram no "livre-comércio". Não só entre os países centrais que têm mercados realmente a ganhar, como os Estados Unidos, União Europeia, Japão e "tigres asiáticos", mas mesmo entre aqueles que só têm a perder, como Argentina, Chile, Brasil e África do Sul.

De fato, enquanto nas negociações do Protocolo de Biossegurança o Grupo de Miami queria excluir a toda força o Princípio de Precaução do texto a ser elaborado, na fracassada reunião para estabelecer a Rodada do Milênio, em Seattle, Estados Unidos, Canadá e Japão haviam apresentado proposta para formar um "Grupo de Trabalho em Biotecnologia", que teria como missão estudar as formas de agilizar e desregulamentar o comércio de transgênicos. A manobra política era óbvia: enquanto se sabotava o andamento do Protocolo de Biossegurança, feito sob a égide do Programa de Meio Ambiente da ONU, a OMC queria rapidamente definir as regras para o comércio desses produtos. Qualquer restrição ao comércio de transgênicos que viesse a ser estabelecida mais tarde, contrariando o que fosse definido pela OMC, poderia ser denunciada como barreira não tarifária. O retumbante fracasso de Seattle enterrou com ele também essa manobra, permitindo que dois meses depois o Protocolo de Biossegurança fosse assinado em Montreal, com o Princípio de Precaução.

Mas há outros gêneros de ameaça. Uma delas é que o Princípio se torne mera figura de retórica estampada em todos os documentos internacionais, sem que seja efetivamente implementado, como nos alertam pesquisadores da Greenpeace. Outro perigo maior ainda é adotar o termo, mas reduzi-lo na prática a uma Análise de Risco. Isso pode ser feito, por exemplo, ao se aumentar as margens de segurança para estabelecer níveis aceitáveis, ou ao se reforçar medidas preventivas e planos de emergência.

Uma outra modalidade de política tradicional transvestida de precaução é a realização por etapas de uma atividade, acenando-se com a possibilidade de suspender ou modificar a atividade, assim que impactos adversos forem detectados.

Na verdade, aqueles que resistem ao Princípio de Precaução, acusando-o de não ser científico ou de deter o progresso tecnológico e econômico, ainda são prisioneiros de certos pressupostos implícitos que precisam ser questionados, se quisermos avançar no debate público de Análise de Risco *versus* Princípio de Precaução.

O primeiro deles é a crença de que o crescimento econômico e o aumento da produção material sejam sinônimos de progresso social. Uma revolução de valores, que talvez já esteja em curso, precisa ser realizada para que esse elemento central do imaginário moderno deixe de alimentar políticas irracionais de desperdício dos recursos naturais. Como diz Edgar Morin: "E assim chegamos à ideia de que o subdesenvolvimento mental, psíquico, afetivo, humano, mesmo dos desenvolvidos, é agora um problema-chave da hominização."[25]

O segundo pressuposto que necessita ser definitivamente eliminado é a crença na capacidade de regeneração natural do planeta. Todo o diagnóstico sobre a situação ambiental do planeta que minimize o real grau de comprometimento das condições ambientais é um estímulo criminoso para a continuação desse rumo suicida, que viemos assumindo nos últimos dois séculos. Especialmente porque mudanças de curso nas políticas produtivas irão exigir outras mudanças radicais na forma de organizar a sociedade, distribuir renda, consumir bens. É preciso que a humanidade esteja convencida de que não tem outra saída: mantendo o ritmo e amplitude do esgotamento de recursos naturais e contaminação do planeta, não há qualquer progresso possível a médio prazo. O que vamos experimentar, caso insistamos nesse modo de produção, como já havia anunciado o Clube de Roma há 30 anos, é a regressão econômica, social, política e moral.

A terceira crença que está por trás das resistências é uma concepção reducionista e fragmentada de ciência, que não consegue compreender a hipercomplexidade dos fenômenos que constituem a natureza, e as limitações que o próprio conhecimento humano enfrenta. Como aponta M'Gonigle:

> Tentando entender a natureza dessas limitações [da ciência moderna], tornou-se senso comum reconhecer que os procedimentos científicos que

buscam isolar variáveis podem ser perigosamente reducionistas. Tais reduções podem facilmente passar por cima de processos mais complexos que existem no mundo real — conexões sistêmicas, efeitos sinergéticos, reações retardadas, padrões indiretos de causação, processos caóticos de mudança e daí por diante — processos que conduziram a busca de uma abordagem mais "holística", para usar uma expressão popular. Devido a essas complexidades, a incerteza é constitutiva das interações humanas com o mundo natural, afirmam os novos críticos.[26]

De fato, a mera descrição de ecossistemas já apresenta dificuldades intransponíveis: onde começa e onde termina cada ecossistema? Qual é o ecossistema que podemos considerar estável para ser utilizado como termo de comparação em relação a ecossistemas ameaçados? Como incluir na pesquisa científica todas as variáveis e suas inter-relações, se muitas delas não podem ser medidas e investigadas dentro de condições laboratoriais? A pesquisa laboratorial não é, assim, ao mesmo tempo a renúncia à pesquisa de variáveis e inter-relações entre essas variáveis, por motivos não científicos? E como definir precisamente onde começam, e mesmo se começam, cadeias de causa e efeito, quando a natureza é uma intrincada rede de relações e processos complexos?

Finalmente, é preciso enfrentar o preconceito que subjaz à resistência ao Princípio de Precaução de que as decisões concernentes às relações entre homem e natureza são de caráter técnico e devem ser decididas pelos cientistas. Tal visão das coisas é tributária da visão cientificista do imaginário moderno, que tenta controlar a vida social pela sua cientificação e burocratização. Ao contrário disso, as relações entre humanidade e natureza dependem de posturas éticas, por cujas definições coletivas todos nós somos responsáveis, e não apenas determinada comunidade de cientistas. Basicamente, há hoje duas indagações éticas que precisam ser respondidas, porque delas depende a maneira como nos relacionaremos com a natureza daqui por diante: somos responsáveis por todas as formas vivas que coevoluíram conosco? Somos responsáveis por garantir às próximas gerações humanas um mundo habitável?

São justamente as respostas positivas dadas a essas duas questões o que distingue basicamente o Princípio de Precaução da Análise de Risco. Por assumir responsabilidades diante da natureza e das futuras gerações e reconhecer certo grau de incerteza como inerente ao conhecimento humano, o

Princípio de Precaução prefere errar em prol do meio ambiente do que da atividade humana potencialmente predatória. Por isso, esse princípio não requer que esteja exaustivamente provado o impacto negativo de tal ou qual atividade. Prefere agir preventivamente e impedir um provável dano, mesmo que isso signifique ter prejudicado determinada atividade humana, que mais tarde venha se mostrar inócua. Aqui, de fato, vale a analogia com a famosa presunção do Direito Penal, in dubio pro reo. A Justiça opta, em dúvida, pelo réu. Prefere absolver um culpado, a condenar um inocente. No caso do Princípio de Precaução, algo semelhante acontece:

> Em vez de presumir que uma substância química ou atividade é segura até que se prove perigosa, um processo que exige muito tempo e recursos, o Princípio coloca a presunção em favor da proteção do meio ambiente e da saúde. Esse deslocamento da presunção transfere a responsabilidade por demonstrar a segurança e prevenir o dano àqueles que estão pretendendo realizar atividades potencialmente perigosas. Consequentemente, os seres humanos e o meio ambiente recebem o benefício da dúvida, decorrente da incerteza e ignorância científica, em vez de uma substância específica, ou uma ação.[27]

Essa opção pelos seres humanos e pelo meio ambiente é, evidentemente, de caráter extracientífico, pois não há ciência que seja capaz de determinar e impor valores aos homens. A diferença substancial entre o Princípio de Precaução e a Análise de Risco não é, pois, a natureza dos procedimentos científicos que um e outro adote, mas os pressupostos éticos de um e outra. No primeiro caso, explícitos e em favor do meio ambiente e da humanidade, no caso da Análise de Risco, implícitos e a favor de novas tecnologias e atividades produtivas.

Se quisermos fazer uma comparação entre a Análise de Risco e o Princípio de Precaução do ponto de vista dos seus pressupostos metodológicos e científicos, temos de chegar à conclusão de que o Princípio de Precaução é mais ciência do que a Análise de Risco, porque reconhece as limitações do nosso conhecimento diante da hipercomplexidade dos fenômenos naturais e, por isso: "Reconhecendo tais problemas, o modelo precautório efetivamente põe entre parênteses questões referentes à causalidade estrita, como as mais importantes e dá maior ênfase nas relações indiretas e não causais, como correlação, padrão e associação."[28]

O Princípio de Precaução, além disso, não pressupõe que a única forma de conhecimento válida a respeito da natureza seja aquela praticada pela comunidade científica. As comunidades tradicionais, os povos indígenas, as diversas culturas vivas e mortas, todos esses grupos humanos produziram e desenvolveram conhecimentos que são complementares àqueles obtidos pela ciência ocidental.

Além disso, o diagnóstico de situações perigosas, assim como a busca de soluções, é muito mais efetivo quando se levam em consideração as opiniões e experiências de operários, agricultores, donas de casa, assistentes sociais e vítimas de acidentes ou contaminações crônicas. Como acontece frequentemente na *práxis* médica atual, é comum que queixas específicas do doente sejam flagrantemente ignoradas em favor de exames laboratoriais, desconsiderando indícios importantes e consequentemente errando-se o diagnóstico final. Por isso, o Princípio de Precaução trabalha com um espectro de dados muito mais amplo que aquele da Análise de Risco, reduzindo a margem de erro no diagnóstico dos riscos ambientais:

> Especificamente, a abordagem precautória sobre problemas de saúde e de meio ambiente inclui dados qualitativos e quantitativos; enfatiza especialmente as pesquisas sensitivas contextuais, como estudos de caso; valoriza a informação "experiencial", como a experimental, incluindo o conhecimento tradicional, folclórico e local.[29]

A Análise de Risco é apenas uma das formas de obtenção de dados e testes de hipóteses de trabalho, os quais devem ser considerados dentro de um marco conceptual precautório. Importantes e indispensáveis no esforço por se compreender os fenômenos naturais, as Análises de Risco jamais devem ser consideradas, no entanto, suficientes para uma tomada de decisão relativa a riscos ambientais e de saúde humana.

DE NOVO A DEMOCRACIA

De fato, o Princípio de Precaução não passa de um princípio orientador abrangente, que estabelece quais são os valores maiores que queremos proteger e as estratégias necessárias para essa proteção efetiva, dentro de um marco de incerteza e ignorância científicas.

Ao deixar claro que a função da ciência é fornecer todos os conhecimentos possíveis sobre atividades ou substâncias potencialmente tóxicas, mas que a decisão propriamente dita é uma decisão de caráter político, o Princípio desmistifica a ciência feita por encomenda de interesses mercantis ou políticos, uma *mandatory science*, sem nenhum princípio ético.

De fato, é preciso considerar que as decisões finais de gestores públicos muitas vezes se norteiam por cálculo de custos e benefícios *pessoais*, como aponta acuradamente Ozonoff. Reconhecer que uma dada comunidade ou país serão expostos a algum risco considerável, caso se autorize determinada atividade, significa estar disposto a contrariar o proponente da atividade, seus aliados políticos fora e dentro do governo, inclusive seus chefes, a crítica de seus colegas na comunidade científica, o assédio da mídia etc. Caso o gestor público decida autorizar tal empreendimento, mesmo que convicto de sua periculosidade, seus riscos serão imensamente menores. Não sofrerá qualquer das pressões acima mencionadas, com exceção de uma eventual crítica de um ou outro colega mais cioso — que jamais será pública por questão de corporativismo — e, na pior das hipóteses, será acusado de irresponsável ou incompetente por movimentos ambientalistas e comunitários. Nesta última situação, esse gestor público "flexível ao contexto social" ainda poderá posar de mártir da ciência, perseguido pelo obscurantismo popular, invocando em sua defesa os exemplos de Galileu e Giordano Bruno.

Além do mais, o sistema dos "níveis aceitáveis" e das "probabilidades de acidente praticamente nulas" é um sistema cumulativo de mentiras, que, uma vez iniciado, é difícil de ser interrompido, pois o que está errado nele não são os "níveis aceitáveis" e os coeficientes de probabilidade, mas o próprio pressuposto de que se possa definir níveis ou coeficientes de probabilidade seguros. Rejeitar um empreendimento porque seus efluentes irão aumentar níveis reais de contaminação, já por si preocupantes, implica questionar toda a política anterior do Estado, dos sucessivos governos, dos órgãos técnicos e das academias, que deixaram as coisas chegarem a esse ponto. É preciso ser uma criança, de fato, para gritar que o rei está nu.

Por outro lado, o gestor público não deve temer ser responsabilizado individualmente, no futuro, caso o empreendimento autorizado se revele ambientalmente negativo. Em sua defesa estará o anonimato que cerca a administração pública, o labirinto burocrático e a fragmentação do processo de tomada de decisões que torna todos inocentes, ou culpados em doses irrelevantes. Em um contexto inteiramente diferente, o do Holocausto, é a mesma lógica administrativa que fragmenta as decisões, tornando cada um responsável apenas pela execução de uma parte da obra e ninguém responsável pelo resultado final, como o apontam Bauman em *Modernidade e holocausto* e Todorov em *Em face do extremo*.

São enormes os compromissos ideológicos e sociais dos cientistas e técnicos atuantes na administração pública e na academia. Desde a ingênua adesão a esse modelo predatório como sinônimo de desenvolvimento social, passando pelas culturas institucionais de órgãos públicos e de pesquisa, que por tantos anos vêm sustentando concepções equivocadas, até a corrupção pura e simples, a verdade é que se torna difícil a total isenção de técnicos e cientistas quanto aos riscos envolvidos em empreendimentos potencialmente prejudiciais ao meio ambiente e à saúde. Escamoteando riscos e ignorando indícios, muitas das Análises de Risco não passam de desculpa, em forma de laudo científico, para satisfazer exigências legais.

Mas não é pelo fato de técnicos e cientistas frequentemente não serem isentos o suficiente para tomarem decisões a respeito de atividades potencialmente poluentes que essa tarefa lhes deveria ser retirada. A razão é outra e tem a ver com a natureza da decisão a se tomar. Trata-se, com efeito, de decidir se pretendemos comprometer as reservas de recursos naturais escassos hoje, em detrimento de gerações futuras, ou, ao contrário, assumirmos que iremos poupar esses recursos, preservando-os para as futuras gerações. Ou, trata-se de optar entre continuar contaminando os oceanos do planeta com poluentes orgânicos persistentes e com isso ameaçar a sobrevivência dos grandes mamíferos que estão no fim dessa cadeia (inclusive nós), ou adotar um programa de eliminação gradativa da indústria de cloro, enfrentando as poderosas associações empresariais da indústria química, as multinacionais e os governos que defendem seus interesses, como Estados Unidos, Suíça, União Europeia e Japão. Os dilemas também podem ser mais concretos, com nome e endereço. A represa da Serra da Mesa: o que é mais importante? Aumentar a geração de energia, de forma a dar conta do aumento de demanda, ou proteger patrimônios naturais, populações ribeirinhas e sítios arqueológicos, que serão inundados para a construção de represas? Ou no caso do projeto da hidrovia Paraná-Paraguai: vale a pena ameaçar todo o extraordinário ecossistema do Pantanal para facilitar as exportações de grãos produzidos na região?

Esse gênero de decisões lida com aspectos éticos, econômicos, políticos e ecológicos e não apenas com questões técnicas ou científicas. Por isso, os cientistas não podem ser as pessoas mais indicadas para resolvê-las. Ao contrário, cientistas naturais são tão leigos quanto quaisquer outros profissionais ou cidadãos comuns. Por outro lado, eventuais consequências negativas dessas decisões afetariam todos os cidadãos, e não só a comunidade de cientistas que lhe foi favorável.

Com efeito, quando consideramos o desamparo de vítimas de decisões equivocadas, salta-nos aos olhos que certas pessoas, por mais títulos de que disponham, não têm o direito de condenar outras a sofrimentos desnecessários:

> Minha mãe, minhas avós e seis das minhas tias, todas fizeram mastectomias. Sete morreram. As duas que sobreviveram acabaram de completar a segunda fase de quimioterapia e radioterapia. Eu mesma já tive problemas: duas biópsias para detectar câncer de mama e um tumor entre as costelas, classificado de "malignidade fronteiriça"... Eu não posso provar que [minha família] desenvolveu cânceres por causa da irradiação nuclear em Utah. Mas também não posso provar que não.[30]

As decisões a serem tomadas são éticas, políticas e sociais e não meramente técnicas. Devem ser assumidas pela cidadania após suficiente informação e longo debate, pois suas consequências podem ser de longa duração e atingir várias gerações seguintes.

Além do mais, mesmo quando há acordo quanto à necessidade imperiosa de proteger o meio ambiente, muitas vezes as soluções possíveis ainda exigem escolhas. Se a energia solar é uma excelente alternativa para a energia fóssil e nuclear, a tecnologia atual das baterias solares ainda requer o emprego de materiais tóxicos. Países com pouca extensão de terras aráveis terão de escolher que uso preferencial lhes deve ser dado: agricultura, pecuária ou silvicultura. A energia eólica é uma excelente solução, mas a paisagem cheia de moinhos aerodinâmicos não é bela.

Assim como o risco é um fenômeno subjetivo, também o são aquilo que poderemos considerar as melhores opções. Certas sociedades preferirão os moinhos eólicos, outras a paisagem, umas a criação de gado para corte, outras a produção de grãos. Não há outra forma de chegar a uma solução justa que a ampla consulta à sociedade.

É por isso que os desafios da Era Tecnológica só podem ser resolvidos por meio da ampliação e aprofundamento da democracia. Não que ela, por si própria, traga soluções. Mas ela é a condição *sine qua non* para reduzir a margem de erros e angariar o apoio social para a implementação das soluções escolhidas.

Muitos dos mecanismos democráticos já existentes devem ser requisitados para o debate e a tomada de decisões no campo das políticas ambientais, como os debates parlamentares em torno de projetos de lei, inclusão de projetos ambientais nas plataformas político-partidárias e mesmo o recurso ao plebiscito. Hoje em dia, há vários países no mundo que exigem um plebiscito nacional ou local, para a instalação de empreendimentos que tragam graves riscos para determinada região, como usinas nucleares.

A representação da sociedade civil em conselhos consultivos ou deliberativos tem sido outra forma de ampliar a participação popular nos processos de definição de políticas. O Brasil é um dos países mais avançados nesse modelo, pois, com o fim da ditadura, os diversos conselhos criados — Conselho Nacional de Meio Ambiente e seus correlatos estaduais e municipais — incluíram entidades representativas da sociedade civil, ainda que com peso minoritário. A participação de entidades não governamentais em órgãos do executivo tem permitido a governo e sociedade civil organizada conhecerem seus diferentes pontos de vista, dirimirem diferenças e buscarem posições conjuntas em vários aspectos.

Novas formas têm sido inventadas para ampliar a participação popular na tomada das decisões. O Painel de Cidadãos ou Conferência de Consenso é uma espécie de amostra estratificada da sociedade, no qual um determinado por um é exaustivamente examinado pelo grupo de cidadãos reunidos, que requerem a informação que lhes pareça pertinente a cientistas e técnicos especializados.

O Conselho Dinamarquês de Tecnologia, órgão do legislativo encarregado de avaliar atividades tecnológicas, foi pioneiro na organização desse tipo de pesquisa baseada na comunidade. Desde 1987, organizou mais de vinte encontros sobre temas como engenharia genética, irradiação de alimentos, poluição atmosférica, o futuro dos automóveis.

Para garantir a real participação da sociedade no debate de um determinado tema, o Conselho Dinamarquês de Tecnologia começa por formar um comitê diretor composto por pessoas representativas de várias áreas da sociedade — acadêmicos, pesquisadores industriais, organizações não governamentais de interesse público, sindicalistas — envolvidas no assunto. Esse pequeno grupo se tornava responsável por preparar um documento inicial sobre os aspectos e as questões de fundo que devem ser discutidas. O grupo de cidadãos que constituirá o painel é selecionado com base em respostas a convite publicado nos jornais, e busca-se constituir um grupo estratificado, representando os diversos setores da sociedade. Examinando esse documento inicial preparado pelo comitê diretor, o grupo de cidadãos leigos sugere modificações, acréscimos ou supressão de temas que considere pertinente, bem como indica os tipos de especialistas que gostará de consultar, aí incluindo-se não só técnicos e cientistas naturais, mas todos aqueles que o grupo considere relevante consultar, como especialistas em ética, sociólogos, líderes sindicais e religiosos.

Após algumas sessões públicas, nas quais o grupo de especialistas convidados responde às perguntas colocadas pelo grupo de leigos, estes elaboram um relatório final, amplamente divulgado pelo próprio Conselho.

O governo do país não é obrigado a seguir as recomendações finais do painel de leigos, mas tem sido consenso entre legisladores e executivos que elas têm auxiliado os governantes a identificarem o que pensam seus cidadãos a respeito de temas importantes, e a adotarem medidas em tempo hábil. Por exemplo, a Dinamarca já aprovou várias leis relativas à pesquisa, plantio e consumo de plantas transgênicas, assim como de alimentos irradiados, estando nesse aspecto muito mais avançada que outros países da União Europeia. Também as indústrias, após uma fase em que cogitaram fechar o órgão, reconheceram que Conferências de Consenso lhes fornecem indicações valiosas de como o público reagiria a novas tecnologias e produtos, permitindo-lhes mudanças de curso antes de haver realizado grandes investimentos. O exemplo dinamarquês tem sido copiado em várias partes do mundo, como na Inglaterra, França, Holanda e Austrália.[31]

Os próprios processos de Avaliação de Impactos Ambientais e de Análise de Risco, hoje em dia presentes em quase todas as legislações ambientais como condição para a aprovação de novos empreendimentos, deveriam ser radicalmente modificados de modo a permitir uma maior participação popular. Os Estudos de Impacto Ambiental, no Brasil, permitem, por exemplo, a realização de audiências públicas, nas quais o Relatório de Impacto Ambiental pode ser objeto de críticas e sugestões de reformulação. Como a experiência de mais de uma década vem mostrando, contudo, essas audiências públicas frequentemente não conseguem cumprir esse papel, pois são os vícios presentes no desenho inicial do Estudo os que comprometem as suas conclusões. Por isso é importante permitir que o público possa participar desde a etapa de elaboração do estudo, discutindo aspectos que sejam considerados relevantes de serem avaliados, composição multidisciplinar da equipe técnica e alternativas possíveis ao empreendimento sugerido. Este último aspecto é particularmente importante, pois somente a comparação entre diversas alternativas e seus correspondentes benefícios e riscos permite uma decisão sensata. A primeira pergunta, portanto, que se deveria colocar em cada avaliação de impacto ambiental seria "se essa atividade potencialmente perigosa é necessária" e, além disso, "que outras opções menos perigosas estão disponíveis".

É preciso criar mecanismos pelos quais se possa atenuar a desigualdade das comunidades e entidades não governamentais perante o governo executivo e as indústrias, caso as primeiras decidam conduzir processos judiciais. De fato, de nada adianta assegurar direitos iguais a todos, se esses todos podem ser tão diferentes quanto uma poderosa multinacional de um lado, e uma pobre comunidade de imigrantes mexicanos, de outro, ou um poderoso órgão público de um lado, e organizações não governamentais, de outro. Desde 1991, há nos Estados Unidos uma lei que permite aos advogados que defendam (e ganhem) causas públicas contra a União terem seu pagamento realizado pelo governo federal, o que vem estimulando certos advogados a assumirem gratuitamente a defesa de causas ambientais de interesse público. Outro mecanismo para atenuar as desigualdades de recursos entre empresas e governos de um lado, e sociedade civil do outro, é obrigar as primeiras a custearem a divulgação na mídia dos argumentos dos movimentos sociais contrários aos empreendimentos em questão.

Também é essencial não perder de vista que a participação da cidadania nos processos decisórios pressupõe acesso amplo e irrestrito à informação. Sem essa condição, a participação não passaria de uma farsa. Nessa área, os Estados Unidos criaram uma legislação pioneira em 1986, The Emergency Planning and Community Right to Know Act. Essa lei garante ao público informação sobre que tipo de substâncias foram despejadas no ar, solo e esgotos por certos setores industriais, empresas públicas de tratamento de águas e incineradores.

Outra lei norte-americana igualmente inovadora é a Toxic Release Inventory (TRI), já comentada anteriormente. A mera publicação das substâncias tóxicas emitidas tem, por um lado, municiado as comunidades vizinhas de empresas poluentes com informação necessária para sua mobilização e, por outro, levado as empresas a espontaneamente buscarem reduzir suas emissões. Comparações entre filiais norte-americanas e europeias de uma mesma empresa vêm mostrando que as norte-americanas emitem muito menos poluentes que as europeias.

No estado de Massachusetts, a Toxic Use Reduction *Act* foi bem mais adiante, ainda que não tanto quanto o desejavam os movimentos ambientalistas. A lei, promulgada em 1989, é fruto do acordo entre os movimentos — que queriam uma regulamentação que forçasse as empresas a empreenderem programas de redução gradativos nas emissões de substâncias tóxicas — e as indústrias que resistiam a tal exigência. A lei obriga indústrias que utilizam cerca de 900 substâncias consideradas tóxicas a realizarem de dois em dois anos um levantamento sobre alternativas para reduzir as emissões dessas substâncias. O interessante é que a lei obriga as empresas apenas a realizarem e divulgarem o relatório, não a colocá-lo em prática. No entanto, a maioria das empresas voluntariamente tem seguido as orientações indicadas pelos seus relatórios, convencidas das vantagens econômicas e de imagem pública, ao reduzir suas emissões tóxicas. Uma pesquisa realizada em 1997 mostrou uma redução nas emissões de substâncias tóxicas em quase dois terços, significando uma economia real de mais de US$ 15 milhões para a região.[32]

No entanto, as empresas frequentemente inventam formas de subtrair ao público informações comprometedoras em nome da proteção do segredo industrial. A desfaçatez pode chegar a ponto de órgãos públicos, como a Comissão Nacional de Biotecnologia, no Brasil, encarregada de dar pareceres técnicos conclusivos sobre a liberação no meio ambiente de transgênicos, funcionar a portas fechadas, para assegurar um pretenso segredo industrial das empresas. Enquanto as empresas têm assento nessa comissão e participam das decisões que lhes concernem, a sociedade é condenada a ignorar o teor e a forma como funcionários governamentais e cientistas nomeados pelo governo pronunciaram-se em cada caso.

Há um conjunto de técnicas de relações públicas que visa esconder informações que possam comprometer as empresas, que Sanford Lewis denomina "padrão de desmentido empresarial". Este se caracteriza pelo encobrimento de informações já conhecidas pelas direções das empresas; pela encomenda de pesquisas dentro e fora da empresa para produzir estudos cujos resultados contrariem os que vêm sendo veiculados; pela promoção de entidades científicas aparentemente independentes e que endossam suas tecnologias e a manipulação de pessoas públicas e meios de comunicação criando um clima artificial de consenso, que permita postergar qualquer ação de interrupção de suas atividades.

Em alguns casos, pseudomovimentos sociais e organizações não governamentais pró-indústria foram criados com o propósito de dar a impressão de que a sociedade civil estaria dividida a favor e contra determinada proposta. Evidentemente, o que mais incomoda as indústrias poluentes é o fato de as entidades e movimentos da sociedade civil gozarem de excelente reputação junto à opinião pública, por serem vistos como forças não comprometidas com interesses particulares. Daí a guerra constante de calúnias e difamações movida contra essas entidades e movimentos, entre as quais as periódicas reclamações sobre a pretensa falta de controle das ONGs por parte da sociedade.

Todas essas novas formas de ampliar o acesso à informação e a participação da cidadania na tomada de decisões aponta para uma necessária metamorfose do Estado. Este, na sociedade reflexiva, não estaria obrigatoriamente "encolhendo", ou, ao contrário, fortalecendo-se. Estaria mudando de pele, como uma cobra, na metáfora de Beck, abandonando funções antigas e assumindo novas. Dada justamente à tendência de auto-organização da sociedade reflexiva, em que grupos de interesse, temáticos e locais formam-se e se articulam para interferir em diversas áreas das políticas públicas, o Estado deveria abandonar o seu papel autoritário de poder decisório para se tornar um "Estado de negociação", reunindo todos os setores envolvidos, em busca de soluções de compromisso: "A capacidade do Estado moderno de negociar é supostamente até mais importante que sua capacidade hierárquica unilateral para agir, que está se tornando cada vez mais problemática."[33]

Ao mesmo tempo que reduz sua influência no processo de tomada de decisões, o Estado moderno deveria descentralizar a administração dos ecossistemas particulares ao máximo possível, delegando essas responsabilidades para as instâncias locais. O grau de detalhe e a diversidade de informações biológicas, socioeconômicas e culturais, que devem ser levadas em conta para a tomada de decisões, são incompatíveis com a natureza das instâncias centrais. Por outro lado, essa descentralização não pode avançar até o ponto em que políticas locais contrariem políticas nacionais ou internacionais de proteção ao meio ambiente. Mas:

> Com os governos locais estabelecendo um conjunto mínimo de normas e garantindo formas democráticas de tomada de decisões, "a gerência baseada em ecossistemas" oferece grandes oportunidades para contrabalançar os poderes tradicionalmente centralizados de companhias de pesca, de corte de madeira etc.[34]

Finalmente, uma reforma da ciência é absolutamente indispensável, pois só uma ciência comprometida com o Princípio de Precaução, ou seja, com os valores da preservação da vida e da nossa responsabilidade transgeracional pode efetivamente orientar-nos quanto às melhores decisões a serem tomadas. O reconhecimento das incertezas e limites que cercam nosso conhecimento e a percepção das inumeráveis relações que constituem a hipercomplexidade da natureza são outros pressupostos epistemológicos, sem os quais não podemos seguir adiante.

Além de uma *scienza nuova*, precisamos de uma democracia cognitiva, como propõe Morin, para que a sociedade possa efetivamente participar dessa tomada de decisões. Embora essa tarefa possa parecer impossível, ela não o é. Basta considerar que a ciência cartesiana, que hoje morre, abriu o seu caminho com escritos e conferências privadas, numa época em que poucos liam e os meios de comunicação eram precários. Lembremo-nos também da atilada percepção de Thomas Kuhn quanto ao didatismo daqueles cientistas que tiveram de buscar o público leigo para promover ideias que contrariavam os paradigmas reinantes em suas diversas comunidades científicas.

A sociedade reflexiva, com a educação pública generalizada e os meios sofisticados de comunicação de que dispõe, tem todas as condições técnicas para realizar essa tarefa. Será essa democratização do saber que permitirá à humanidade fugir dos cenários apavorantes, e em certo sentido, premonitórios, dos romances de ficção científica, nos quais impérios autocráticos detêm tecnologias siderais.

NOTAS

1. Edgar Morin, *Método II: A Vida na Vida*, p. 94.
2. Cornelius Castoriadis, *Encruzilhadas do Labirinto*, p. 263.
3. Em *La Ecologia y la Economia*, Joan Martinez Alier e Klaus Schlupmann resgatam as análises ecológico-energéticas feitas por cientistas desde meado do século XIX e que foram ignoradas pelos economistas liberais bem como pelo marxismo, já que ambas as correntes partilhavam da visão de que os recursos naturais eram inesgotáveis. O balanço energético entre o que se gasta de energia fóssil para se produzir calorias — a energia que nos movimenta — e essas próprias calorias obtidas é claramente insustentável a longo prazo, pois, baseando-se no consumo de combustíveis fósseis, o esgotamento desses no futuro precipitará a produção de alimentos, numa crise de proporções gigantescas. Os mais famosos dos estudos sobre energia, economia e sociedade nos anos 50 foram os de Barry Commoner, Paul Ehrilich, Howard e Eugene Odum.
4. Karl Marx, *O Capital*, I capítulo: A Mercadoria, p. 32.
5. Vandana Shiva, *op. cit.*, p. 26.
6. Joan Martinez Alier e Klaus Schlupmann, *La Ecologia y la Economia*, p. 18.
7. Enzo Tiezzi, *Tempos históricos, tempos biológicos*, p. 175 (grifos meus).
8. Em maio de 2001, em Estocolmo, foi assinada a Convenção de Estocolmo, sobre Poluentes Orgânicos Persistentes.
9. Enzo Tiezzi, *op.cit.*, p. 182.
10. Joseph Huber, *Quem deve mudar todas as coisas*, p. 16.
11. Joseph Huber, *op. cit.*, p. 28.
12. Vandana Shiva, *Abrazar la vida*, p. 157.
13. Aliás, o arco-íris se tornou o símbolo da Greenpeace por causa da profecia feita por uma velha índia Cree anciã, Olhos de Fogo, que previra que "quando os recursos da terra tivessem sido devastados, os mares escurecidos, os rios envenenados, os veados morrendo ao andar... um pouco antes de que fosse demasiadamente tarde, o índio ia recuperar seu espírito, ensinar ao homem branco a reverência pela terra, e unidos iam se transformar nos guerreiros do arco-íris." Essa lenda constava de um livrinho que fora levado para o navio pelo grupo que fundou a Greenpeace. Quando um arco-íris apareceu ao fim de um dia bastante difícil, os espíritos menos céticos ficaram bastante impressionados. Michel Brown e John May, *The Greenpeace Story*, p. 13.
14. Bervely Thorpe, *Citizen's Guide to Clean Production*, p. 1.
15. Bervely Thorpe, *op. cit.*, p. 3.
16. Carolyn Raffensperger e Joel Tickner, *Protecting Public Health and the Environment*, p. 1 (tradução minha).

17. Carolyn Raffensperger e John Tickner, *op. cit.*, p. 4 (tradução minha).
18. Carolyn Raffensperger e John Tickner, *op. cit.*, p. 9 (tradução minha).
19. Paul Johnston *et al.*, *Marine Environmental Protection, Sustentability and the Precautionary Principle*, p. 160 (tradução minha).
20. Michel Brown e John May, *The Greenpeace Story*, p. 114.
21. Bo Wallström, The Precautionary Approach to Chemicals Management; a Swedish Perspective. *In* Carolyn Raffensperger e John Tickner, *Protecting Public Health and the Environment*, p. 52 (tradução minha).
22. Michel M'Gonigle, *The Political Economy of the Precaution*, p. 123 (tradução minha).
23. Carolyn Raffensperger e John Tickner, *Protectiong Public Health and the Environment*, Apêndice B.
24. Carolyn Raffensperger e John Tickner, *op. cit.*, p. 359.
25. Edgar Morin, *Terra-Pátria*, p. 88.
26. Michel M'Gonigle, *The Political Economy of Precaution*, p. 131 (tradução minha).
27. Joel Tickner, *A Map Toward Precautionary Decision Making*, p. 163.
28. Katherine Barrett e Carolyn Raffensperger, *Precautionary Science*, p. 118 (tradução minha).
29. Katherine Barrett e Carolyn Raffensperger, *op. cit.*, p. 118 (tradução minha).
30. T. Tempest Williams, *Refuge: un Unnatural History of Family and Place*; *apud* Richard Sclove e Madeleine Scammell, *Practicing the Principle*, p. 252 (tradução minha).
31. Leonel Jospin, a seu tempo de primeiro-ministro da França, realizou um painel de cidadãos sobre o tema de plantas transgênicas. E, desde então, o governo francês foi modificando gradativamente sua posição a respeito dessas plantas, tornando-se mais resistente à sua liberação imediata no meio ambiente.
32. Joel Tickner, *op. cit.*, p. 177.
33. Ulrich Beck, *in* Anthony Giddens *et al.*, *Modernização reflexiva*, p. 54.
34. Michel M'Gonigle, *op. cit.*, p. 142 (tradução minha).

A PROIBIÇÃO DA BASILEIA

O COMÉRCIO DE RESÍDUOS PERIGOSOS: UM NEGÓCIO FLORESCENTE

O comércio internacional de resíduos perigosos é um fenômeno do último quarto do século XX. Desde meado dos anos 1970 já se percebia sua intensificação entre países vizinhos, como entre Estados Unidos e Canadá, ou na Europa Ocidental, que tinha a França e a Inglaterra como as principais receptoras de resíduos perigosos. Outro fluxo comercial bastante conhecido era o da antiga República Democrática Alemã, a destinatária de boa parte do lixo industrial e doméstico da sua irmã capitalista, a República Federal Alemã. Desde meado dos anos 1970, a burocracia da RDA descobrira uma fonte segura de divisas ocidentais, permitindo a importação de resíduos perigosos e esgotos, bem como a construção de vários incineradores e aterros em seu território. Os primeiros protestos de cidadãos, ainda nesse período, foram abafados com violência, mas com a queda do Muro vieram a público as cifras reais desse comércio, e boa parte dessa atividade foi interrompida.

Nos anos 1980, novas rotas de comércio de resíduos perigosos estavam se abrindo. Em 1984, Jim MacNeill, diretor da Organização para a Cooperação e Desenvolvimento Econômico, que reúne os 25 países mais desenvolvidos do mundo, explicou sua dinâmica da seguinte forma:

> Uma simples análise do custo dos fretes sugere que o transporte de certos resíduos altamente tóxicos (por exemplo, aqueles proibidos de serem despejados ao mar por convenções internacionais) das nações industrializadas para nações menos desenvolvidas pode ser um negócio bastante lucrativo para ambas as partes. Por isso, a ocorrência de um movimento

Norte-Sul de resíduos altamente perigosos deve ser considerado uma possibilidade real.[1]

Não foi necessário esperar muito tempo para que alguns casos de exportação de resíduos perigosos Norte-Sul viessem ganhar as manchetes internacionais da mídia. O caso mais famoso, e que a Greenpeace soube transformar no "mito fundador" de sua campanha contra o comércio de resíduos perigosos, foi o do navio *Khian Sea*. Este saiu da Filadélfia, em agosto de 1986, carregando 14 mil toneladas de cinzas do incinerador[2] dessa cidade, pretendendo descarregá-las nas Bahamas. Lá chegando, no entanto, viu recusada a sua pretensão e, desde então, iniciou um périplo pelo Mar do Caribe, buscando algum lugar onde pudesse se livrar de sua carga.

O Haiti foi a solução encontrada. Em outubro de 1997, o Departamento de Comércio desse país autorizou o desembarque de "micronutrientes para o solo". Alguns dos donos da companhia que solicitou a importação, a empresa chamada de Cultivadores do Oeste, eram irmãos de um íntimo colaborador do *Baby Doc*, o coronel Jean Claude-Paul. A carga começou a ser descarregada em 31 de dezembro de 1987 por cerca de cem trabalhadores contratados para isso, numa praia remota da região de Gonaives. Mas, em 29 janeiro de 1988, o ministro do Comércio mandou suspender a operação, ordenando que o navio recolhesse as cinzas já desembarcadas. Em vez disso, o *Khian Sea* abandonou o Haiti sorrateiramente, seis dias depois, deixando abandonada na praia de Gonaives uma carga de 2.000 a 4.500 toneladas de cinzas. A equipe de investigação da Greenpeace, que visitou a região em fevereiro, encontrou cinzas na baía de Gonaives, o que faz crer que parte das cinzas foram carregadas pela maré. O forte vento do mar também transportava as cinzas em direção à cidade de Gonaives. Amostras analisadas pela Greenpeace encontram altos teores de cádmio, chumbo, arsênico e mercúrio, além das temíveis dioxinas e furanos.

Enquanto os protestos cresciam no Haiti, liderados pela Juventud Obrera Católica e reprimidos pelo ditador de plantão, Leslie Manigat, o *Khian Sea* começava uma nova viagem. Primeiramente voltou à Filadélfia, mas não obteve autorização para descarregar as cerca de dez mil toneladas de cinzas que ainda trazia. Cruzou o Atlântico, então, passando pela África Ocidental e ao chegar ao porto iugoslavo de Bijela, em julho, mudou seu nome para *Felicia*. Os proprietários do *Khian Sea* alegaram, depois, que haviam vendido o navio para uma firma, cuja sede ficava na ilha caribenha de Nevis. Em setembro, o *Felicia* atravessou o Canal de Suez, indicando como seu próximo porto as Filipinas. A Greenpeace avisou a todos os países banhados pelo Oceano Índico da passagem do navio com a carga tóxica, e o Sri Lanka, a Indonésia, as Filipinas e Cingapura não permitiram que o navio atracasse em seus portos. O ministro do Meio Ambiente da Indonésia revelou que os empresários do barco haviam oferecido alta soma de dinheiro para que pudessem descarregar. Finalmente, em novembro, apareceu na costa de Cingapura, sob um novo nome, *Pelicano*, e com os seus porões vazios. Suspeitava-se que a carga fora despejada em algum ponto do mar, entre o Canal de Suez e Cingapura, entre outubro e novembro. O capitão e a tripulação negaram que houvessem despejado as cinzas no mar, o que seria crime pelas leis marítimas. Mas se recusaram a indicar que país as teria aceitado.

O caso *Khian Sea* ficou famoso pela duração de tempo, quase dois anos e pela quantidade de países por onde passou e que lhe recusaram autorização para desembarque: Bahamas, Bermuda, Cabo Verde, Chile, Costa Rica, República Dominicana, Guiné, Guiné-Bissau, Haiti, Honduras, Indonésia, Filipinas, Senegal, Sri Lanka e Iugoslávia.

Por outros motivos, dois casos também chamaram a atenção da imprensa internacional. Em fins de fevereiro e começo de março de 1988, o navio *Bark*, pertencente à firma norueguesa Bulkhandling Inc, despejou 15.000 toneladas de cinzas do incinerador da Filadélfia na ilha de Kassa, próxima de Conacri capital da Guiné. Uma firma local teria importado a carga como "matéria-prima para tijolos", embora os primeiros tijolos com ela fabricados esfarelassem inteiramente.

Advertido do real conteúdo da carga pela Greenpeace, o governo da Guiné ordenou à companhia Bulkhandling a imediata remoção das cinzas. Quando esta, no entanto, alegou já não ser mais a proprietária da carga, o governo da Guiné provocou uma crise diplomática, prendendo o cônsul honorário da Noruega no país, Sigmund Stromme, que era um dos proprietários de uma empresa, também envolvida no esquema —, além de doze altos funcionários do Ministério de Comércio. A companhia Bulkhnadling finalmente retornou a carga à Filadélfia e, em julho do mesmo ano, uma corte de justiça, na Guiné, condenou quatro funcionários da empresa a quatro anos de cadeia, e o cônsul norueguês à multa e prisão de seis meses com direito a *sursis*.

O outro grande escândalo ocorreu no mesmo ano de 1988, quando se descobriram 4.000 toneladas de resíduos altamente tóxicos, inclusive PCBs, armazenados no quintal de uma propriedade, na aldeia portuária de Koko, na Nigéria. O lixo, de procedência italiana, havia sido introduzido no país como material para construção. Dada à oxidação dos barris, o conteúdo tóxico vazou, contaminando o solo e liberando odores fortes. Para forçar a Itália a assumir a responsabilidade pela retirada dos barris, o governo nigeriano prendeu outro navio italiano ancorado no país, bem como sua tripulação. A Itália concordou em receber de volta seus resíduos, mas a remoção da carga, feita por trabalhadores nigerianos mal-equipados, causou-lhes graves problemas de saúde. Posteriormente descobriu-se que o lixo tóxico havia penetrado no solo a ponto de contaminar o lençol freático e, em função disso, a Nigéria apresentou queixa contra a Itália no Tribunal Internacional de Haia.

A verdade é que a exportação de resíduos perigosos dos países industrializados para os menos desenvolvidos crescia de forma notável. Embora nunca se tenha obtido números exatos a respeito, a Greenpeace calculava, em 1988, que cerca de 3,5 milhões de toneladas de lixo tóxico tivessem sido enviadas para países menos desenvolvidos entre 1986 e 1988, das quais quase 3 milhões teriam ido para a Alemanha Oriental, a antiga RDA. Quando, com a queda do regime socialista, se pode ter acesso à informação de que só a RDA recebera 5 milhões anualmente, ficou evidente que as estimativas anteriores eram tímidas. Outros cálculos, feitos por pesquisas acadêmicas, indicavam que a África teria recebido 24 milhões de toneladas, durante o ano de 1988. Desses, 15 milhões para Guiné Bissau e 5 milhões para Benin.

A maioria das autoridades norte-americanas e europeias reconhecia que estava ocorrendo um real aumento dessas exportações. Nos Estados Unidos, por exemplo, as notificações de exportação de resíduos perigosos entregues às autoridades públicas haviam saltado de 12 casos em 1980, para 522, em 1988. A mesma tendência podia ser identificada na Europa Ocidental, cuja exportação de resíduos perigosos simplesmente dobrou entre os anos de 1982 e 1983. Embora não houvesse estudos discriminando as exportações segundo seu destino, fosse esse o de países industrializados ou menos desenvolvidos, a lógica leva a supor que as exportações para estes últimos deveriam estar igualmente crescendo, senão aumentando relativamente mais ainda, em comparação com o grupo de países desenvolvidos.

A Crise do Lixo

Ironicamente, a causa desse florescente comércio estava associada ao notável avanço da consciência ambiental nos países industrializados, em relação aos perigos provenientes dos resíduos tóxicos. Como comentou Jim Puckett, um dos coordenadores da campanha da Greenpreace contra o comércio de lixo tóxico:

> Nos últimos anos, um público cada vez mais educado e cético nos países industrializados veio se rebelando contra o envenenamento do solo, do ar e das águas com resíduos tóxicos. Preocupados com os perigos dos resíduos tóxicos despejados no mar, em aterros e incineradores, a população veio reagindo à crescente crise do lixo, opondo-se à instalação de aterros e incineradores em seu próprio território.[3]

A pressão da opinião pública fez com que os governos adotassem medidas mais rigorosas e mais caras para controlar o despejo de resíduos perigosos. As novas legislações ampliaram a definição do que se passava a considerar resíduos perigosos. Assim, não se pode atribuir ao crescimento industrial apenas o salto de 9 milhões de toneladas de resíduos tóxicos em 1970, para os 238 milhões, em 1990, nos Estados Unidos. No esforço de responder à crescente intranquilidade da opinião pública abalada com os terríveis acidentes químicos como o de Sevezo e do Love Canal nos Estados Unidos,[4] surgiram diversas legislações nacionais e regionais de controle de resíduos perigosos.

Na Alemanha, foi aprovada lei federal sobre despejo de resíduos já em 1972 e em 1978 a Comunidade Europeia promulga a resolução sobre resíduos tóxicos e perigosos. Nos Estados Unidos, em 1976, adota-se a lei para conservação e recuperação de recursos, a RCRA, que foi emendada em 1984 e depois em 1986. Em 1980, o congresso norte-americano já aprovara uma lei de responsabilização e indenização por danos ambientais causados por lixo tóxico, que foi emendada em 1986 pela lei que passou a ser conhecida como a do "Superfund".

Por não atingirem os novos parâmetros de segurança estabelecidos nessas novas legislações, muitos dos aterros de resíduos tóxicos tiveram de ser descontaminados, operação chamada de *clean up*, na literatura técnica. Isso significou acrescentar enormes quantidades desse lixo histórico ao crescente volume de resíduos perigosos que vinham sendo produzidos a cada ano, agravando o quadro do que já estava sendo caracterizado como a Crise do Lixo.

Também contribuíram para o encarecimento da disposição final de resíduos perigosos nos países industrializados o fechamento de muitos aterros considerados inadequados pelas novas legislações, reduzindo-se, assim, a capacidade disponível em cada país. No caso norte-americano, muitos dos aterros em péssimas condições que foram fechados se encontravam em áreas de comunidades indígenas ou pobres, que não tiveram condições políticas de se opor à instalação e depois controlar seu funcionamento. O fato de que as novas legislações ambientais proibíssem que alguns tipos de resíduos perigosos fossem despejados em aterros sanitários obrigavam seus gerentes a incinerá-los, o que se tratava sempre de uma solução mais cara do que o aterro. Mas, concomitantemente, também estava aumentando a resistência das populações vizinhas a incineradores, o efeito NIMBY, como o ilustra o caso famoso da exportação de PCBs do Canadá para a Inglaterra, a fim de serem queimados em um incinerador em South Wales. Um protesto organizado por ambientalistas, membros do Labor Party, trabalhadores portuários e estivadores impediu o desembarque da carga, sendo obrigada a retornar ao Canadá.

A aplicação do princípio "o poluidor paga", por outro lado, aumentou os custos referentes a seguros contra acidentes em depósitos e aterros. Segundo dados da agência ambiental norte-americana, a EPA, o custo do despejo em aterros de uma tonelada de lixo perigoso subiu de US$ 15,00 em 1980, para US$ 250,00 em 1989. Correspondentemente, também subiram os custos relacionados com a incineração, que, de acordo com o Programa de Meio Ambiente das Nações Unidas, saltaram em média de US$ 500,00 por tonelada para US$ 1.500,00.

Embora os Estados Unidos fossem o maior produtor de resíduos perigosos do mundo, era a Alemanha o "campeão mundial" em exportações de resíduos tóxicos. Além de sua legislação ambiental e de saúde altamente rígidas, e de sua enorme produção industrial, a Alemanha era um país densamente povoado, o que tornava proibitivo o uso do solo para aterros industriais. Ate a queda do Muro, mais de 65% do lixo tóxico alemão ia parar do outro lado da fronteira alemã, em precários aterros, que, após a unificação do país, em 1990, tiveram de ser descontaminados. Como explica Jason Mercer: "a perda do lixão da Alemanha Oriental somente criou mais pressão psicológica e econômica para que a Alemanha exportasse não importava para onde."[5]

Finalmente, o gradativo fechamento dos oceanos ao despejo de lixo tóxico ia eliminando uma das saídas mais tradicionais para a crise do lixo. Após proibir o despejo de resíduos radioativos no mar, em 1985, a Convenção de Londres, em 1988, decidira proibir a incineração de resíduos líquidos perigosos em navios a partir de 1990, enquanto crescia a pressão para que também fosse proibido o despejo de resíduos perigosos no mar. Espetaculares ações da Greenpeace, impedindo navios de atirarem seus barris ao mar, já haviam capturado o apoio da opinião pública europeia e tornado tais operações extremamente raras. Elas serão proibidas definitivamente em 1993, durante a XVI Reunião Consultiva das Partes Contratantes da Convenção de Londres, ainda que com a abstenção da Bélgica, China, França, Rússia e Reino Unido.

Todas essas razões fizeram com que a exportação de resíduos perigosos para países menos desenvolvidos se tornasse uma boa solução do ponto de vista econômico para o mundo industrializado. De fato, devido a um conjunto de fatores, desde a falta de legislação ambiental apropriada naqueles países até o baixo custo da mão de obra, os custos do despejo final para resíduos perigosos eram muito atraentes. Por exemplo, enquanto nos Estados Unidos, a EPA avaliava que o despejo de uma tonelada de resíduos perigosos poderia custar de US$ 250,00 a US$ 350,00, em países menos desenvolvidos não passariam de US$ 40,00. Com essa diferença de preços, um dos grandes especialistas no tema, Christoph Hilz, estimou que os países da OCDE chegassem a economizar US$ 700 milhões ao ano, podendo essa economia atingir até 1 bilhão de dólares.

As principais rotas desse comércio de resíduos perigosos eram aquelas mais curtas entre a origem dos resíduos e seu despejo final: resíduos tóxicos do Leste dos Estados Unidos para o México e a América Central ou para o Sudeste Asiático; dos países europeus para a África Ocidental, mas também para a América do Sul ou mesmo para a Ásia; e a rota Leste-Oeste, que levava grande parte dos resíduos perigosos da Europa Ocidental para o mundo socialista, especialmente para Alemanha Oriental, Polônia e Romênia. Depois da anexação da Alemanha Oriental à República Federal Alemã, e com a abertura das fronteiras nos ex-países socialistas, o tráfico de resíduos tóxicos se intensificará para os países mais desestruturados politicamente, como Romênia, Albânia e Bulgária.

Pelos seus lucros rápidos, esse tráfico atraiu grande número de comerciantes inescrupulosos. Surgiam várias empresas cujos endereços eram caixas postais em Miami, paraísos fiscais do Caribe, Liechteinstein, Ilha do Man, Gibraltar e outros endereços improváveis. Seus proprietários não eram especialistas em resíduos perigosos, mas pessoas que sabiam manejar habilmente legislações nacionais, contatos políticos nos países do Sul e transporte marítimo. Logo que um negócio não prosperava, a empresa desaparecia, para surgir com outro nome, em outro país, embora dirigida pelos mesmos escroques de sempre.

Assim, quanto mais corruptas ou ingênuas fossem as autoridades dos países menos desenvolvidos, a quem se solicitava autorização para o desembarque, maior era a quantidade de resíduos que chegava às suas praias. À medida, porém, que os escândalos se sucediam e que a indignação começou a crescer nos países-lixões e mesmo no mundo desenvolvido, o tráfico de resíduos perigosos experimentou algum aprimoramento quanto aos pretextos apresentados para justificá-lo.

Com efeito, se até 1988 o grosso dos resíduos perigosos era exportado para despejo final *tout court*, depois dessa data foram se tornando frequentes os casos em que se alegava que o "material" exportado estava destinado a diversos usos mais nobres: fertilizantes, matéria-prima para pavimentação de estradas, construção de moradias populares, diques, combustível líquido para geração de energia e incineradores para lixo urbano, e até construção artificial de recifes em ilhas, para contrabalançar a subida do nível do mar, em virtude do aquecimento global. A esse tipo de exportação de resíduos perigosos deu-se o nome de *reciclagem fantasma*, pois sua intenção nunca era, efetivamente, empregar os resíduos nessas obras. Nos casos em que os empresários conseguiram aprovação de seus planos por autoridades locais, só a primeira parte do projeto foi realizada, ou seja, a internalização dos "materiais" e "combustíveis" em barris oxidados, que logo ficaram abandonados na área portuária, e nunca foram removidos dali. A essas alturas, como era de se esperar, ninguém mais atendia nos endereços e telefones da empresa responsável.

Mas ao lado da exportação para despejo final e da reciclagem fantasma, havia exportações realmente destinadas à reciclagem e recuperação de matérias-primas, particularmente de metais. O Brasil, a Índia, o México, a Bolívia e as Filipinas eram países que tradicionalmente recebiam sucata de metais para reciclagem.

Apesar do apelo "verde", a reciclagem de resíduos tóxicos jamais poderia ser considerada uma operação ambiental. À parte o fato de que as operações de reciclagem ou recuperação de resíduos tóxicos ofereçam grande risco à saúde dos trabalhadores nela envolvidos, que estão sujeitos a intoxicações e outros acidentes, suas inevitáveis emissões gasosas ou líquidas dispersam grandes quantidades de material tóxico no meio ambiente. Além disso, o refugo que sobra dessas operações de reciclagem concentra mais material tóxico do que aquele original, e seu despejo final se constitui em um problema ambiental por si só.

Do ponto de vista ecológico, aliás, falar-se em "reciclagem de resíduos tóxicos" é uma antinomia, pois o sentido da reciclagem é manter em circulação certos materiais, evitando a extração de novo material virgem. Entretanto, o aspecto da toxicidade se sobrepõe àquele da economia de recursos naturais, pois não se pode considerar ambientalmente saudável a manutenção em circulação de substâncias tóxicas, perpetuando a sua nocividade. Por todas essas razões, quando não se trata de uma reciclagem fantasma, e sim de uma reciclagem real, a reciclagem de resíduos perigosos deve sempre ser entendida como uma reciclagem suja.

Em virtude desses inconvenientes ambientais e ocupacionais, as crescentes restrições legais à reciclagem de substâncias tóxicas no mundo industrializado estavam levando ao fechamento de muitas das empresas de fundição secundária, que recuperavam metais como chumbo, estanho e zinco a partir da sucata e de pós metálicos. A indústria metalúrgica do mundo industrializado precisava, portanto, encontrar outros destinatários para os seus resíduos e os encontrou, com facilidade, na parte menos industrializada do planeta.

Em antigos países mineiros como Bolívia e Chile, ou em países sem reservas de certos minérios, como é o caso do Brasil em relação ao chumbo, havia uma pequena rede de fundições secundárias, operando em condições extremamente precárias de segurança ocupacional e ambiental. É esse setor que encontrará ofertas cada vez mais tentadoras de "matéria-prima" a baixo custo no mercado internacional, por vezes oferecidas a preços irrecusáveis. Contudo, suas condições de trabalho — operários sem equipamentos de proteção e assistência médica — e a ausência de quaisquer medidas de controle das emissões tóxicas — recursos hídricos contaminados, lixões a céu aberto, chaminés exalando espessas nuvens de fumaça — escandalizavam os europeus e norte-americanos, ao tomarem conhecimento, por meio da mídia, de que era assim que se "reciclavam" os resíduos tóxicos do mundo industrializado.

Na verdade, a reciclagem de resíduos tóxicos podia provocar ondas de indignação ainda maiores do que as simples operações de despejo final, como fora o caso do *Khian Sea*. Particularmente, causam-no mais indignação quando autoridades públicas ou representantes de indústrias do mundo desenvolvido defendem o "relativismo ambiental" ou assinalam certas vantagens da reciclagem de resíduos tóxicos para os países pobres, como a geração de empregos. Noel Brown, do Programa de Meio Ambiente das Nações Unidas, em entrevista ao The Environment Magazine, em 1991, declarou: "O que é tóxico para um país pode não ser para outro. Portanto, a toxicidade não é algo inerente a um produto ou ao seu manuseio. Alguns países em desenvolvimento importam resíduos tóxicos, dos quais extraem produtos valiosos." A revista comenta em seguida: "Mas Brown não foi capaz de dar nenhum exemplo."[6]

Pois se é correto que do ponto de vista social o que importa não é o risco *natural*, mas o risco *percebido*, os cidadãos do Primeiro Mundo, que já tinham desenvolvido certa consciência sobre os riscos relacionados com o manuseio de materiais tóxicos *percebiam* que milhares de pessoas nesses países pobres estavam expostas a perigos que elas ignoravam ou contra os quais não tinham condições de lutar. E rejeitavam claramente esse *relativismo ambiental*. Com o bom-senso ausente nas autoridades e acadêmicos, a opinião pública do mundo desenvolvido achava que o que fazia mal para indivíduos da espécie humana em uma parte do planeta também o faria para seus semelhantes em outra parte do mundo.

> O que se considerava NIMBY, contudo, não passava da sabedoria popular do "agir localmente", não significando obrigatoriamente a ausência de um "pensar globalmente". De fato, quase todos os grupos locais que hoje em dia estão lutando contra a instalação de aterros ou incinerado-

res nos países desenvolvidos engrossam uma chamada geral para um "não no pátio de ninguém", ou um NIABY, reconhecendo assim a verdadeira solução para a crise do lixo: o princípio da prevenção do lixo, ou da "Clean Production", em vez da geração de lixo, seguida do seu "despejo".[7]

O mais interessante é que todo esse afã do mundo desenvolvido em "reciclar", incinerar ou despejar seus resíduos tóxicos em outros países contrariava inteiramente suas novas políticas de lixo. Com efeito, as novas regulamentações adotadas pela Comunidade Europeia, pelos Estados Unidos, pela Organização para a Cooperação e Desenvolvimento Econômico e pelo Programa de Meio Ambiente das Nações Unidas defendiam a redução da geração de lixo como a melhor solução para o problema. Na chamada *hierarquia do lixo*, vinha em primeiro lugar a redução, depois a reutilização e, em seguida, a reciclagem. Em quarto lugar aparecia a incineração, considerada uma forma de recuperação parcial de energia e, somente em último lugar, o despejo.

Na prática, os governos desses países continuaram favorecendo o despejo final e, no máximo, subindo um andar na hierarquia, patrocinando a construção de incineradores. Nos anos 1980, centenas de incineradores foram construídos nos Estados Unidos e na Europa para queimar resíduos industriais, domésticos e hospitalares; e a maioria dessas obras, quando não foram feitas com recursos públicos, contaram com subsídios ou incentivos fiscais. Entrementes, nada se gastou com programas para reciclagem, nem muito menos em políticas de prevenção da geração de resíduos. Pior ainda, a construção de incineradores e aterros funcionava como desincentivo a programas de redução, reutilização e reciclagem, pois canalizava recursos públicos escassos para obras caras, e que exigiam grande quantidade de lixo para serem rentáveis.

Portanto, o problema da exportação de resíduos perigosos do mundo industrializado para o mundo menos industrializado apenas espelhava a vacilação das autoridades públicas em seguir um tratamento há longo tempo já prescrito, como apontava Jim Vallette, um dos coordenadores da campanha contra o tráfico de resíduos perigosos da Greenpeace: "A única solução real para o problema do lixo tóxico é reduzir o lixo na sua origem... impedir que ele seja produzido. O mundo precisa começar a pensar em soluções de longo prazo para a crise do lixo."[8]

O CAMINHO PARA A BASILEIA

À medida que se sucediam novos escândalos relacionados com o tráfico de resíduos perigosos para o mundo menos desenvolvido, os protestos cresciam. Em maio de 1987, o Comitê Permanente para a Comunidade Caribenha (Caricom), uma organização regional intergovenamental que inclui países banhados pelo Mar do Caribe, aprovou uma resolução na qual manifestava grande preocupação pelo fato de várias companhias norte-americanas se aproximarem de territórios caribenhos com o objetivo de aí despejar seu lixo industrial.

Em junho de 1987, o Conselho Diretor do Programa de Meio Ambiente das Nações Unidas havia decidido iniciar consultas sobre legislação internacional para controlar os impactos negativos do comércio internacional de resíduos perigosos. Houve cinco reuniões preparatórias até a reunião final, em Basileia, mas as negociações se aceleraram mesmo a partir da metade de 1988, quando outros fóruns regionais e internacionais também se somaram ao coro do Caricom, exigindo uma solução internacional para o problema.

Assim, em maio de 1988, a Organização da União Africana (OUA), que reunia todos os países africanos, menos Marrocos e África do Sul, declarou solenemente que "o despejo de resíduos nucleares e industriais na África era um crime contra a África e o povo africano"[9] e conclamou todos os países africanos a recusarem qualquer oferta de descarte de resíduos perigosos em seus territórios.

Em junho do mesmo ano, foi a vez da Comunidade Econômica da África do Leste protestar, e no mês seguinte, os representantes de 22 países dos Estados da Zona da Paz e Cooperação do Atlântico Sul adotaram uma declaração final condenando energicamente "a transferência de resíduos perigosos de outras partes do mundo para a região, o que traz sérias e danosas consequências para o ambiente na região do Atlântico Sul".[10]

Em agosto, se não fosse a forte pressão dos Estados Unidos, a Convenção de Cartagena, encarregada de proteger o meio ambiente marinho da região caribenha, teria designado um grupo de trabalho para elaborar uma minuta de um protocolo, visando proteger a região das importações de resíduos perigosos. Mesmo assim, a reunião da Convenção aprovou uma resolução conclamando os países da região a proibirem esse tipo de importação.

Na reunião de Kingston, da Convenção de Cartagena, a Greenpeace apresentou um relatório detalhado sobre a situação do tráfico de resíduos tóxicos na região e advertiu os países de que quanto mais tardassem em tomar uma atitude enérgica, mais o tráfico se intensificaria. Ainda em novembro de 1988, a reunião do Comitê Caribenho de Desenvolvimento e Cooperação, que foi sediado pela Comissão Econômica para América Latina e Caribe, nas Ilhas Virgens, condenou o despejo de resíduos perigosos em países em desenvolvimento e pediu que os países industrializados impedissem que tais exportações continuassem a ocorrer. E mesmo o FMI, em uma das suas reuniões intergovernamentais no ano de 1988, manifestou-se a favor de uma interrupção absoluta do uso dos países em desenvolvimento, como "paraísos da poluição", dispondo-se a prestar toda a ajuda possível nesse campo.

Proibir ou não proibir

Desde junho de 1988, a Greenpeace começara a participar das reuniões preparatórias para Basileia como "observadora oficial". A entidade propunha uma proibição plena das exportações de resíduos perigosos originados dos países desenvolvidos para os em desenvolvimento, contando com o apoio dos países africanos, da Dinamarca e de muitos outros países pertencentes ao chamado Terceiro Mundo.

O pressuposto do qual partia a entidade ambientalista era o de que a exportação de resíduos perigosos era prejudicial a todos os países nela envolvidos, tanto aos industrializados quanto aos menos industrializados. Os últimos, por razões óbvias, por arcarem com o passivo ambiental dos países industrializados, quando lhes faltavam os recursos técnicos, humanos e financeiros para tratar dos seus problemas mais urgentes. Para os países desenvolvidos, por outro lado, a possibilidade de exportar seus resíduos perigosos para o mundo menos desenvolvido funcionava como uma válvula de escape, adiando a adoção de uma política preventiva de geração de lixo, a única solução real para o problema. Além disso, a exportação de resíduos perigosos contrariava o princípio de que "o poluidor paga" e os princípios políticos de cooperação e solidariedade internacionais.

Do ponto de vista prático, a Greenpeace defendia uma proibição total de exportações, porque só esse gênero de medida seria eficaz, responsabilizando os países industrializados por evitar a saída de resíduos perigosos dos seus territórios. Como comprovara a entidade por meio de dezenas de investigações realizadas em países que foram vítimas dos comerciantes inescrupulosos, esses países em desenvolvimento careciam de recursos técnicos e administrativos para impedir o ingresso em seu território de resíduos não desejados. Por isso o gesto dos 45 países que já haviam proibido a importação de resíduos perigosos tinha apenas uma importância simbólica — deixar claro ao mundo qual era a sua intenção.

Do outro lado se perfilava o grupo de países liderados pelos Estados Unidos — Canadá, Alemanha, Inglaterra, Austrália, Nova Zelândia e Japão —, que se opunham firmemente a qualquer proibição no marco do convênio, aceitando apenas procedimentos para o controle desse comércio.

Seu principal argumento era o de que proibir a exportação de resíduos do mundo industrializado para os países em desenvolvimento se constituía em uma atitude *paternalista* e de desrespeito à soberania dessas nações, já que cabia a elas decidirem se queriam ou não receber resíduos perigosos. Articulado a esse argumento vinha o conceito do "relativismo ambiental", ou seja, de que aquilo que poderia ser percebido como uma substância tóxica por um povo poderia não sê-lo por outro. Uma outra maneira de professar esse relativismo era considerar que, embora se reconhecesse que certas substâncias eram de fato tóxicas, países menos desenvolvidos deveriam ter o direito de escolher entre eventuais danos à saúde e ao meio ambiente e benefícios advindos dessa reciclagem ou despejo final de resíduos tóxicos, como geração de emprego e renda. Seria interessante considerar se o termo "relativismo ambiental" não expressaria o contrário do que o seu nome quer dizer. Ao reconhecer que países podem ter critérios menos exigentes sobre a toxicidade de certos produtos — embora se saiba que bioquimicamente só há uma forma determinada da espécie humana reagir a certos contaminantes —, estamos diante de um etnocentrismo dos mais cínicos, que exige para si um grau de proteção à saúde e ao meio ambiente que nega a outras culturas, consideradas ambientalmente mais "atrasadas".

Como dispositivo legal para o convênio em negociação, esse grupo defendia a adoção do mecanismo conhecido como PIC — *prior informed consentiment* —, já adotado em outros fóruns internacionais, nos quais se procurava controlar o comércio de substâncias químicas e pesticidas de uso restringido ou proibido em alguns países. O conceito básico do

PIC é o de que antes de que se exporte um determinado bem para outro país, este deverá ser notificado da intenção do país exportador e dar, ou não, seu consentimento prévio à operação. Esse era o procedimento da legislação norte-americana para exportações de resíduos perigosos, embora as autoridades norte-americanas já reconhecessem que ele era ineficaz. Na maioria das vezes, faltava ao país importador capacidade técnica para avaliar a toxicidade de resíduos perigosos e os custos reais de curto e longo prazos daí resultantes para o país.

A Convenção da Basileia: março de 1989

O texto que será aprovado na última rodada de negociações não incluirá a proibição de exportação de resíduos perigosos dos países industrializados para os menos industrializados, para grande decepção do bloco favorável a esse dispositivo. Isso teria sido resultado da forte pressão exercida pelos países industrializados, em particular pelos Estados Unidos, Canadá, Inglaterra e Alemanha. Como declarou a Greenpeace, ela teria assistido, como observadora, *"à sistemática eliminação das salvaguardas ambientais da convenção, por parte dos países industrializados"*.[11]

É fácil perceber o quanto o resultado final havia decepcionado a maioria dos participantes pelas declarações feitas no momento da aprovação do texto. Grande parte dos países menos industrializados pediu a palavra para manifestar seu desagrado quanto à timidez dos dispositivos aprovados, que não se constituíam em uma proteção efetiva contra o tráfico de lixo tóxico. Os países africanos decidiram não assinar a convenção enquanto ela não incluísse uma proibição para exportações de resíduos perigosos com destino aos países menos desenvolvidos.

As principais críticas ao texto final aprovado em Basileia podem ser resumidas nos seguintes pontos:

1) O resultado final não foi democrático, porque a maioria dos países queria uma proibição de exportação de resíduos perigosos para o mundo menos industrializado, mas o que predominou foi a posição de uma minoria de países mais influentes política e economicamente.
2) O PIC é um mecanismo ineficaz para impedir a exportação de resíduos perigosos para o mundo em desenvolvimento, pois ele ig-

nora as desigualdades políticas, econômicas, burocráticas e técnicas que diferenciam o Norte do Sul. Essas desigualdades podem levar países menos desenvolvidos a consentirem com a importação de resíduos perigosos, porque são pressionados pelos países centrais dos quais dependem, ou porque lhes falte competência técnica e burocrática para identificar os danos ambientais e fiscalizar essas operações.

3) Manter aberta a solução barata da exportação de resíduos perigosos para o mundo em desenvolvimento era um desincentivo à adoção de uma política de prevenção da geração de resíduos perigosos, ou seja, a primeira das alternativas na chamada "hierarquia do lixo", a única política que se poderia definir como realmente ambientalmente adequada.

4) A convenção não aprovou nenhum protocolo de responsabilidade legal, embora reconhecesse a responsabilidade do país exportador por trazer de volta e indenizar países e populações vítimas de tráfico ilegal, considerado para efeitos da convenção, tráfico criminoso. Isso fazia com que a convenção se tornasse um mero código de conduta, ficando sua implementação real a depender da boa vontade dos países.

Por trás do resultado final e das críticas a ele feitas, é possível discernir duas questões de fundo, em torno das quais se dividia o conjunto dos países em dois blocos: a favor e contrários à proibição.

A primeira questão de fundo tem a ver com o que deveria ser considerado uma política ambientalmente adequada de manejo de resíduos perigosos. De um lado, a velha noção de que se deveria continuar utilizando substâncias tóxicas na produção e consumo de diversos bens, dada a capacidade de absorção dessas substâncias pelo planeta, caso elas fossem devidamente diluídas e absorvidas em "níveis aceitáveis". Com base nessas premissas, o manejo ambientalmente adequado seria aquele que utilizasse a tecnologia mais avançada para promover a dispersão desses poluentes e mantê-los dentro das doses de exposição consideradas inócuas. Coerente com essa concepção, a Convenção da Basileia apenas deveria controlar o comércio de resíduos perigosos, fazendo com que ele ocorresse somente onde o importador possuísse a tecnologia necessária a um "manejo ambientalmente apropriado dos resíduos perigosos".

Contrariando essa visão, emergia a concepção de produção sustentável, a *Clean Production*, que considerava necessário eliminar as substâncias tóxicas do circuito de produção e consumo como a única forma de prevenir danos graves e irreversíveis ao meio ambiente e à saúde, pois não há como se saber qual é a "capacidade de absorção" dos ecossistemas e da saúde humana e animal para essas substâncias. Para aqueles que pensavam dessa forma, como a Greenpeace e o corpo de funcionários que desenhava a política ambiental para a Dinamarca, o comércio de resíduos perigosos deveria ser gradualmente reduzido, até ser inteiramente eliminado, porque a própria produção de bens que utilizassem substâncias perigosas deveria ser paulatinamente eliminada. A proibição das exportações de resíduos perigosos do mundo industrializado para o mundo em desenvolvimento, além da sua óbvia motivação ética, era a forma de acelerar esse movimento em direção à *Clean Production*, na medida em que fechava a última válvula de escape para os geradores de lixo perigoso do mundo desenvolvido e os colocava como responsáveis pela crise do lixo que eles mesmos vinham provocando.

Em reforço a esse argumento, era possível invocar alguns dos parágrafos constantes do Preâmbulo da Convenção, nos quais se delineavam claramente a política de prevenção da geração de resíduos perigosos como a política ambiental correta, o princípio do "poluidor paga" e os conceitos básicos da "política do 3 Rs":

> "Atentos também a que o modo mais efetivo de proteger a saúde humana e o meio ambiente dos perigos colocados por tais resíduos é a redução de sua geração até um mínimo em termos de quantidade e/ou potencial perigosos;"
>
> (...)
>
> "Convencidos de que resíduos perigosos e outros resíduos deveriam, tanto quanto isso for compatível com o manejo ambientalmente adequado e eficiente, ser despejados nos Estados onde eles foram gerados;"
>
> (...).
>
> "Conscientes da necessidade de se continuar a desenvolver e implementar tecnologias ambientalmente adequadas geradoras de poucos resíduos, opções de reciclagem, boa manutenção e sistemas de manejo visando reduzir a um mínimo a geração de resíduos perigosos e outros resíduos."[12]

Mas os defensores da posição anterior, favoráveis ao uso de tecnologias de controle para lidar com substâncias tóxicas e consequentemente favoráveis à exportação de resíduos perigosos, desde que esses fossem tratados no país importador de forma "ambientalmente adequada" também poderiam encontrar abrigo para suas concepções dentro do texto da Convenção. Assim, dentro do seu art. 4, que trata das obrigações gerais das partes, no § 9, podemos encontrar entre as condições segundo as quais os países poderiam permitir o comércio de resíduos perigosos, a situação em que: *"b) Requer-se os resíduos em questão como matéria-prima para indústrias de reciclagem ou recuperação nos países de importação."*[13]

Além disso, a Convenção utiliza a torto e a direito expressões como "despejo ambientalmente adequado de resíduos perigosos" ou "manejo ambientalmente adequado" de resíduos perigosos, expressões que entram em franca contradição com a concepção de *Clean Production*, pois o despejo final ou a reciclagem e recuperação de substâncias tóxicas sempre implicam em danos ao meio ambiente e à saúde, já que não há uma fórmula mágica capaz de eliminar tais substâncias ou neutralizar suas propriedades nocivas.

A verdade é que o texto da convenção, fruto da árdua negociação, é propositalmente ambíguo para satisfazer às duas concepções distintas de políticas em relação aos resíduos perigosos. Da mesma maneira, acomoda as divergências em torno da questão da soberania nacional *versus* o direito ambiental dos povos. Uma das razões para opôr-se à proibição do comércio de resíduos perigosos era o argumento de que uma proibição aprovada em um acordo internacional desrespeitaria o direito de qualquer Estado de decidir livremente se desejaria ou não receber resíduos perigosos.

Enquanto um lado argumentava dessa forma, o outro questionava a legitimidade dos Estados para negarem ou restringirem o direito a um meio ambiente saudável para seus cidadãos, cidadãos de outros países e futuras gerações. Trata-se, na verdade, da mesma discussão que Hannah Arendt levanta quanto ao fundamento dos direitos humanos. Embora a História ocidental tenha associado estreitamente a noção dos direitos humanos à cidadania nacional, por meio das revoluções norte-americana e francesa, o desafio da democracia é considerar que os homens tenham "direito a esses direitos" por serem homens, e não por serem cidadãos de um determinado país. Pois os países podem desrespeitar os direitos humanos de seus cidadãos, e também há pessoas que podem ser roubadas de sua cidadania e com isso não ter um Estado que as proteja, como os apátridas.[14] Como indicava a Greenpeace, ao criticar o mecanismo do *prior informed consentiment* (PIC):

> ...é preciso ser realista em política. Os mecanismos do PIC não podem garantir a democracia ambiental e a representação legítima. Aqueles que são informados não são necessariamente aqueles com maior probabilidade de ser vitimados pelos resíduos e, da mesma maneira, o consentimento não é necessariamente dado por aqueles que serão os mais prejudicados.[15]

Além disso, todos os acordos internacionais desde a Conferência de Estocolmo sobre ambiente humano tiveram de reconhecer os limites à soberania nacional impostos pela natureza da questão ambiental. A importação de resíduos perigosos pode afetar não só a população e os ecossistemas de um só país, como os países vizinhos, ou os que compartilham bacias hidrográficas e aqueles por onde transitam os resíduos até o seu destino final. Mas, ao mesmo tempo, a Conferência de Estocolmo atribuía a cada país o direito de definir sua política ambiental, e a Convenção da Basileia não avançará nesse terreno ao continuar a usar expressões vagas como "ambientalmente correto" ou "os passos práticos necessários para evitar danos ao meio ambiente e à saúde".

Podemos recorrer à classificação proposta por Viola e Leis, para melhor entender os pressupostos das posições dos diferentes países dentro dos dois blocos pró e contra a proibição. Se Estados Unidos e Canadá podem ser classificados como *globalistas predatórios,* a Alemanha certamente era uma *nacionalista sustentabilista.* O principal argumento do seu ministro do Meio Ambiente, Klaus Töpfer, para se opor a uma proibição, era o de que a Alemanha não deveria impor aos países em desenvolvimento seus padrões e políticas do meio ambiente altamente exigentes. O Canadá, ao contrário, principal destinatário dos resíduos perigosos dos Estados Unidos, organizara um poderoso *lobby* com as suas indústrias que processavam esses resíduos para garantir a continuação dessas importações. A Inglaterra e a França, da mesma forma, haviam se especializado no tratamento de certos resíduos perigosos, como a incineração de PCBs e lixos hospitalares, e defendiam tais atividades como atividades rentáveis e justificáveis. Entre os países industrializados, o único que mereceria a classificação de globalista sustentabilista teria sido a Dinamarca, pelo menos nessa primeira fase.

As razões que levaram os países em desenvolvimento a se posicionarem favoravelmente a uma proibição não passavam, na maior parte dos casos, por qualquer concepção sustentável de desenvolvimento. Tratava-se, simplesmente, de proteger seu território dos danos ambientais e à saúde de suas populações que tais resíduos perigosos poderiam causar. Particularmente no caso africano e centro-americano, em que a industrialização era muito incipiente, desconheciam-se a maior parte desses resíduos perigosos, seus eventuais danos e a maneira como se devia lidar com eles. Isso explica, inclusive, que em meado dos anos 1980, países africanos tenham cogitado seriamente aceitar contratos milionários para receber resíduos perigosos. A Guiné Bissau, por exemplo, recebera uma proposta de acolher resíduos perigosos durante cinco anos, em troca de uma soma de dinheiro que equivalia a quatro vezes o seu PNB, proposta que só foi recusada definitivamente após as pressões de seus colegas africanos, na reunião da Organização da União Africana, em junho de 1989.

A percepção de que os países industrializados abusavam da sua ignorância e despreparo técnico para impingir-lhes seu lixo tóxico evidentemente reavivava a consciência anti-imperialista de povos até recentemente colonizados, e reforçava-lhes a solidariedade. Não é à toa que o continente africano era o que opunha a resistência mais tenaz à pressão europeia e norte-americana e, ainda que composto de países tão frágeis isoladamente, transformava essa fragilidade em fortaleza, por meio de uma solidariedade africana inquebrantável.

No entanto, ao encontrar o forte apoio das ONGs ambientalistas do Norte, os países em desenvolvimento, e em especial os países africanos, abriram-se para a questão ambiental. Além de lhes brindar consultoria técnica, as ONGs usavam sua penetração junto à mídia dos países industrializados para defender a causa dos países em desenvolvimento. Uma sólida aliança se estabelecera nesses primeiros anos da Convenção da Basileia, que perdurará por todos os anos seguintes.

Do ponto de vista dessas entidades ambientalistas e de grande parte dos países em desenvolvimento, o texto final da Convenção fora, portanto, uma grande decepção. Ao contrário das expectativas, a ausência de um protocolo de responsabilidade legal e a adoção do mecanismo do PIC, a seu ver, geravam uma situação ainda mais perigosa do que a anterior. De fato, obtido o consentimento prévio por parte de um país em desenvolvimento para a importação de resíduos perigosos, o que poderia ocorrer dada à desinformação, ou desorganização e ainda corrupção da burocracia responsável, o país importador via-se impedido de demandar reparo ou indenização pelos danos causados, já que todas as exigências legais teriam sido preenchidas. Por isso, enquanto transcorria a solenidade de encerramento, do lado de fora do prédio onde se realiza o encontro, a Greenpeace pendurava uma enorme faixa na qual se lia: A CONVENÇÃO DA BASILEIA LEGALIZA O TERRORISMO TÓXICO!

A BATALHA PELA PROIBIÇÃO DA BASILEIA

À saída da reunião de assinatura da Convenção da Basileia, a estratégia dos próximos dois anos da Greenpeace já estava sendo delineada: deixar a Convenção da Basileia em um segundo plano e investir no estabelecimento de "proibições regionais". Com base no convite dos países africanos para que a Greenpeace assistisse a uma próxima reunião da OUA sobre a questão do tráfico de resíduos perigosos, a entidade concebeu a sua estratégia de "cerco de Basileia por meio de proibições regionais". A ideia era aprovar proibições à exportação de resíduos perigosos oriundos dos países industrializados para países em desenvolvimento, em fóruns regionais nos quais estes últimos fossem majoritários, de modo a se chegar à primeira reunião da Convenção da Basileia, com um sólido bloco de países dispostos a brigar por uma proibição.

Assim, o trabalho junto aos países menos industrializados, em particular a África, se tornava prioridade.

As primeiras proibições regionais

A primeira proibição regional a ser obtida, no entanto, ocorreu na Assembleia Conjunta da ACP/CEE, em dezembro de 1989. A ACP é uma organização que reúne 69 países da África, Caribe e Pacífico, anteriormente colônias de metrópoles europeias e os doze países europeus que, à época, constituíam a Comunidade Econômica Europeia. O objetivo dessas assembleias conjuntas periodicamente realizadas é o de assinar acordos que promovam os laços econômicos, políticos e culturais entre antigas metrópoles e colônias, visando ao desenvolvimento destas últimas.

Na sua assembleia de 1989, portanto, graças à sua maioria numérica, os países ACP conseguiram incluir no acordo assinado, que veio a se chamar de Lomé IV, um artigo que proibia os 12 países europeus de exportarem resíduos perigosos e radioativos para qualquer um dos 69 países, durante os próximos dez anos. Na mesma ocasião, os países ACP concordaram em não aceitar resíduos perigosos que viessem de qualquer outros países não membros da Comunidade Econômica Europeia.

O acordo de Lomé IV abriu um extraordinário precedente, pois comprometera alguns dos maiores exportadores de resíduos perigosos europeus, como a Alemanha e a Inglaterra, com a causa da proibição. Isso permitiu que a Greenpeace fizesse um apelo à Comunidade Econômica Europeia para igualmente proibir a exportação de resíduos perigosos para os demais países menos industrializados, não pertencentes à ACP, pois "não faz sentido proteger alguns dos nossos vizinhos mundiais, enquanto permitimos que se continue a despejar lixo em outros", declarava Jim Puckett, coordenador da Greenpeace na Europa para a campanha de tráfico de resíduos tóxicos, referindo-se aos outros 78 países menos industrializados, que não pertenciam à ACP. O acordo de Lomé IV, no entanto, precisava ser aprovado pelo Parlamento europeu, para que pudesse entrar em vigor. Isso aconteceu sem dificuldades, em maio de 1990. A rigor, o Parlamento europeu nunca estivera de acordo com a Comissão Europeia na questão da exportação de resíduos perigosos para o mundo em desenvolvimento. Com efeito, dois meses depois da assinatura da Convenção da Basileia, o Parlamento europeu aprovou, em maio de 1989, a proibição irrestrita às exportações de resíduos perigosos para os países em desenvolvimento, ao mesmo tempo que recomendava uma maior ênfase na reciclagem e redução na fonte da geração de resíduos. Embora as decisões do Parlamento não fossem legalmente vinculantes, seu significado político era evidente.[16]

Enquanto isso, avançavam as negociações da OUA para elaborar um tratado que proibisse o ingresso de resíduos perigosos na África. Logo após a assinatura da Convenção da Basileia, a reunião da OUA, em julho de 1989, decidiu constituir um grupo de trabalho para elaborar uma minuta de um acordo africano sobre comércio de resíduos perigosos. Em seguida a três reuniões de trabalho, nas quais a Greenpeace participou como convidada especial, o grupo apresentou o texto final, que foi aprovado em 29 de janeiro de 1989 em Bamako, Mali.

A Convenção de Bamako para a Proibição da Importação para África e o Controle de Movimentos Transfronteiriços e Manejo de Resíduos Perigosos Dentro da África continha uma série de inovações em relação à da Basileia. Além de incluir a proibição total às importações de resíduos perigosos para a região, a convenção proibia igualmente a importação de resíduos radioativos e daqueles produtos que haviam sido proibidos para uso nos seus países de manufatura.

Essa última categoria de comércio proibido — produtos que houvessem sido proibidos, ou tivessem seu registro cancelado ou recusado pelas autoridades dos países em que eles fossem fabricados, ou ainda que tivessem seu registro voluntariamente retirado por seus produtores em virtude de razões ambientais ou de saúde — se referia, particularmente, a pesticidas, inseticidas e herbicidas. Com efeito, a Greenpeace já vinha denunciando há algum tempo esta outra forma de tráfico contrário à preservação do meio ambiente e da saúde globais, que era a permissão para que se continuasse a fabricar produtos já condenados por seus inconvenientes ambientais, com o único fito de exportá-los para países onde não houvesse as mesmas restrições. Assim, vários agrotóxicos, cujo uso estava proibido ou severamente restringido nos Estados Unidos, tinham licença para continuar a serem produzidos apenas para a exportação. Isso provocava um efeito bumerangue, pois estes iam ser empregados nos países menos industrializados, em cultivos de exportação, que assim retornavam à mesa dos norte-americanos, caracterizando o que os ambientalistas chamavam de *o círculo do veneno*.

Pior ainda, algumas das exportações de agrotóxicos, que estavam sendo feitas do mundo industrializado para aquele em desenvolvimento, envolviam produtos já proibidos e prestes a vencer. Por vezes realizadas como doações, ou financiadas a créditos extremamente baixos pelo Banco Mundial e a Organização para a Agricultura e a Alimentação (FAO), em pouco tempo os países em desenvolvimento se descobriam possuidores de estoques de pesticidas vencidos, com os quais não sabiam o que fazer.

Resistindo à proibição

Enquanto isso, no fronte dos países industrializados, não se sinalizavam muitos progressos. A comunidade europeia estava revendo sua regulamentação referente ao transporte de resíduos perigosos, visando incorporar as decisões por ela assumidas na Convenção da Basileia e no acordo Lomé IV. Embora citasse em seu preâmbulo as metas de "redução da geração de resíduos" e a de "autossuficiência no manejo de seus próprios resíduos", o que vinha em seguida não garantia em nada esses objetivos. Continuava-se permitindo a exportação de resíduos perigosos para países menos industrializados; não se incentivavam os países-membros a proibirem a exportação e importação de resíduos perigosos entre eles, tão longo atingissem a tal "autossuficiência" e, além de tudo, se introduzia uma nova classificação para resíduos perigosos, dividindo-os entre aqueles destinados à disposição final e aqueles destinados à reciclagem ou "emprego posterior".

Do ponto de vista ambiental e de saúde, a toxicidade de um resíduo não se altera pelo fato de ele ser despejado em um aterro ou reciclado. Assim, esse novo critério de classificação podia ser visto como pretexto para tratar de forma menos exigente resíduos perigosos que fossem destinados à reciclagem. Isso era extremamente preocupante, pois àquela altura dos anos 1990, a maioria dos traficantes de resíduos perigosos alegava que estes estavam sendo exportados para reciclagem ou recuperação, de forma a disfarçar seu real caráter.

Essa mesma tendência dos países industrializados a deixar abertas válvulas de escape para a exportação de seus resíduos perigosos se confirmaria mais tarde, no fim do ano de 1991, quando a Organização para a Cooperação e Desenvolvimento Econômico (OCDE) aprovou sua nova política referente aos movimentos transfronteiriços de resíduos perigosos. Reclassificando-os de acordo com maior ou menor perigo de derrame, acidente ou dispersão, e não em relação à toxicidade, os resíduos perigosos foram divididos em três categorias — "verde, amarela e vermelha". A primeira delas, a verde, não exigiria controles especiais para importação ou exportação, dado seu baixo nível de risco. Essa categoria, contudo, incluía pós metálicos, sucatas e lodos que contivessem metais tóxicos como chumbo, cádmio, arsênico, mercúrio etc. Pelos critérios de Basileia, no entanto, esses eram resíduos perigosos.

A Greenpeace preparou um excelente estudo ironicamente entitulado *"When Green is not"*, no qual analisava várias empresas europeias que produziam esses resíduos, em particular, fundições secundárias. Em todas elas a Greenpeace constatava sérios problemas na disposição final desses resíduos, muitas delas sendo por isso multadas e fechadas pelas autoridades de seu país. Portanto, esses resíduos constituíam-se, de fato, em um problema ambiental e nada justificaria a sua classificação como verde, a não ser a intenção de mascarar a sua periculosidade, a fim de facilitar a sua exportação.

A força das imagens

Se o ano de 1989 foi dedicado com sucesso à elaboração de proibições regionais, como as de Lomé IV e Bamako, os anos 1990 e 1991 marcarão a investigação e denúncia da Greenpeace contra os "esquemas" — casos de exportação de resíduos perigosos do mundo industrializado para o mundo em desenvolvimento.

Até então, a experiência extremamente bem-sucedida da Greenpeace com a mídia tinha se desenrolado nas águas. As imagens que irradiava pelo mundo envolviam navios e barcos infláveis tentando impedir testes nucleares, caça às baleias, despejo de resíduos nucleares e tóxicos no mar.

Mas o material do comércio de resíduos perigosos não se prestava a esse tratamento. Embora a campanha contra a poluição química e a incineração já viesse experimentando outras imagens — bloqueio de canos de descarga de empresas, escalada de chaminés de fábricas e ocupação pacífica de instalações fabris — foi necessária enorme criatividade para criar essa peça de comunicação que foram os "casos" ou "esquemas". Estes consistiam numa reportagem em vários capítulos, que se iniciava com uma investigação *in loco* para descobrir a verdadeira origem de resíduos perigosos exportados para países em desenvolvimento, os comerciantes envolvidos nessa operação, os pretextos e falsificações utilizados para enganar autoridades e a coleta de amostras para análise da composição química.

Em seguida à divulgação inicial do caso pela imprensa, a Greenpeace iniciava sua campanha pelo *return to sender*, ou seja, a devolução dos resíduos ao país de origem. Feita simultaneamente em dois pontos terminais, no país de origem e no país vítima, essa campanha mostrava didaticamente por quais razões os resíduos perigosos iam parar no mundo menos desenvolvido. As imagens de barris vazando líquidos malcheirosos em pátios abandonados, crianças descalças e populações miseráveis em torno desses tonéis, ao lado de autoridades locais solicitando ajuda técnica para tratar do problema, explicavam melhor que qualquer texto, ao público dos países industrializados, a necessidade de uma proibição das exportações de resíduos perigosos para países pobres.

A Greenpeace só considerava um caso inteiramente concluído no momento em que os resíduos tóxicos eram reenviados ao país de origem, tendo seu bota-fora devidamente comemorado no porto de saída, e sua chegada no porto de destino, igualmente recepcionada. Embora muitos países exportadores não os quisessem receber de volta, por alegarem que a exportação havia sido feita dentro dos marcos legais, frequentemente decidiam-se pelo *return to sender* como a única maneira de serem esquecidos pelos jornais, ainda que isso significasse uma última aparição.

No ano de 1989, um dos casos mais curiosos investigados pela Greenpeace foi o das Ilhas Marshall, que haviam recebido a oferta de duas companhias interessadas em importar resíduos perigosos dos Estados Unidos para os mais variados e absurdos pretextos, como aquele de elevar o nível de suas terras, evitando sua submersão pelo aquecimento global. A investigação descobriu que esses "empresários" não passavam de falsários comuns, com várias passagens pela polícia norte-americana.

O ano de 1991 foi o ano da Alemanha. Desde a queda do Muro, a Alemanha Ocidental perdera o seu lixão preferido, que era a própria Alemanha Oriental, ao mesmo tempo que ganhara a obrigação de limpar e fechar os aterros e incineradores precários das suas novas províncias alemãs. Isso fez com que os ex-países socialistas do Leste Europeu, muitas vezes imersos em profundas crises institucionais e econômicas, se tornassem o novo destino preferencial das exportações alemãs de resíduos perigosos.

Como a Alemanha era um daqueles países pertencentes ao núcleo firme dos países industrializados que mais se opunham a uma proibição em Basileia, a Greenpeace decidiu atacá-la com vigor. A história da exportação do inseticida Melipax, altamente tóxico, cuja fabricação foi suspensa logo após a unificação da Alemanha, foi o primeiro desses grandes casos. Durante o ano de 1990, dezenas de barris foram descarregados de um trem, assim que cruzaram a fronteira do país, aí ficando até serem descobertos. Investigações posteriores vieram mostrar que as próprias autoridades provinciais alemãs tinham alguma responsabilidade no episódio, por terem classificado os resíduos perigosos como "mercadorias econômicas", e com isso ajudado a burlar a atenção das autoridades romenas.

De início, no entanto, o governo alemão se recusava terminantemente a reconhecer qualquer responsabilidade, alegando que se tratara de uma operação que contara com a autorização de ambos os países — Alemanha e Romênia. Mas, como sempre, as imagens foram mais convincentes. A cena de barris oxidados e vazando, jogados em um pátio de um pobre aldeia de uma país inteiramente convulsionado pela crise político-econômica e institucional do fim do socialismo, reclamava outro tipo de resposta do poderoso ministro do Meio Ambiente da Alemanha Federal, que decidiu mandar que se recolhessem os barris. Klaus Töpfer era, à época, ministro do Meio Ambiente da Alemanha. Até a 2ª Reunião da Convenção da Basileia, em 1994, foi um enérgico opositor da proibição das exportações de resíduos perigosos para o mundo menos industrializado. Sua justificativa era a de que tal proibição teria caráter paternalista, pois não caberia aos países industrializados dizer o que os outros países deveriam fazer. Uma interessante análise das razões pelas quais Klaus Töpfer modifica sua posição foi apresentada por Mercer. Em sua tese, ele sustenta que foi a pressão moral, vinda da opinião pública, graças à campanha ambientalista, que forçou Töpfer a mudar de posição. Posteriormente Töpfer viria a se tornar o presidente do Programa de Meio Ambiente das Nações Unidas, PNUMA, e um dos mais fortes defensores da proibição da Basileia.

O caso da Albânia rendeu repercussão midiática mais visível. Um total de 400 tonéis com pesticidas e herbicidas foram enviados à Albânia como "ajuda humanitária", em fins de 1991. Eles tinham sido produzidos por uma fábrica na ex-Alemanha Oriental, que fora fechada depois da unificação com a Alemanha Ocidental. Nesta última, ele não mais era permitido e, portanto, não poderia ser vendido. Os barris foram postos em um vagão de trem abandonado, próximo a uma aldeia albanesa. Houve quem roubasse tonéis para vendê-los ou utilizá-los no transporte de água. As autoridades albanesas pediram ajuda às autoridades alemãs, que se escusaram mais uma vez, com o argumento de que a operação fora inteiramente legal. Liderada por Andreas Bernstorff, jornalista e antigo ativista de 68, a Greenpeace desenvolveu uma campanha para que a Alemanha trouxesse de volta seu lixo tóxico, obtendo inclusive a concordância da comissão ambiental da Comunidade Econômica Europeia. A Alemanha resistira até 1994, quando finalmente aceitou retomar os tonéis. O custo dessa resistência foi permanecer sob os holofotes da mídia nacional, francamente indignada com o episódio e que, aos poucos, conduziria a opinião pública alemã a definir-se favoravelmente a uma proibição das exportações de resíduos perigosos para o mundo menos desenvolvido.

Nova frente: a América Latina

No ano de 1991, a campanha passou a denominar-se Hazardous Export/Import Project (HEIP), tendo recebido novas adesões vindas dos recém-abertos escritórios da Greenpeace na América Latina. Na verdade, o escritório argentino havia surgido independentemente, em 1987, a partir de um grupo de voluntários, e sua primeira campanha foi contra a importação, produção e uso de pesticidas considerados extremamente tóxicos, a chamada "Dúzia suja".[17]

Em 1991, o projeto América Latina estava em curso. A Greenpeace International decidira abrir vários escritórios na região, visando equilibrar o que até agora era um perfil marcadamente do Norte. Além do escritório argentino, portanto, inauguram-se escritórios na Cidade da Guatemala, com a função de representar todos os países do istmo, um escritório na Cidade do México, outros dois no Rio de Janeiro e São Paulo e um último em Santiago do Chile.

Os novos escritórios foram imediatamente incorporados à campanha contra o comércio de resíduos perigosos. Na verdade, desde que Lomé IV e Bamako foram aprovados, o comércio de resíduos perigosos estava se deslocando dos países caribenhos e africanos para aqueles onde não houvesse legislação proibitiva.

Na América Central, a Greenpeace registrou 39 tentativas de exportar resíduos perigosos para a região, entre 1989 e 1992. A maioria dessas "ofertas" vinham dos Estados Unidos, constituindo-se de resíduos industriais ou domésticos, como cinzas de incineradores, ou ainda pneus usados. Os pretextos mais comuns eram a construção de incineradores para eliminação do lixo urbano, nos quais os resíduos importados seriam usados como combustíveis e ainda utilizados na pavimentação de estradas, tijolos para moradias populares e fertilizantes. O escritório guatemalteco trabalhou arduamente para convencer as autoridades dos sete países da região a elaborarem um acordo regional de proibição, semelhante ao de Bamako. O acordo acabou sendo firmado em dezembro de 1992, quando já transcorria a I reunião da Convenção da Basileia, no Uruguai.

No México a realidade era bastante diferente da centro-americana. Na fronteira entre México e Estados Unidos, as indústrias maquiladoras aproveitavam-se não só da mão de obra mais barata, como também da inexistência de regulamentações ambientais, deslocando para lá as indústrias mais poluentes. Aí não se tratava de reciclagem fantasma, mas sim de reciclagem suja. Visando diminuir o problema, o governo mexicano assinou um acordo com Estados Unidos, em que este último país se responsabilizava por reimportar os resíduos perigosos que sobrassem em suas indústrias em território mexicano. Na prática, esse acordo não saiu do papel, dada a incapacidade das autoridades mexicanas para implementá-lo.

Em 1992, investigações levadas a cabo em uma dessas indústrias mexicanas, considerada das mais modernas, a Zinc Nacional, em Monterrey, revelava um quadro alarmante. A indústria, que reciclava pós metálicos de siderúrgica, importados dos Estados Unidos e da Europa, havia contaminado os córregos locais com chumbo, cádmio e zinco, além de utilizar os resíduos do seu processo para fazer tijolos, que em seguida distribuía à população local. A Greenpeace do México batalhava, portanto, para a aprovação de uma lei que proibisse a importação de resíduos perigosos. No entanto, dadas as avançadas negociações para o Acordo de Livre-Comércio, as resistências internas eram imensas.

Mas a distância geográfica dos centros de origem de resíduos perigosos não constitua garantia alguma, como mostrava o caso argentino. Uma firma francesa oferecera um contrato milionário à província da Patagônia para ali construir um depósito para rejeitos radioativos, e outras ofertas continuavam a pipocar. Além disso, por serem fim de rota de navios, tanto Buenos Aires como Montevidéu descobriam frequentemente em seus armazéns portuários contâineres com resíduos tóxicos, dos quais tanto os destinatários quanto os remetentes eram fictícios. Os protestos públicos liderados pela Greenpeace argentina acabaram levando o Congresso argentino a aprovar uma lei proibindo a entrada de resíduos perigosos, em dezembro de 1991.

Antes de abandonarmos o Cone Sul, vale registrar que a Greenpeace alemã havia descoberto uma troca de correspondência entre autoridades paraguaias e um antigo cônsul alemão na região, nas quais se discutia o envio de resíduos perigosos alemãs para o Paraguai. Esses envios nunca puderam ser inteiramente esclarecidos à época, dadas as dificuldades criadas pelas autoridades governamentais e militares, estreitamente ligadas aos grupos que operavam todos os tipos de contrabando e comércio ilegal na região. Também os Estados Unidos tentaram enviar o lixo doméstico da cidade de Nova York para ser utilizado como fertilizante de solo. A oferta era tentadora, e por isso chamou a atenção da população local, o que fez com que o governo acabasse rejeitando a proposta.

O caso brasileiro assemelhava-se ao mexicano. Como o Brasil não possui reservas de chumbo, a recuperação de chumbo presente em resíduos é economicamente vantajosa. Por isso, uma dúzia de fundições secundárias costumava recuperar o chumbo de baterias de carro usadas, que eram importadas dos Estados Unidos, para reaproveitá-lo na fabricação de baterias novas. Essas empresas funcionavam em condições absolutamente precárias, com as carcaças quebradas de baterias expostas a céu aberto, os efluentes líquidos das fábricas contaminando a rede hídrica com chumbo, cádmio e arsênico e expondo seus trabalhadores à contaminação mais intensa, uma vez que a estes não eram dados quaisquer equipamentos de proteção.

Investigações realizadas pela Greenpeace em 1991 em duas dessas fundições em São Paulo, vão revelar que ambas as empresas despejavam enormes quantidades de chumbo e outros metais pesados junto com seus efluentes, além de responderem a centenas de processos na justiça do trabalho, por não pagarem indenizações a seus trabalhadores, não respeitarem as normas de segurança e os acordos sindicais.

Outro tipo clássico de reciclagem suja no Brasil eram as importações de resíduos metálicos perigosos, para deles se extrair alguns metais como zinco ou cobre a serem empregados na fabricação de fertilizantes. O esquema burlava o controle das autoridades holandesas e brasileiras, ao falsificar a descrição da carga. A indústria Produquímica, em Ribeirão Pires, em São Paulo, vinha fazendo as importações regularmente, até que a Greenpeace holandesa, em 1989, ao analisar uma carga que estava prestes a sair do porto de Roterdã, constatou a falsificação. No mesmo momento descobriu-se que outro navio, carregando carga semelhante para a mesma indústria, já estava chegando ao porto de Santos. A Greenpeace avisou a entidade ambientalista brasileira Oikos, e apurou-se que, embora fosse legal a importação daquele tipo de resíduo, a empresa Produquímica não possuía licença para processá-lo, em virtude de vir funcionando irregularmente e já ter recebido várias multas e autuações da Cetesb.

Aliás, por situar-se em área de manancial, a empresa estava intimada pela Cetesb a se transferir para outra região, mas vinha postergando a mudança, já há algum tempo. Anos depois, uma explosão na fábrica iria matar dois operários e ferir gravemente outros, determinando finalmente que a Cetesb e a Vigilância Sanitária fechassem a fábrica, que continuava funcionando na área de manancial. Uma ordem judicial obtida pelas entidades ambientalistas impediu o desembarque da carga, que acabou retornando a Roterdã.

O caso Produquímica também serviu de exemplo aos países industrializados do quanto podia ser contraproducente permitir exportações de resíduos perigosos para o mundo em desenvolvimento. As autoridades holandesas tentaram retornar a carga ao Brasil, mas o fato da Produquímica não ter autorização para processar aquele tipo de resíduos e a descrição da carga ter sido falsificada na Holanda tirou-lhes qualquer chance legal. A Holanda tentou, então, que a Itália e a Dinamarca, de onde haviam provindo os resíduos, os aceitassem de volta. Ambos os países se recusaram, alegando que a carga havia sido misturada com outros resíduos, sobre os quais não queriam assumir responsabilidades. Enquanto isso, a empresa holandesa que fora responsável pela exportação para o Brasil recebia enormes multas, nunca pagas, por não retirar a carga depositada em um armazém do porto de Roterdã. Mas o Brasil também estava sendo alvo de propostas de reciclagem fantasma.

Em 1991, uma firma norte-americana propunha construir dois incineradores para lixo doméstico, gerar eletricidade a preços módicos, empregar centenas de trabalhadores na coleta de lixo e promover programas de educação ambiental gratuitamente, sendo para tal necessária apenas uma autorização da prefeitura de Recife para importar resíduos que seriam utilizados como material combustível. O cronograma do projeto exibia a conhecida tática dos traficantes de lixo. Primeiro construiriam um galpão para abrigar os tonéis com o "combustível" importado, após o que, somente se iniciariam as obras para os dois incineradores. O esquema foi descoberto graças a um lapso da empresa. Tendo adequado essa proposta de uma outra já apresentada ao governo guatemalteco anteriormente, e que havia sido rejeitada, os "adaptadores" do projeto esqueceram de retirar algumas referências a "engenheiros guatemaltecos", constantes do texto anterior. A Aspan, organização ambientalista de Pernambuco, ao examinar a proposta, estranhou a referência aos tais "engenheiros guatemaltecos" e resolveu consultar a Greenpeace, pois sabia que a entidade mantinha escritório na região. Rapidamente constatou-se que se tratava da mesma empresa e da proposta anteriormente apresentada na Guatemala, e o projeto, que já havia recebido licença prévia pela Prefeitura, foi rejeitado.

Também no Rio de Janeiro, em 1991, a prefeitura de Belford Roxo recebera proposta de uma empresa estrangeira que se propunha construir uma usina de geração de eletricidade, tratamento de água e tijolos para casas populares, utilizando-se de matéria-prima importada, de alto teor combustível. Os representantes da firma no Brasil já tinham escritura de um terreno e obtiveram, inicialmente, o apoio da Prefeitura. Um movimento espontâneo da população local, no entanto, fez com que o negócio gorasse rapidamente. Outras propostas vieram a ser apresentadas ao governo do Estado do Rio de Janeiro, que as rejeitou, pois desde o início tivera certeza de se tratar de um caso de reciclagem fantasma.

A legislação brasileira para importação de resíduos perigosos vinha sendo gradualmente reforçada pelo Ibama, proibindo-se a importação de quase todos os tipos de resíduos perigosos. No entanto, as pressões oriundas dos setores industriais processadores de metais não ferrosos, como o da recuperação de chumbo a partir de baterias automotivas usadas, impediram que houvesse uma proibição total no Brasil, até muito mais tarde.

As importações para os países mineiros dos Andes também eram frequentes, embora na época não tivessem repercutido na imprensa internacional. O caso mais impressionante foi o da empresa norte-americana que queria construir um depósito para cinzas de incineradores no deserto de Atacama. Após a rejeição de sua proposta pelas autoridades chilenas, a empresa norte-americana modificou ligeiramente o projeto, transformando-o numa usina de reciclagem de metais e, diante da nova recusa do Chile ousou recorrer até a Corte Suprema do Chile, contra a decisão governamental. O dono da empresa, James Wolfe, declarou aos jornais que compreendia que, a princípio, as pessoas não percebessem a "beleza" de uma indústria de reciclagem de resíduos, mas que um olhar mais detido permitiria captá-la.

De todos os países da América do Sul, o que reagiu mais energicamente ao tráfico de resíduos perigosos foi a Colômbia. Várias tentativas de ingresso de resíduos tóxicos sob diversos pretextos tinham sido felizmente abortadas. Isso inspirou a assembleia constituinte, que elaborava a nova constituição colombiana, a incluir a proibição de importação e exportação de resíduos tóxicos no próprio texto constitucional.

Aquela proibição foi de pouca serventia para defender a Colômbia do tráfico. Em meado de 1994, um navio descarregou no porto de Santa Marta dezenas de tonéis classificados como "combustíveis", destinados a um suposto incinerador, gerador de energia. Os resíduos altamente tóxicos, vinham da Eslovênia e só foram retirados do país, quando um juiz obrigou o mesmo navio que o trouxera, em uma escala por portos colombianos, a reembarcá-los. Isso deu origem a uma daquelas novelas de "o navio da morte", em que o *Triglav* teve negada autorização para aportar em todos os países por onde sua rota o conduzia: Equador, Peru e Chile. Perseguido pela Greenpeace e a Interpol, a empresa marítima a qual pertencia o navio comprometeu-se publicamente a não mais transportar resíduos perigosos, fosse ou não legal a carga e a documentação apresentada. Os enormes prejuízos sofridos pela companhia de navegação devem ter servido de lição, igualmente, para outras companhias.

Contudo, embora fosse alvo crescente dos comerciantes de resíduos perigosos, a atuação da América Latina nas negociações da Convenção da Basileia havia sido discreta até então. Mas na cerimônia de assinatura do texto da Convenção, em março de 1989, várias delegações expressaram claramente o seu descontentamento com o texto final, em particular Colômbia, Venezuela, Uruguai, Equador e Guatemala. Também ficou famosa a declaração do ministro-conselheiro brasileiro, Felipe Macedo Soares, ao dizer que "os países desenvolvidos.... trataram a elaboração da minuta desta convenção como um exercício destinado a estabelecer as regras para um comércio de resíduos perigosos sem entraves".[18]

Essa foi uma das razões pelas quais a Greenpeace organizou uma reunião em março de 1991, em Miami, com os novos *campaigners* da América Latina. Então se elaborou uma estratégia para tornar os países latino-americanos mais ativos, o que implicava em investigar certos esquemas de importação, como alguns dos já mencionados, assim como o chamado trabalho de *lobby*, ou seja, a discussão com as autoridades responsáveis pelas políticas diplomáticas no país. Esse trabalho era tão mais urgente, em virtude do fato de que a I Reunião das Partes da Convenção iria se realizar no Uruguai e, por isso, esperava-se um maior comparecimento de países latino-americanos.

Dada a proximidade dessa primeira reunião da Convenção da Basileia e o fato de que vários acordos regionais de proibição já tinham sido concluídos, na sua reunião anual de planejamento, em fins de 1991, a

Greenpeace decidira priorizar novamente a cena global. Tratava-se de voltar a apresentar uma proposta de proibição do comércio de resíduos perigosos, na próxima reunião.

Durante as reuniões preparatórias para a ECO-92, um importante passo para a obtenção dessa proibição foi dada, quando o Grupo-77 (G-77) e a China apresentaram proposta para que fosse proibida a exportação de resíduos perigosos para os países em desenvolvimento. Os Estados Unidos e os demais países contrários à proibição rejeitaram a proposta do G-77 e China, sob o pretexto de que a ECO-92 não deveria interferir em um tema que pertencia a uma convenção internacional já constituída, e que, aliás, teria sua próxima reunião no fim daquele mesmo ano. Mas o mero fato do G-77 e China terem apresentado conjuntamente uma proposta naquele sentido significava a institucionalização de uma frente absolutamente majoritária de países favoráveis a uma proibição.

Piriápolis

Piriápolis é uma antiga cidade balneária do Uruguai, que já tivera seus tempos de glória na época em que os cassinos uruguaios atraíam o turismo internacional. Pequena e decadente, a infraestrutura da cidade soçobrou ante a invasão dos burocratas do PNUMA, as cento e tantas delegações estrangeiras e os correspondentes da mídia, que necessitavam fazer chamadas interurbanas, enviar faxes e se comunicar via correios eletrônicos.

A Greenpeace teve dificuldades em desembaraçar do porto de Montevidéu as muitas caixas com documentos em inglês, francês e espanhol, preparados para os delegados. Embora vital para manter o contato com todos os escritórios da Greenpeace, passar instruções e enviar matérias para a imprensa internacional, o e-mail exclusivo da Greenpeace não funcionava por falta de linha telefônica no hotel, no qual haviam sido hospedados todos os delegados. Encabeçavam a delegação da Greenpeace seu *political adviser*, Kevin Stairs e os dois coordenadores internacionais da campanha, Jim Puckett e Jim Vallette, contando com a ajuda dos novos *campaigners* de tóxicos da Argentina e do Brasil.

A Greenpeace havia preparado comentários sobre a agenda da reunião que visavam fornecer às delegações não só uma orientação sobre o que se discutiria, mas quais implicações das diversas propostas. Essas *Annotations by Greenpeace* tiveram enorme "sucesso editorial", pois muitos delegados estavam vindo pela primeira vez à Basileia e não chegavam a entender exatamente o que estava em jogo. Além disso, as *Annotations* estavam traduzidas em espanhol e francês, pois muitos dos membros das delegações latino-americanas e africanas não dominavam suficientemente o inglês para acompanhar as negociações, sem dificuldades.

Em suas *Annotations,* a Greenpeace desenvolvia didaticamente as razões pelas quais era imprescindível aprovar uma proibição em Piriápolis. Em primeiro lugar, vinham os argumentos éticos e morais, em seguida os políticos, mostrando como a exportação de resíduos perigosos para o mundo em desenvolvimento "estava poluindo as relações diplomáticas entre os países", para depois, detalhadamente, explicar por que uma política ambientalmente correta teria de eliminar na fonte o uso de substâncias perigosas, ao invés de perpetuá-las por meio da reciclagem suja. Especial atenção eram dadas às razões pelas quais o *Prior Informed Consentiment* (PIC) não funcionava como mecanismo para impedir o comércio de resíduos perigosos não desejáveis, nem pelos exportadores nem pelos importadores. Vários exemplos eram apresentados em seus anexos, inclusive aqueles dos casos chamados "tempos de guerra": envios de resíduos perigosos para países envolvidos em guerras civis, como fora o caso da Somália ou da Eslovênia, ilustravam como era fácil encontrar *senhores da guerra* interessados em trocar armas por lixo tóxico.

Finalmente, para aqueles que não tivessem o que fazer nos intervalos da reunião, a Greenpeace havia preparado um vídeo com diversos "esquemas" por ela investigados na África, Ásia e América Latina. Junto aos materiais à disposição dos delegados estava o mais completo inventário sobre o comércio de resíduos perigosos, *The International Trade in Wastes: A Greenpeace Invetory*, que se tornaria material de consulta básica para todos os que tratariam do tema, inclusive o próprio Secretariado da Convenção da Basileia.

Piriápolis, no entanto, não irá aprovar a proibição da exportação de resíduos para os países em desenvolvimento. Embora, desde o começo da reunião, o presidente do Programa de Meio Ambiente da ONU, Mostafa Tolba, houvesse apresentado a proposta de resolução proibindo aquela exportação, no último dia, ela foi retirada em nome de uma solução consensual. A resolução aprovada solicitava aos países industrializados que não mais exportassem seus resíduos perigosos para despejo final nos países menos industrializados, ao mesmo tempo em que recomendava aos países em desenvolvimento proibir qualquer importação de resíduos perigosos.

A contradição era gritante: embora se continuasse permitindo que os países industrializados exportassem seus resíduos perigosos sobre o pretexto de reciclagem ou recuperação para os países menos industrializados, estes últimos eram aconselhados a proibir *todas* as importações de resíduos perigosos, não importando se para despejo final ou reciclagem!

Mais decepcionante ainda foi o resultado de Piriápolis, ao constatar-se que, além do sólido bloco do G-77 e China, agora muitos países da OCDE haviam aderido à proposta de proibição. Liderados pela Suíça, abalada por vários escândalos em que seus lixos foram parar em Portugal, Eslovênia e África, a Suécia, a Dinamarca e a Itália também se declararam-se dispostas a apoiar a proibição. Estava claro que a unidade da OCDE se rompia, e mais sério ainda, a da União Europeia, com as dissensões da Dinamarca e da Itália.

A verdade é que mesmo havendo essa ampla maioria favorável à proibição, temeu-se que a aprovação da proibição pudesse se tornar uma "vitória de Pirro" para a Convenção. Com efeito, àquela altura, os maiores exportadores mundiais ainda não haviam ratificado a Convenção. Caso Estados Unidos, Alemanha, Inglaterra e Japão não se tornassem partes da Convenção, seu efeito legal seria muito restrito. Afinal, toda a lógica da proibição se baseava no raciocínio de que era muito mais eficaz e justo que coubesse aos países exportadores de resíduos perigosos o ônus de impedir as exportações, em vez dos países menos industrializados terem que o fazer, depois que os resíduos já estivessem em seus portos.

Seja essa a explicação por trás do recuo de última hora, ou apenas aquele conjunto de pressões políticas e econômicas que faz com que a mesma minoria de países do mundo desenvolvido venha impondo a sua vontade à comunidade internacional composta de mais de 200 países, há tantas décadas, a verdade consiste em que a batalha pela proibição fora novamente adiada.

Do lado de fora do imenso hotel *art nouveau* onde se encerravam as negociações, a mesma imensa faixa utilizada em Basileia, em 1989, era desdobrada por alpinistas da Greenpeace, que escalavam a fachada do prédio. Os delegados, informados do que estava acontecendo, abandonavam o salão de negociações para conferir. Além da faixa com os dizeres

"A Convenção da Basileia Legaliza o Terrorismo Tóxico!", eram surpreendidos, do outro lado da rua, por uma passeata de protesto organizada por professoras e alunos de escolas primárias, bem como organizações ambientalistas uruguaias.

NOTAS

1. OECD, *Transfrontier Movements of Hazardous Waste: Legal and Institutional Aspects*.
2. Cinzas de incinerador podem ser altamente tóxicas, contendo metais pesados, dioxinas e outros compostos químicos perigosos.
3. Jim Puckett, *The Basel Opportunity*, p. 3 (tradução minha).
4. Um dos mais terríveis acidentes ambientais: a pequena cidade de Love Canal, em Niagara Falls, foi pavimentada com asfalto contaminado com dioxinas, forçando finalmente à evacuação total da cidade, quando a causa da mortalidade de animais e doenças entre a população foi identificada.
5. Janson Mercer, *Keeping it at home: Environmental altruism and Germany's ban on toxic waste exports*, p. 26 (tradução minha).
6. Ron Chepesiuk, From Ash to Cash, *The Environment Magazine*, p. 63 (tradução minha).
7. Jim Puckett, *op. cit.*, p. 3 (tradução minha).
8. Ron Chepesiuk, *op. cit.*, p. 63 (tradução minha).
9. *Africa News*, 11/07/1988.
10. *Reuters New Reports*, 27/06/1988.
11. Jim Vallette, e Heather Spalding, *op. cit.*, p. 14.
12. PNUMA, *Convenção da Basileia sobre o Controle dos Movimentos Transfronteiriços de Resíduos Perigosos, Ata Final*, p. 38 a 40.
13. PNUMA, *op. cit.*, p. 46.
14. Hannah Arendt, *Origens do totalitarismo, capítulo 5:o declínio do Estado-nação e o fim dos direitos do homem*.
15. Jim Puckett, *op. cit.*, p. 6.
16. O mesmo acontece hoje em dia com a questão dos transgênicos. Enquanto a Comissão Europeia tem sido favorável à liberação no meio ambiente e para o consumo humano de plantas transgênicas, o Parlamento europeu sistematicamente, e por ampla maioria, tem condenado tais iniciativas.
17. Michel Brown, e J. May, *op. cit.*, p. 144.
18. Greenpeace, *Annotations by Greenpeace International on the Agenda of the Meeting*. Attachment C, p. 1.

A PROIBIÇÃO DE BASILEIA: GENEBRA DE 1994

NOVAS ESPERANÇAS

O Grupo-77 e China, em Piriápolis, não cederam incondicionalmente às pressões para abandonar a proposta de proibição. Em reunião do grupo, aprovou-se a resolução na qual decidiu-se apresentar novamente a proposta de proibição da exportação de resíduos perigosos para os países em desenvolvimento, na próxima reunião da Convenção da Basileia, cujo local e data ainda não estavam definidos.

Foi a partir dessa resolução que a Greenpeace montou sua estratégia para, a II Conferência das Partes (COP II). A argumentação começava com uma frase de efeito que era: "a questão da proibição não é uma questão sobre *se*, mas uma questão apenas de *quando*. A ampla maioria dos países favoráveis à proibição torna injustificável postergar uma decisão que está sendo demandada há mais de cinco anos, desde que se começou a negociar a Convenção. Apenas um grupo reduzidíssimo de países, os chamados *"Sinisters Seven"* — Alemanha, Austrália, Canadá, Estados Unidos, Finlândia, Inglaterra e Japão — é que ainda resistiam à proibição. Sugeria-se, então, que caso não se pudesse chegar a um acordo favorável à proibição, os países deveriam pedir a votação.

De fato, as regras das Nações Unidas permitem votações, embora a boa política recomende que decisões em fóruns internacionais sejam tomadas por consenso. A razão disso é que, fora os casos autorizados pelo Conselho de Segurança da ONU, não se pode empregar a força para obrigar países a cumprirem decisões internacionais. Por isso é sempre melhor que os países se sintam livre e moralmente obrigados a cumprir aquilo pelo que decidiram.

Além de tudo, as razões que teriam inibido a aprovação da proibição em Piriápolis já não mais existiam. O Japão havia ratificado Basileia e a União Europeia, recém-formada, também ratificara a Convenção. Restavam somente os Estados Unidos entre os grandes produtores e exportadores e, a essa altura, já se sabia que as resistências norte-americanas eram tamanhas à Basileia como ela estava, e que talvez os Estados Unidos nunca viessem a ratificar a Convenção. Na verdade, havia uma certa expectativa quanto a como agiria o recém-eleito governo norte-americano, cujo vice-presidente El Gore, em seus tempos de ambientalista, havia se manifestado fortemente contrário ao comércio de resíduos perigosos. Porém, à medida que transcorria a Convenção, foi ficando claro que não havia nenhuma mudança a esperar. Como é sabido, os dois governos Clinton foram mais retrógrados ambientalmente do que os governos anteriores. Embora isso requeira uma explicação complexa, algo que se pode dizer da política norte-americana na área ambiental é que a Presidência da República tem sobre ela pouca influência, limitando-se a seguir aquilo que a Câmara do Comércio e os comitês ligados ao comércio no Congresso aconselham. As delegações norte-americanas, embora grandes e bem preparadas tecnicamente, costumam ser arrogantes e pouco diplomáticas, empregando sempre argumentos econômicos e legais, demonstrando grande desprezo pelas questões ambientais.

A situação da União Europeia era bastante incerta. A II Conferência das Partes da Convenção da Basileia consistiria na primeira vez em que os países da antiga Comunidade Econômica Europeia atuariam como União Europeia recém-formada. Uma reunião dos ministros de meio ambiente da União Europeia, em Bruxelas, estava ocorrendo ao mesmo tempo em que se realizava a Convenção da Basileia e tudo dependia de como a maioria dos países ainda indefinidos fosse se posicionar. De um lado, havia a Dinamarca defendendo uma proibição total e, de outro, a Inglaterra e a Alemanha, propondo uma proibição, com uma lista de países em desenvolvimento, autorizados a receberem resíduos perigosos por possuírem condições técnicas para reciclá-los.

A essa altura, os partidários da proibição na Europa tinham crescido, graças à resolução aprovada pela Convenção de Barcelona, que proibiu a exportação de resíduos perigosos no Mar Mediterrâneo. Essa decisão comprometeu vários países da União Europeia com a proibição, como França, Itália, Espanha e Grécia.

A hora e a vez da América Latina

Os partidários da proibição traziam um outro grande trunfo no bolso. Pela primeira vez a América Latina iria atuar em bloco, sustentando uma só posição favorável à proibição. Essa atuação em muito se deveu ao trabalho da Greenpeace na América Latina, investigando e denunciando o tráfico de resíduos perigosos, e insistindo na necessidade de proibir esse comércio.

Enquanto se encerrava a reunião de Piriápolis, os sete países da América Central estavam assinando o Acordo Centro-Americano, pelo qual ficava proibido o ingresso de resíduos perigosos e produtos proibidos, não registrados ou severamente restringidos entre os países da região. Além disso, prosseguiam as negociações na Comissão para o Pacífico Sul, visando a elaboração de um acordo regional de proibição de ingresso de resíduos perigosos entre os países da região.

Em 1993, a Greenpeace descobrira diversos esquemas de resíduos perigosos ligando a Inglaterra a países latino-americanos, entre eles dois envios de resíduos metálicos perigosos para o México, para serem recuperados em uma fundição secundária que operava em condições as mais precárias, do ponto de vista ambiental e ocupacional. E, ainda, uma importação de resíduos metálicos da Inglaterra, disfarçada de "micronutrientes" para a reincidente fábrica Produquímica — que em 1989 havia sido flagrada importando resíduos perigosos da Europa.

Finalmente, uma exportação de pó metálico para a Bolívia, juntamente com os filtros enferrujados da própria fundição secundária, recentemente fechada, por não se ajustar às novas normas de controle ambiental, mais exigentes. O escândalo na Inglaterra fora bastante grande, levando autoridades religiosas, anglicanas e protestantes a se manifestarem contrárias a essas práticas não cristãs.

Na América Central, foi descoberto um esquema de exportação de pneus usados, que seriam picados e, em seguida, queimados em um incinerador a ser construído em Honduras. Fartamente documentados esses esquemas, preparou-se um dossiê sobre a América Latina, e também um vídeo. Esse material foi pela primeira vez apresentado no Seminário Sobre Movimentos Transfronteiriços de Resíduos Perigosos organizado pelo Secretariado da Convenção da Basileia, junto com a Cepal, no Chile, em setembro de 1993.

O Seminário Basileia/Cepal pretendia instruir técnicos da administração pública dos países latino-americanos e caribenhos encarregados da questão de resíduos perigosos, sobre os mecanismos de controle do tráfico de resíduos perigosos adotados pela Convenção, assim como discutir aspectos técnicos relacionados com o manejo ambientalmente adequado desses resíduos. Convidada pela Cepal, a Greenpeace enviou os *campaigners* do México, da Guatemala e do Brasil (a autora desse livro), e uma consultora política dos Estados Unidos.

Para profundo desagrado dos países desenvolvidos que haviam financiado o encontro e da própria secretária da Convenção da Basileia, ele terminou com um documento de recomendações aos governos latino-americanos, nos quais os técnicos reunidos afirmavam ser aconselhável que os países latino-americanos proibissem a importação de resíduos perigosos em seus territórios e apoiassem a aprovação de uma proibição sem exceções na próxima reunião da convenção. Esse resultado se deveu em muito aos convincentes dossiê, vídeos e apresentações feitas pela Greenpeace, mas também à firme posição das autoridades chilenas presentes, assim como o dos representantes da América Central.

Um mês antes da II Conferência, a ser realizada em Genebra, em março de 1994, a autora desse livro, na qualidade de consultora política da Greenpeace para a América Latina, viajou para a maioria dos países andinos com a missão de explicar por que a Greenpeace propunha que se aprovasse a proibição de exportações dos resíduos. Sempre que possível, eu comparecia acompanhada de organizações ambientalistas do país, para deixar claro às autoridades políticas e técnicas que elas seriam estreitamente vigiadas pelos seus próprios cidadãos.

Na véspera da II Conferência das Partes da Convenção de Basileia, realizou-se já em Genebra o II Seminário de Técnicos, também sobre os auspícios da Cepal, reunindo os técnicos que haviam vindo para a conferência. O encontro novamente reafirma aquilo que fora aprovado em Santiago, ou seja, o total endosso à proibição.

No fronte asiático a situação era igualmente tranquila, pois os ministros do Meio Ambiente da Índia, Indonésia, Sri Lanka, Malásia e Indonésia estavam francamente a favor de uma proibição. Kevin Stairs, um dos mais extraordinários membros da Greenpeace, fizera inúmeras viagens à região, e alguns esquemas de exportação para Bangladesh, Indonésia e Filipinas, investigados e denunciados pela Greenpeace, tinham servido para convencer aqueles países de que era imprescindível aprovar a proibição.

Outra área geográfica na qual haviam ocorrido enormes progressos era aquela dos países árabes. O novo escritório da Greenpeace em Túnis tinha facilitado em muito as comunicações com os países da região, e alguns casos igualmente escandalosos serviram de exemplo.

Finalmente, na Alemanha, os últimos casos revelados pela Greenpeace, na Ucrânia e outros países do leste tinham levado a mídia alemã a uma verdadeira campanha contra a política do governo alemão. A popular revista alemã, *Stern*, dizia: "Alemanha, de campeã mundial ecológica a comerciante de lixo Número Um." Em debate televisado com o *campaigner* da Greenpeace, Andreas Bernstorff, o ministro alemão do Meio Ambiente, Klaus Töpfer, chegara a pedir desculpas publicamente aos países do Leste Europeu por estarem sendo usados como lixeiras pela indústria alemã.

É permitido proibir

Para a II Conferência da Basileia, em Genebra, a Greenpeace havia preparado um novo vídeo, com todas as recentes investigações de casos de tráfico de resíduos e material para uma exposição mural com fotos, declarações e cartas dos comerciantes de resíduos, garantindo serviços seguros e discretos.

O dossiê, intitulado *The Case for Prohibing Hazardous Waste Exports Including Recycling, from OECD to Non-OECD Countries*, se iniciava com um histórico dos esforços da comunidade internacional para aprovar uma proibição dentro da Convenção, seguido de todos os argumentos éticos, políticos e ambientais que justificavam essa proibição, para terminar com a lista dos 105 países que já haviam proibido todas as importações de resíduos perigosos, acompanhada dos 14 países entre os 25 da OCDE que apoiavam uma proibição, e, ainda, de uma outra lista de fóruns e acordos internacionais que também haviam proibido as exportações de resíduos perigosos para países menos industrializados.

Na primeira conferência de imprensa que a Greenpeace convocou, no início da reunião, ela já colhia os frutos da sua "ida para o Sul". Além do coordenador da campanha, Jim Puckett, do *political adviser* Kevin Stairs, ambos norte-americanos, e de Andreas Bernstorff, da Alemanha, eu mesma explicava as razões pelas quais os países em desenvolvimento tinham dificuldades em impedir a entrada de resíduos perigosos em seus territórios e, portanto, como era indispensável que o ônus dessa fiscalização fosse transferido aos países exportadores, por meio de uma proibição geral e sem exceções.

Para o meio da reunião, a Greenpeace realizou uma Ação Direta *light*, despejando uma caminhonete de lixo doméstico em um dos pátios que cercavam o prédio no qual se realizava o encontro. O monturo de lixo fora trazido do Sudeste Asiático e sua procedência alemã era facilmente atestada pela presença de sacos plásticos de supermercados alemãs e até um passaporte alemão vencido e rasgado.

Os acontecimentos que levaram à aprovação da proibição da Basileia foram rápidos e surpreendentes, para todos os que ignoravam o quanto os países menos industrializados haviam progredido na tomada de posição pró-proibição. O Grupo Latino-Americano e Caribenho (Grulac) reúne-se e endossa as "recomendações" elaboradas pelos dois encontros de técnicos latino-americanos em 1993 e 1994, apesar de alguma resistência brasileira. Esta era fruto de pressões de última hora exercidas pelo setor de recuperação de chumbo a partir de baterias automotivas usadas, importadas dos Estados Unidos. Os representantes do Itamaraty e do Ibama e parte da delegação tiveram que se curvar às novas instruções, chegadas por telex.

A posição do Grulac segue, então, para a reunião do G-77, o grupo maior que incorpora todos os países que não eram parte nem do clube dos países ricos, o G-7 e tampouco do bloco socialista. Tradicionalmente a China, embora não tivesse ingressado oficialmente no G-77, assumia posições conjuntas com o G-77, pois não participava do bloco socialista. Por isso, nos comunicados diplomáticos encontra-se sempre a expressão " O Grupo-77 mais a China". O G-77, recordando a sua decisão tomada no encerramento da reunião de Piriápolis, de reapresentar à II Conferência das Partes a mesma proposta de proibição total de exportações para os países em desenvolvimento, obtém o apoio para tal do Grulac, mas também da OUA e dos demais países do grupo, que não estavam organizados em áreas regionais, como Índia, Malásia e Filipinas.

Os quase três dias finais da conferência podem ser resumidos em uma queda de braço, na qual, aos poucos, as resistências a uma proibição foram sendo quebradas. O comitê de negociação, o *contact group*, composto por Canadá e Austrália, tinha do outro lado Índia e Senegal como representantes do G-77. Vários países entravam como assessores de ambas as delegações, entre eles Colômbia e El Salvador, e também a Greenpeace foi convidada para participar dessas negociações pelo G-77.

As primeiras defecções vieram da União Europeia. A Alemanha e a Inglaterra tiveram que ceder à maioria dos países europeus, já comprometidos em apoiar a proibição. Os Estados Unidos, embora combatessem energicamente uma proibição, estavam em inferioridade política por ainda não terem ratificado a Convenção. Nessas circunstâncias, participavam nas negociações apenas como país observador. A tática norte-americana de não ratificar convenções internacionais de meio ambiente que não sejam de seu agrado, como forma de chantagem para que os textos das convenções sejam adaptados aos seus interesses, tem sido contraproducente à imagem do país junto à comunidade internacional. Além da Basileia, os Estados Unidos não assinaram a Convenção da Diversidade Biológica e demoraram para assinar a Convenção sobre Mudanças Climáticas. Assim, embora detenham a liderança em temas econômicos, militares e políticos, na área ambiental os Estados Unidos são vistos como um país retrógrado e não solidário.

Isolados, Canadá, Austrália e Japão fizeram o melhor que puderam para salvar sua causa, o que se resumiu a mudanças cosméticas na redação da nova resolução. Onde sim, houve concessão, foi no prazo concedido às exportações de resíduos perigosos com objetivo de reciclagem e recuperação. Em um dos momentos mais tensos das negociações no *contact group*, o representante do Senegal respondeu aos insistentes apelos do diplomata canadense para que se chegasse a um acordo "sem proibições", da seguinte forma:

> talvez o senhor não tenha entendido o que o meu colega, o ministro do Meio Ambiente da Índia quis dizer, porque ele é um *gentleman*, e fala de maneira muito educada. Eu serei mais rude: o G-77 não vai abrir mão de uma proibição total das exportações de resíduos perigosos para os países em desenvolvimento. Estamos abertos, sim, para discutir prazos: seis meses, um ano etc. Mas não adianta ficar perdendo tempo em tentar nos demover dessa posição: não cederemos.

A decisão II/12, que será aprovada ao fim da reunião, irá proibir daquele momento em diante todas as exportações de resíduos perigosos para os países menos industrializados que fossem destinadas ao despejo final, enquanto aquelas destinadas à reciclagem ou recuperação só seriam suspensas a partir de dezembro de 1997, permitindo, assim, que os países exportadores e importadores tivessem um certo tempo para adequar-se à proibição.

Redigida pelo pequeno grupo de países que avançou madrugada adentro da última noite de negociação, essa fórmula de acordo foi finalmente aceita pelos últimos países recalcitrantes e foi aprovada em plenário, por consenso, na sessão final da Convenção.

Enquanto a imprensa entrevistava diplomatas e ambientalistas a respeito da resolução aprovada, uma enorme faixa era erguida no pátio do prédio em que se realizava a reunião. Dessa vez, contudo, se lia: "Parabéns! A Convenção da Basileia Agora Criminaliza o Terror Tóxico!"

BASILEIA: UM BALANÇO QUASE DEFINITIVO

A proibição de exportação de resíduos perigosos, que passou a ser conhecida como a *Proibição de Basileia* não foi uma vitória definitiva. Nos anos que se seguiram, ela correu sérios riscos de se tornar letra morta.

Refeitos da surpresa, os setores industriais interessados na continuidade da exportação de resíduos perigosos, bem como os governos que representavam esses interesses, se rearticularam, buscando maneiras de invalidar ou esvaziar de sentido a decisão aprovada.

A mais perigosa de todas essas iniciativas foi aquela empreendida pela Inglaterra, que ingressou com um pedido de emenda ao texto da Convenção, por meio da qual se proibiam as exportações de resíduos perigosos para países não OCDE com o objetivo de disposição final, ao mesmo tempo em que, ao não mencionar as exportações dos mesmos resíduos para reciclagem, deixava aberta essa válvula. A manobra era insidiosa, pois transformava a tão batalhada Proibição da Basileia, cujo principal objetivo fora proibir justamente aquelas exportações feitas sob o pretexto de reciclagem ou recuperação, em uma mera declaração de boas intenções, que os países não teriam por obrigação seguir.

Com efeito, ao apresentar uma emenda à Convenção, a Inglaterra implicitamente favorecia a interpretação jurídica de que resoluções aprovadas em convenções internacionais não teriam efeito vinculante, mas apenas emendas. Ora, nem em Piriápolis, em 1991, nem em Genebra, em 1994, pensou-se seriamente em se propor uma emenda em vez de uma resolução, por duas razões: a primeira era a de que emendar uma convenção que ainda não havia sido ratificada por grande parte dos países partes era tornar interminável esse mesmo processo de ratificação, que deveria ser repetido para toda e qualquer emenda acrescentada ao texto original. Acresce-se a esse complicador que a ratificação de convenções internacionais costuma ser um processo muito demorado, pois implica em uma série de passos burocráticos, como tradução de toda a documentação, adaptação das legislações nacionais à nova norma e aprovação da convenção pelo Congresso. A segunda razão tinha a ver com o entendimento de que para o direito internacional, que parte do princípio de que países não têm poderes para impor a outros a obediência a leis internacionais, todas as decisões tomadas em consenso, ou seja, fruto de uma decisão livre, implicam o dever moral desses países de aplicá-las.

Portanto, a iniciativa inglesa, caso aprovada, não só deixaria aberta a válvula da exportação de resíduos perigosos com o pretexto de reciclagem, mas, também, invalidaria todos os esforços da comunidade internacional construídos a partir de resoluções, e não de emendas. E isso, não só na área de meio ambiente, mas em qualquer outra. O jeito de contornar essa manobra foi a Dinamarca apresentar outro pedido de emenda, transcrevendo literalmente a Resolução II/12, aprovada em 1994, em Genebra.

A III Conferência das Partes, que aconteceu em setembro de 1995, também em Genebra, rejeitou a emenda inglesa e aprovou a dinamarquesa por consenso. Aliás, em virtude de decisão conjunta da União Europeia, a Inglaterra se viu impedida de defender sua proposta de emenda, enquanto a proposta dinamarquesa foi endossada pela União Europeia. No entanto, as regras da Convenção impediam a retirada de emendas ou a apresentação de emendas, nos seis meses que antecedem à reunião das Partes.

Na IV Conferência das Partes, que aconteceu em Kuching, na Malásia, em fevereiro de 1998, o golpe veio de outro lado. Israel e Mônaco, e este último apoiado pela França, pediam para ser incluídos na lista de países que não podiam exportar resíduos perigosos para os países menos desenvolvidos. A razão arguida por Mônaco era que seu pequeno território poderia estar sendo utilizado com passagem para a exportação de resíduos perigosos vindos da França ou Itália. As razões de Israel eram menos nobres: o país construíra fábricas para reciclagem de resíduos perigosos, as quais considerava tecnologicamente avançadas e queria poder importar resíduos perigosos.

A questão que se colocava para a Convenção era a seguinte: se fosse possível à cada reunião das Partes acrescentar ou retirar países da lista daqueles proibidos de exportar resíduos perigosos, de acordo com seu pedido, muito em breve o comércio de resíduos perigosos dos países industrializados para os menos industrializados voltaria àquele estágio inicial, de antes da Proibição. Endossando o pedido de Mônaco e Israel, uma nova argumentação inspirada na liberdade de comércio e nas regras da OMC tomava curso. A Proibição da Basileia era encarada como uma discriminação não tarifária entre países, que, ao mesmo tempo que impedia países em desenvolvimento de adquirem matérias-primas necessárias à sua indústria, permitia que países já industrializados continuassem entre si a comerciar essas mercadorias.

Essa concepção, ignorando inteiramente a questão ambiental da *Clean Production*, em vez de ver a importação de resíduos perigosos como um fato nocivo, que se devia evitar, particularmente, naqueles países mais vulneráveis e pobres, via-a como uma oportunidade negada ao mundo em desenvolvimento. Mas, a IV Conferência termina com a aprovação de uma resolução, que impedia qualquer alteração na lista de países proibidos de exportar para os países menos desenvolvidos, enquanto a Emenda nº III/22, aprovada em setembro do ano anterior, em Genebra, não fosse ratificada. Como a ratificação de mais de 70 países não seria algo imediato, a decisão tomada em Kuching garantiu alguns anos pela frente à Convenção, sem outras ameaças vindas desse lado.

O *fim do tráfico ilegal*

Os efeitos positivos de proibições já tinham sido sentidos mesmo antes da aprovação da Proibição da Basileia. Assim, logo após a assinatura do acordo de Lomé IV e da Convenção de Bamako, o tráfico desviou-se para a América Latina, Europa do Leste e Ásia, áreas não protegidas. O Acordo Centro-Americano, assinado em dezembro de 1992, reforçou o fluxo de resíduos perigosos em direção à América do Sul e Ásia, para, depois da Proibição da Basileia, o tráfico cair abruptamente em todo o planeta.

Isso é bem mais significativo quando consideramos que, do ponto de vista estritamente legal, grande parte dessas proibições não estavam em vigor, pois não haviam sido ratificadas. A Convenção de Bamako e a Emenda nº III/22 da Convenção da Basileia até hoje não o foram. Essa enorme redução nas exportações de resíduos perigosos para o mundo menos industrializado, portanto, deve-se mais ao medo de indústrias e países ricos se verem expostos à condenação das opiniões públicas nacional e internacional do que propriamente ao temor de se haver com a justiça.

Do ponto de vista do desenvolvimento sustentável, essa redução abrupta nas exportações de resíduos perigosos teve excelentes resultados. Em primeiro lugar, o mundo menos industrializado foi poupado de quantidades crescentes de resíduos perigosos que envenenariam e inutilizariam enormes extensões de seu solo, recursos hídricos e atmosfera. As indústrias de reciclagem e recuperação de resíduos perigosos, como as fundições secundárias, que dependiam da sua crescente importação, foram estranguladas na fonte, ao não mais dispor de "matérias-primas" tão baratas. Com isso se evitou em parte que, dentro do que podemos considerar uma nova divisão internacional do trabalho na qual fatores ambientais são crescentemente internalizados, os países do mundo menos industrializado fossem se especializando nas "indústrias sujas".

Acresça-se a essa proteção efetiva do meio ambiente e da saúde da população e trabalhadores desses países menos desenvolvidos, o estímulo que a Convenção da Basileia significou para que esses países criassem ou aprimorassem suas legislações ambientais. Com efeito, a comparação entre os padrões de controle dos efluentes tóxicos do mundo industrializado e aqueles do mundo menos desenvolvido mostrava a estes últimos a necessidade urgente de capacitar seus técnicos, estabelecer legislação adequada e estimular a adoção de tecnologias limpas, evitando percorrer os mesmos caminhos equivocados do mundo industrializado. No caso brasileiro, por exemplo, a proibição das importações de baterias automotivas usadas dos Estados Unidos foi combatida energicamente pelas indústrias recicladoras e por setores do governo brasileiro, incluindo-se aí ministros do Meio Ambiente e o Itamaraty. No entanto, enquanto isso sucedia, os técnicos do Ibama, do Ministério do Meio Ambiente e da Cetesb em São Paulo desenvolviam novas orientações para a política de resíduos em geral, que seria aprovada mais tarde sob o nome de Política Nacional de Resíduos, e na qual os princípios da *Clean Production* estão assentados. Novas legislações foram estabelecidas na área de metais pesados, inclusive aquela que tornou obrigatória a devolução ao produtor de pilhas e baterias usadas. Nesse movimento de atualização tecnológica, as próprias indústrias participaram, reconhecendo os ganhos ambientais, econômicos e de imagem que elas teriam em adotar tecnologias mais limpas.

A Convenção da Basileia está implantando vários centros regionais para capacitação de técnicos no manejo com resíduos perigosos e esta é uma excelente oportunidade para atualizar, transferir e trocar informações e conhecimentos visando a uma produção limpa.

Para o mundo industrializado, a Proibição da Basileia constituiu um ponto de inflexão. Se era verdade que em alguns países nórdicos e mesmo na Alemanha já havia políticas ambientais favoráveis à Clean Production e algumas iniciativas industriais a esse respeito, o fechamento da válvula de escape dos países menos desenvolvidos tornou urgente a adoção de tecnologias que efetivamente reduzissem os resíduos perigosos. Da mesma maneira que no mundo menos industrializado se teve de tomar consciência da diferença gritante existente entre as suas legislações ambientais e a dos países industrializados, nestes últimos começou-se a perceber a enorme distância que separava uma tecnologia de controle, ou de fim de tubo, daquela de prevenção, ou de redução na fonte de resíduos perigosos. Da III Conferência das Partes, em diante, tornaram-se frequentes os discursos das representações diplomáticas em que se mencionavam os conceitos de Clean Production e o Princípio de Precaução, evidenciando que só agora se estava percebendo o alcance das decisões tomadas em Basileia.

Assim, quando a Convenção de Basileia comemorou o seu 10º aniversário, durante a V Conferência das Partes realizada propositadamente em Basileia, em dezembro de 1999, o clima foi de festa. Como expressou o diretor-executivo do Programa de Meio Ambiente das Nações Unidas, Klaus Töpfer,

> O fundamento mundial da proteção da saúde pública e do meio ambiente está começando a ser edificado. Ele oferece à nossa geração e às gerações futuras uma segurança maior de estarem protegidas contra os riscos dos produtos químicos tóxicos. A Convenção da Basileia sobre o controle dos movimentos transfronteiriços de resíduos perigosos e sua eliminação, que festeja seu décimo aniversário este ano, é a sua pedra angular.[1]

Como atestam diversos artigos que fazem parte do número da revista do PNUMA, comemorativo do 10º aniversário da Convenção da Basileia, o desafio que aguarda a Convenção atualmente é o de como avançar no caminho da *Clean Production*, concretizando a "Declaração Internacional por uma Produção Mais Limpa", que concebe a produção mais limpa como "a aplicação contínua de uma estratégia preventiva integrada a todos os processos, produtos e serviços, dentro de uma perspectiva de progresso nos domínios da economia, da vida social, da saúde e da segurança e do meio ambiente".²

Essa declaração foi assinada em 10 de setembro de 1999 por diversos governos nacionais, estaduais e municipais, empresas, associações comerciais, industriais e profissionais, organizações não governamentais, universidades, centros de produção menos poluentes, organismos internacionais e organizações intergovernamentais.

Nesses últimos dez anos, portanto, a comunidade internacional realizou um enorme progresso em diagnosticar as causas da crise do lixo e definir-se por uma estratégia sustentável, de *Clean Production*. Mais do que meras realizações intelectuais, a *Clean Production* é hoje uma realidade no planeta, recebendo a adesão crescente de vários setores industriais e estimulando uma mudança em profundidade dos padrões de consumo insustentáveis.

Esse progresso, contudo, só pode ser possível porque no ponto mais nevrálgico do seu modelo insustentável, o dos resíduos perigosos, fechou-se a última válvula de escape: o uso dos países menos industrializados como lixeira do mundo industrial.

A importância da Greenpeace

A mera narrativa dos eventos históricos que levaram à elaboração, à assinatura e à Proibição da Basileia nos permite concluir que ainda que fossem inúmeras e diversas as forças que contribuíram para esse resultado, a entidade ambientalista Greenpeace foi a mais significativa. Em primeiro lugar pela sua visão estratégica, ao perceber desde meado dos anos 1980 que, enquanto não se fechasse a válvula de escape dos países menos desenvolvidos, como lixeira do mundo industrializado, o mundo como um todo não caminharia para a *Clean Production*.

Em segundo lugar, pela sua competência política em realizar uma campanha que, sensibilizando a opinião pública internacional, particularmente a dos países industrializados, levou-a intervir nas políticas de seus governos e com isso modificá-las. O fato de ser uma entidade internacional e não governamental explica em parte esse sucesso. Quando se trata de um problema internacional a ser resolvido por uma centena de países, as únicas vozes não suspeitas de nacionalismo estreito são aquelas realmente internacionais. Mais ainda quando se vê uma entidade majoritariamente do Norte, defendendo o Sul e atacando os seus próprios países de origem. Aliás, uma constatação que fiz na minha experiência de mais de oito anos em campanhas internacionais da Greenpeace é que somos sempre menos tolerantes com nossos próprios países do que com os demais. Como a coordenação da campanha contra o tráfico de resíduos tóxicos sempre esteve em mãos de norte-americanos, os Estados Unidos sofreram proporcionalmente mais do que os outros grandes países exportadores. Exceção feita à Alemanha, talvez.

Além disso, organizações não governamentais gozam da confiança do público porque não são e *não querem* ser governo. Muitas vezes o discurso de políticos não é levado a sério porque se suspeita da sua sinceridade, da demagógica busca de votos por trás do dito e do não dito. Essa é a grande razão pela qual as organizações não governamentais provocam tanto mal-estar nas instituições políticas como governos, partidos políticos e Estados-Nações, suspeitas que são de defenderem interesses político-partidários.

As empresas privadas, por sua vez, experimentam mais do que um mal-estar em relações às organizações não governamentais. Enquanto elas perseguem o lucro e o crescimento econômico privado, ou seja, enquanto elas defendem os interesses "egoístas", aquelas organizações defendem desinteressadamente os interesses públicos prejudicados por aquelas empresas privadas e pelos governos.

Assim, ainda que o capital econômico do mercado seja imenso, o capital político dos governos e partidos políticos respeitável, as organizações não governamentais dispõem de um capital moral imbatível. Por isso mesmo, zelar pela sua credibilidade junto à opinião pública é a tarefa mais importante de ONGs, impondo-lhes aquilo para o qual não há uma tradução muito apropriada, uma *accountability*, ou seja uma prestação de contas política e econômica a seus associados diretos e à opinião pública em geral.

Governos e empresas inteligentes vêm percebendo que as ONGs não devem ser encaradas como suas inimigas, mas ao contrário, como parceiras de uma nova forma de gerir as sociedades contemporâneas. Gestão que pode e deve ser conflitiva, mas que pode evitar a polarização extrema de posições, e os impasses políticos. Como comentou Klaus Töpfer, diretor-executivo do PNUMA, em uma entrevista concedida ao fim da última reunião da Basileia:

Foi uma vantagem para a Convenção da Basileia ter valorizado desde o começo a transparência. Isso foi provocado e estimulado em grande parte pelas organizações não- governamentais Isso eu tive que sofrer na própria carne, quando era ministro do Meio Ambiente na Alemanha: a Greenpeace desempenhou um papel que ainda estamos longe de avaliar devidamente. E, por isso, é uma vantagem ter esse tipo de ator sentado na mesa de negociações. Eu estive em Seattle, na última semana, durante as negociações da OMC. Lá o clima de negociação era completamente diferente. Lá havia muita gente do lado de fora, protestando, aqui estão sentados na mesa de negociações. Isso torna o protesto externo mais difícil.[3]

Retornando à Convenção, a presença de entidades e movimentos não governamentais sem dúvida é um elemento importante nos bons resultados de uma campanha pública, porque dá a ela a credibilidade que os cidadãos precisam para apoiar uma causa. Mas, antes, é preciso fazer com que esses cidadãos dispersos na e pela sociedade de massas *saibam* da causa. Analisando a campanha do tráfico de resíduos, vemos que seu sucesso se deveu à capacidade da Greenpeace de traduzir questões tão complicadas como geração de resíduos perigosos, crise do lixo e exportação de resíduos perigosos, ética internacional e solidariedade planetária, Princípio de Precaução, *Clean Production* e proibição de exportação de resíduos perigosos como solução política, para o público comum.

É verdade que sob certos aspectos o tema facilitava a tarefa: imagens de trabalhadores e moradores do mundo pobre entre tonéis com nomes das grandes empresas químicas do Norte eram cenas fortes. Mas, do ponto de vista imagético, sempre faltou um símbolo, pois o desenho tradicional da campanha, um enorme pé vermelho esmagando um homenzinho, precisava dos dizeres *"Ban Waste Trade!"* para ser entendido. Porém, ter ou não ter um símbolo de campanha por vezes não depende da imaginação criadora dos seus organizadores, mas da natureza do assunto. A campanha contra as minas pessoais pode exibir fortes imagens de crianças sem pernas, mas também não pode encontrar um símbolo. A campanha contra o aquecimento global é outra que padece de um bom símbolo, e além disso de boas imagens: O que se pode mostrar? Ilhas submersas, aumento de epidemias, doenças respiratórias? É verdade que enchentes, secas e queimadas podem ser atribuídas às perturbações climáticas decorrentes do aquecimento global. Mas, como também estão associadas a *El*

Niño e à *La niña*, a própria utilização dessas imagens, sem discutir as relações existentes entre o aquecimento global e a intensificação daqueles dois fenômenos, pode ser alvo de críticas científicas. Já as campanhas de proteção a animais sempre encontraram em baleias, tartarugas e golfinhos um símbolo adequado e eficaz.

Outra vantagem da campanha contra o tráfico de resíduos perigosos era a existência da dupla *mocinho e bandido*. De um lado, os pobres países do Terceiro Mundo e de outro lado, as cínicas indústrias e governo do Primeiro Mundo. Isso quer dizer que campanhas onde todos são um pouco culpados e um pouco vítimas, são mais difíceis, como o caso do aquecimento global. Todos nós, dirigindo nossos carros particulares, somos em parte responsáveis por esse crime que cometemos em doses homeopáticas diariamente, embora igualmente soframos suas consequências no ar que respiramos, e suas vítimas maiores no futuro venham a ser nossos próprios filhos, netos e bisnetos. Essa é a principal razão pela qual a campanha contra o aquecimento global se encontra tão atrás da urgência que ela requer, e especialmente nos países como os Estados Unidos, onde o transporte individual é basicamente feito por meio do veículo particular e não coletivo.

Finalmente, uma condição *sine qua non* para o bom resultado de qualquer campanha: É preciso haver uma solução possível para o problema. Como a própria sabedoria popular diz: "o que não tem remédio, remediado está." Problemas ambientais que desafiam à ciência atual ou requerem mudanças radicais e súbitas no modo de existência das nossas sociedades, demandando igualmente muitos recursos econômicos, naturalmente mobilizam menos pessoas. É como se a sociedade vacilasse justamente frente à imensidade da tarefa.

Ainda que fosse enorme o desafio de mudar toda a forma de produção e consumo de nossas sociedades, a Greenpeace e seus aliados pediam alguma coisas bem realizável naquela primeira etapa da Convenção da Basileia: uma *Proibição*. No seu documento preparado para a V Conferência das Partes, a Greenpeace chegava a calcular a porcentagem a que equivaleria a exportação de resíduos perigosos dentro do total de exportações da Alemanha, mostrando que ela era desprezível, se comparada ao quanto a Alemanha já havia gasto para reimportar resíduos perigosos exportados legalmente, mas que tiveram de ser repatriados em consequência do escândalo político. A Proibição da Basileia, contudo, embora se constituísse em um objetivo de realização realista, era o passo indispensável para modificar-se uma realidade econômica e, com isso, criar as condições propícias para o desenvolvimento da *Clean Production*.

A campanha contra o tráfico de resíduos perigosos, no entanto, enfrentava dificuldades políticas enormes. De um lado, os adversários eram notavelmente fortes do ponto de vista político e econômico: o mundo industrializado. Os aliados, ao contrário, tremendamente fracos: os países menos desenvolvidos da África, da América Latina e da Ásia. Basta assistir a uma reunião internacional qualquer, ver as enormes delegações dos países desenvolvidos, compostas por especialistas em cada um dos seus aspectos e compará-las com as minguadas delegações dos países em desenvolvimento, muitas vezes sem domínio do idioma inglês e das questões técnicas aí tratadas, para entender quem dita as regras que comandam a comunidade internacional. A única força do mundo menos industrializado é o seu número, pois ele constitui a maioria esmagadora da comunidade internacional.

Todo o sucesso e o segredo político da Proibição da Basileia foram, portanto, alcançar e manter a coesão dessa ampla maioria, representada no G-77. Embora isso pareça uma operação fácil, raramente tem ocorrido no cenário internacional. A força política e econômica do G-7, hoje G-8, é suficiente para romper com a solidariedade terceiro-mundista, ou com qualquer outro agrupamento regional. Basta considerar que nas próximas reuniões da Convenção da Basileia, nunca mais se teve o G-77 unido, como na 2ª reunião. Os chamados países recentemente industrializados, como Brasil, Índia, Filipinas, Argentina e Chile, provocaram a divisão não só dentro do G-77, como também dentro dos grupos regionais, como o Grulac. Em outras conferências ambientais, da mesma forma, raramente os países menos industrializados fazem uso da sua superioridade numérica, em geral orbitando em torno dos países centrais aos quais elas são mais ligadas, econômica e politicamente. Uma notável exceção recente foi a configuração política que permitiu a aprovação do Protocolo de Biossegurança, negociado dentro do marco da Convenção da Diversidade Biológica, em janeiro de 2000. Para isso, porém, foi necessário constituir um outro bloco de países menos desenvolvidos, chamado de *Like-Minded Group*, contornando o problema provocado pela dissensão da Argentina, do Chile e do Uruguai, que foram se unir a Estados Unidos, Canadá e Austrália no também novo Grupo de Miami.

Obter e manter a coesão política da maioria numérica dos países menos industrializados só é possível, portanto, se ao mesmo tempo se obtêm aliados entre os próprios países do G-7, de modo que eles contrabalancem as pressões econômicas e políticas exercidas contra os países do bloco dos países menos industrializados. Essas pressões podem ser tão simples quanto o telefonema de um alto funcionário norte-americano a um outro alto funcionário de um país da América Central, queixando-se da atuação daquele país em tal convenção. O funcionário latino-americano, também por telefone, ordenará a seu subordinado, chefe da delegação de seu país em uma convenção internacional, "que deixe de criar problemas". Uma das maneiras de contrabalançar essa pressão é pedir que outro influente país do G-7 faça comentários com o adido diplomático daquele país da América Central sobre o quanto aquele funcionário diplomático está granjeando a admiração de seus colegas, por sua brilhante atuação!

Se há setores que acreditam firmemente nas teorias do realismo em matéria de política internacional, além dos cientistas políticos, são a burocracia estatal e os corpos diplomáticos. Mais ainda quando se trata da burocracia e de diplomatas de países acostumados a mandar no planeta. Demovê-los de uma posição que favorecia os seus interesses econômicos imediatos, ou seja, a exportação de resíduos perigosos para o mundo menos desenvolvido, só foi possível porque sua cidadania, sensibilizada com a terrível injustiça que se processava na outra parte do planeta, exigiu que se mudasse de posição. Por isso, a Proibição da Basileia foi antes de tudo a vitória de uma ética planetária.

Mas também significa uma expansão da cidadania planetária, que conquista para si o espaço das políticas ambientais. Importar ou exportar resíduos perigosos, produzi-los ou prevenir a sua geração, tratar os seres humanos do planeta como irmãos, ou como meros parceiros comerciais, sentir-se responsável pelas futuras gerações ou desinteressar-se de sua sorte, essas eram questões que governos, técnicos e empresas decidiam, enquanto os cidadãos assistiam a seriados de ficção científica ou discutiam os temas considerados eminentemente políticos.

A conquista do espaço público, como o campo em que se definem as políticas ambientais na Era Tecnológica, na verdade é a única esperança de que o mundo se desvie de sua rota suicida. Isso porque não há o que se esperar da tecnociência encastelada na burocracia estatal. Na cidadania planetária ainda há enormes reservas de bom-senso e generosidade a serem liberadas.

A descoberta dessas reservas ignoradas de solidariedade e responsabilidade pelo próximo e o distante, num mundo tão narcísico e individualista, está sendo uma experiência promissora. Quando a Rodada do Milênio da OMC fracassou ante a monumental onda de protestos que sacudiu Seattle, quem protestava nas ruas era a juventude da mais rica sociedade do planeta, vivendo um período de crescimento econômico continuado de mais de oito anos. Estavam preocupados com os pobres do Terceiro Mundo, os desempregados crônicos, as baleias e as mariposas.

NOTAS

1. PNUMA, *Notre Planète*, v. 10, n° 4, p. 3.
2. PNUMA, *op. cit*, p. 10.
3. Entrevista de Klaus Töpfer para o *Basler Zeitung*, p. 5, 12/12/99

HÁ UM FUTURO COMUM? AS PERSPECTIVAS DAS NEGOCIAÇÕES INTERNACIONAIS EM MEIO AMBIENTE

Em um belo dia de agosto, um navio chamado *Probo Koala*, de bandeira panamenha, mas de propriedade de uma companhia de navegação grega e fretado por uma empresa holandesa, Transfigura, descarregou 500 toneladas de material tóxico no porto de Abidjan, capital da Costa do Marfim. Durante a noite, caminhões distribuíram sua carga em 14 diferentes localidades da cidade, próximas a hortas, áreas pesqueiras e reservatórios de água. A toxicidade dos resíduos, descrita na documentação como águas poluídas utilizadas na lavagem de tanques de petroleiros, revelou-se nos dias seguintes quando dez pessoas morreram, entre elas quatro crianças, 23 outras tiveram que ser hospitalizadas e mais 40 mil foram submetidas a tratamento médico.[1] Assustados com as mortes, milhares de habitantes dos bairros residenciais vizinhos aos locais de despejo fugiram carregando seus pertences em carroças, lombo de burro ou carros para os bosques mais próximos, onde haviam se refugiado até recentemente da violência da guerra civil. Nas ruas de Abidjan, moradores protestavam furiosos e o ministro dos Transportes, que havia renunciado em função dos acontecimentos, foi espancado pela multidão enraivecida. Nos dias seguintes, outros ministros renunciaram, enquanto medidas drásticas tiveram de ser tomadas para eliminar a presença dos tóxicos na cadeia alimentar, consistindo no sacrifício de porcos e outros animais. Um mês depois, os hospitais de Abidjan ainda continuavam cheios de pessoas, a maioria das quais usava máscaras para proteger nariz e boca, fazendo com que o preço destas subissem velozmente.[2]

A história desse escândalo tóxico havia começado, no entanto, um mês antes, quando o *Probo Koala* atracou no porto de Amsterdã. Um cheiro nauseabundo fizera com que os moradores próximos notificassem a polícia, levando a companhia de serviços portuários a recolher amostras do material dos tanques do navio. Em vez de águas servidas para lavar tanques de gasolina, os exames de laboratório revelaram altas concentrações de mercaptano, substância presente em alguns óleos crus, altamente tóxica e fétida. O navio recusou a oferta das autoridades portuárias para tratar os resíduos em instalações especiais de Roterdã em virtude do maior custo e, abandonando a Holanda, seguiu para a Estônia. Alertado pelas autoridades holandesas, o porto de Paldinski, na Estônia, onde o *Probo Koala* recebera um grande carregamento de gasolina para a Nigéria, não permitiu que o navio se desvencilhasse de sua carga tóxica. Depois de descarregar a gasolina na Nigéria, o *Probo Koala* finalmente se livraria da sua carga perigosa na Costa do Marfim, onde uma empresa criada no mês anterior se encarregaria de recolhê-la no porto. A mídia da Costa do Marfim especulou a respeito das ligações entre a família do presidente, a empresa holandesa Transfigura e a Puma Energy, que negociara com a recém-criada Tommy o contrato para o descarte do lodo tóxico trazido pelo navio. Dois dos funcionários enviados à Costa do Marfim pela Transfigura foram presos logo após sua chegada à capital e só foram libertados após a empresa se comprometer a pagar 198 milhões de dólares para a descontaminação das áreas, embora continuasse negando qualquer responsabilidade pelo acidente. Em troca dessa soma de dinheiro, no entanto, o governo da Costa do Marfim abriu mão de processar a empresa, o que certamente foi muito conveniente, se levarmos em conta os rumores sobre o envolvimento de parentes do presidente da República no episódio.

Considerando apenas as cifras, temos um quadro bastante claro do cálculo que explicou tal tipo de operação. A proposta feita pelas autoridades holandesas para tratar a carga tóxica do Probo Koala, e que foi recusada pela Transfigura, somava 500 mil dólares caso ela se acrescesse a multa por atraso na chegada ao porto estoniano,[3] enquanto o contrato com a "empresa Tommy" fixava em apenas 18,5 mil dólares o custo para o descarte do material na Costa do Marfim. A mesquinhez saiu caro para a Transfigura, porém, que teve de despender bem mais com a indenização paga à Costa do Marfim. A comunidade internacional também pagou parte da conta, quando por meio da agência ambiental da ONU, o PNUMA, enviou 13,5 milhões de dólares para ajudar nas operações de socorro da população, embora saibamos que não há indenização monetária que dê conta dos danos morais e físicos sofridos pela já tão sacrificada população de Abidjan.

Quando se comemoraram os dez anos da Convenção da Basileia, há 10 anos, muitos consideravam que episódios como esses pertenceriam à história das décadas de 1980 e 1990, antes que a Convenção da Basileia viesse pôr cobro ao infamante comércio de resíduos tóxicos. E esta foi efetivamente a conclusão a que eu havia chegado, ao concluir a minha tese de doutorado no ano de 2000.

A Proibição da Basileia teria sido um sucesso, pois ainda antes da sua entrada em vigor registrava-se uma queda notável em esquemas de tráfico ilegal de resíduos. No entanto, o episódio do *Probo Koala* aconteceu em julho e agosto de 2006 e foi ainda sob as reverberações do seu escândalo que a VIII Reunião das Partes da Convenção da Basileia foi aberta em Nairóbi, em fins de novembro de 2006.

Em um dos seus documentos lançados na véspera da VIII Reunião, o Basel Ban Network apontava as seguintes causas para o revigoramento do comércio mundial de resíduos perigosos nestes últimos tempos: o fracasso de parte das grandes nações geradoras de resíduos em reduzir essa geração — obrigação prevista na Convenção da Basileia —, resultando em crescente acúmulo de resíduos tóxicos; a alta contínua dos custos de disposição de resíduos perigosos nestes países, paralelamente ao aumento da desigualdade de renda entre países mais ricos e mais pobres; e, por fim, o Basel Ban Network denunciava os esforços de certos países desenvolvidos e poderosos em sabotar ou encontrar meios de escapar à Proibição da Basileia, como seria o caso do Japão, dos Estados Unidos e, recentemente, da Noruega e da Alemanha.

Segundo os ativistas do BAN, além dos resíduos tóxicos tradicionais, há toda uma nova geração de resíduos que é alvo de tráfico mundial intenso. Particularmente o lixo eletrônico, do qual o Japão é grande produtor, juntamente com os navios fora de uso a serem desmantelados em países do Terceiro Mundo, no qual a Noruega, como grande nação marítima, tem grande interesse. Não é por acaso que países, vítimas recentes desse tráfico, ainda não tenham ratificado a Proibição da Basileia, como é o caso da Índia — um dos principais alvos das operações de desmantelamento de navios —, Paquistão, Bangladesh, Filipinas e a própria Costa do Marfim.

A questão do desmantelamento de navios e seu tratamento no âmbito da Convenção da Basileia trata-se de assunto já antigo, mas que se agravou com a decisão tomada pelas autoridades internacionais em retirar de circulação navios de tanque simples, de modo a reduzir os acidentes com vazamento de petróleo e outras cargas tóxicas. Essa decisão implica que cerca de dois mil navios deverão ser desmantelados nos próximos anos, operação que envolve sérios riscos ambientais e laborais, devido aos materiais tóxicos presentes nas estruturas dos navios.

Nas discussões travadas em reuniões da Convenção da Basileia, o Japão e os Estados Unidos combateram todas as tentativas de aplicar os dispositivos legais da Convenção da Basileia nos casos de reciclagem e desmantelamento de navios, questionando a competência dessa convenção para lidar com navios e favorecendo uma negociação específica sobre esse tema no âmbito da Organização Marítima Internacional (OMI). A minuta do acordo até agora negociado pela OMI, no entanto, produziu um texto fraco, muito aquém dos dispositivos de proteção ambiental presentes na Convenção da Basileia, o que não é de se estranhar quando consideramos a forte presença dos interesses de armadores representados pelos governos dos Estados Unidos, Japão, Malta, Grécia, Noruega e Argentina.

Mais preocupante ainda essa situação se torna quando calculamos que uma futura convenção no âmbito da OMI só poderia entrar em vigor por volta dos anos 2012-2015, enquanto se prevê que o auge do desmantelamento dos cerca de 2.000 navios de tanques únicos existentes no mundo deverá ocorrer por volta de 2010. O irônico, no entanto, é que os países-sede de operações de desmantalamento de navios, como a Índia, tampouco mostram-se satisfeitos com a minuta de acordo da OMI, pois desejam diminuir suas responsabilidades por acidentes e danos e aumentar aquelas dos países produtores de navios.

Porém, a VII Conferência das Partes da Convenção da Basileia havia tomado uma decisão importante para garantir que o futuro texto resultante das negociações em curso na OMI se mantivesse à altura do desafio que lhe foi dado, ao aprovar o princípio de que a futura convenção deverá prover um nível de controle sobre as atividades de desmantelamento de navios equivalente àquele oferecido pela Convenção da Basileia (Resolução nº VII/26).

Outro tema candente da Convenção da Basileia nos últimos anos tem sido o comércio de lixo eletrônico, cujas dimensões tendem a aumentar, dado o crescimento da produção de equipamentos eletrônicos na Europa, Estados Unidos e Japão. Os principais fluxos desse comércio são os do Japão para países asiáticos vizinhos e os dos Estados Unidos para a Ásia e África. Como denuncia o BAN, em seu relatório sobre os resultados da VIII Conferência das Partes,[4] o Japão é a nação que mais explicitamente defende o seu interesse em exportar resíduos perigosos para países em desenvolvimento. O argumento é o de que sendo um país-ilha, faltam-lhe recursos para ser uma "sociedade de reciclagem", necessitando para tal de seus vizinhos. Coerentemente com essa argumentação, o Japão recentemente lançou uma campanha global apoiada pelo Departamento de Comércio dos Estados Unidos, a chamada Iniciativa 3R, que enfatiza o "reciclar" do último dos três "Rs", deixando em segundo plano os "reduzir" e "reutilizar". De acordo com a Iniciativa 3R, sua intenção seria "eliminar barreiras comerciais para bens e materiais para reciclagem", portanto em franca contradição com a Convenção da Basileia, que busca justamente que cada país alcance a autossuficiência no tratamento dos seus próprios resíduos, reduzindo-se este comércio ao mínimo indispensável. Um exemplo da concretização da política japonesa foi o acordo de parceria econômica Japão-Filipinas (JPEPA em inglês) em 2006, por meio do qual o Japão pressionou as Filipinas para que reduzisse a zero as tarifas sobre resíduos perigosos e outros resíduos controlados por Basileia, fato que gerou imenso alarde na mídia das Filipinas.

O PNUMA organizou um fórum global de alto nível para discutir "soluções inovadoras para o lixo eletrônico" durante a VIII Reunião das Partes, em Nairóbi, que foi presidida pelo diretor-executivo do PNUMA, Achim Steiner. Indicativo de como andam as relações de poder no âmbito das negociações internacionais de meio ambiente foi o fato de que ONGs como o Basel Ban Network e a Greenpeace não tenham sido convidados para participar do fórum, embora tenham sido elogiadas por suas contribuições na discussão do tema, enquanto ali compareceram os representantes de várias indústrias como Nokia, Hewlett Packard e outras. Apesar deste claro favoritismo industrial, a Declaração de Nairóbi reafirma alguns dos princípios norteadores de políticas ambientais corretas, como a importância de minimizar a geração de lixo eletrônico e reduzir os seus movimentos transfronteiriços, incentivar o *ecodesign* e ampliar a responsabilidade pós-consumo no ciclo de vida dos produtos eletrônicos e elétricos, bem como a urgência em fortalecer a implementação da Convenção e combater o tráfico ilegal de lixo eletrônico. Demonstrando o quanto não comunga dos objetivos da Convenção da Basileia, o representante dos Estados Unidos manifestou-se insatisfeito com a Declaração de Nairóbi, pois na sua opinião este documento "não gerava confiança nos mercados globais" e "e era irrealista o apelo para a eliminação do comércio de resíduos tóxicos, em vez da redução de substâncias tóxicas".[5]

A presença cada vez mais forte dos setores industriais também ficou patente no documento elaborado pelo Grupo de Trabalho sobre Celulares (MPWG), constituído pela *Phone Partnership Initiative*, um agrupamento do qual participa a CTIA (*Cellular Telecommunications & Internet Association*) e apresentado para aprovação durante a VIII Conferência das Partes: o documento propunha excluir os celulares usados do âmbito e das regras de controle da Convenção da Basileia! Embora tenham fracassado em conseguir esse propósito, as indústrias e os Estados Unidos foram incansáveis em insistir em que as regras da Convenção não se aplicassem a celulares exportados após a reciclagem. Desagradando a quase todas as partes, especialmente aos países em desenvolvimento que sequer haviam sido convidados para participar do grupo de trabalho, a VIII Conferência das Partes acabou entrando em acordo para postergar uma decisão definitiva sobre o documento para a próxima reunião, além de recomendar expressamente a inclusão de países em desenvolvimento no grupo de trabalho.

A VIII Conferência das Partes também teve de enfrentar a dura discussão em torno da questão dos chamados "níveis mínimos de POPs". Estabelecidos pela Convenção de Estocolmo sobre Poluentes Orgânicos Persistentes, tais níveis mínimos, se aceitos pela Convenção da Basileia como parâmetro para definir o que seriam resíduos perigosos, implicariam legalizar o comércio de dioxinas e outros poluentes orgânicos persistentes, pois bastaria diluí-los em meio a outros resíduos. A solução para o impasse foi novamente adiar uma decisão definitiva para a próxima reunião, aceitando-se os tais "níveis mínimos de POPs" apenas em caráter provisório.

Mas foi sobretudo a questão relativa à ratificação e entrada em vigor da emenda, estabelecendo a proibição da exportação de resíduos perigosos dos países industrializados para os países em desenvolvimento, que provocou os mais acalorados debates durante a VIII Conferência das Partes. Aprovada por consenso na III Reunião das Partes, em 1994, a entrada em vigor da emenda dependia da ratificação por 62 países, mas não foram poucos os países que, embora a tenham aprovado naquela data, posteriormente relutavam em ratificá-la.

Na VIII Conferência das Partes, realizada em Nairóbi no fim de 2006, finalmente se alcançara o número exigido, pois 63 países haviam depositado suas ratificações junto ao secretariado da Convenção. Teria sido possível, portanto, naquela oportunidade anunciar a entrada em vigor da Proibição, caso uma manobra protelatória não tivesse sido adotada por parte do grupo de países mais frontalmente contrários à proibição. Apoiando-se na redação ambígua do parágrafo da Convenção sobre ratificação, esses países sustentavam que as 62 ratificações necessárias deveriam pertencer aos países que na época aprovaram a emenda e não a quaisquer países, não devendo ser considerados, portanto, aqueles que haviam aderido posteriormente à Convenção. A decisão a respeito da correta interpretação do artigo sobre ratificação teve que ser postergada também para a próxima reunião da convenção, em consequência da impossibilidade de se chegar a um acordo. No entanto, foi durante a VIII Conferência das Partes que a frente contrária à Proibição da Basileia perdeu um forte aliado, a Coreia do Sul, embora a Índia, o Japão, o Canadá, a Austrália e a Nova Zelândia continuassem batalhando para retardar a sua entrada em vigor.

Todas essas questões conflituosas sobre o escopo e os parâmetros de aplicação da Convenção da Basileia ilustram um quadro de dificuldades crescentes que têm caracterizado não apenas esta convenção, mas o conjunto das negociações internacionais relacionadas ao meio ambiente. A rigor, o último tratado sobre meio ambiente, que foi concluído com relativo sucesso, foi a Convenção de Estocolmo, sobre poluentes orgânicos persistentes, cujo texto final foi aprovado em dezembro de 2000, em Joannesburgo. A conclusão feliz desta reunião, no entanto, deveria ser atribuída à intenção dos governos canadense e australiano de se dissociarem do unilateralismo intransigente dos Estados Unidos, pois apenas há um mês estes países haviam sido responsabilizados, juntamente com os Estados Unidos, pelo impasse nas negociações finais do Protocolo de Quioto, durante a VI Conferência das Partes da Convenção de Mudanças Climáticas, em Haia. De fato, a Convenção de Estocolmo pode ser já considerada um dos mais avançados acordos em meio ambiente, contemplando uma série de dispositivos inovadores em termos de operacionalização e implementação das suas decisões. Até um dia antes do término da sua última reunião de negociação, no entanto, temia-se mais um fracasso retumbante, dada a resistência empedernida dos Estados Unidos, Austrália e Canadá em aceitarem parágrafos operativos referentes ao Princípio de Precaução e o objetivo de eliminação da geração de POPs.

Também as negociações do Protocolo de Cartagena sobre Movimentos Transfronteiriços de Organismos Vivos Modificados foram se tornando cada vez mais difíceis, culminando no fracasso da última reunião do grupo de trabalho para elaboração do seu texto, em fevereiro de 1999, em Cartagena, na Colômbia. Dispositivos fundamentais da minuta do texto a ser negociado foram modificados pelo presidente do grupo de trabalho no vão esforço de conquistar o apoio do Grupo de Miami para um acordo final. Esse grupo formado por Estados Unidos, Canadá, Argentina, Chile e Uruguai não se envergonharam de recusar peremptoriamente um texto final absolutamente esvaziado de conteúdo e só foi possível chegar a um acordo um ano depois, em Montreal, quando se introduziu um dispositivo que adiava em alguns anos a obrigação de se adotar um modelo único de identificação de grãos transgênicos nas cargas a serem movimentadas entre países.

Mas o exemplo mais completo de fracasso nas negociações internacionais em meio ambiente certamente foi a Conferência Mundial pelo Desenvolvimento Sustentável, também chamada de Rio+10, em Joannesburgo, em 2002. O esvaziamento do tema ambiental já começou com o seu desaparecimento do título da Conferência, que se chamou Cúpula Mundial sobre Desenvolvimento Sustentável e seguiu-se com a decisão de dar particular ênfase à questão da superação da miséria no Terceiro Mundo, como se as questões ambientais de maior urgência se relacionassem sobretudo com a parte menos desenvolvida do planeta. Isso permitiu a inserção de questões comerciais na pauta da reunião, como a briga de países do Sul pelo aumento da cota de importações de seus produtos agrícolas e supressão de subsídios à produção agrícola nos mercados ricos, medidas que não só são nulas na mitigação da pobreza, como prejudiciais ao meio ambiente, dado o conhecido estilo predatório do agronegócio daqueles países.

A própria escolha de Joannesburgo já foi sintomática do que viria, pois a África do Sul, mesmo com o fim do *Apartheid,* continuou sendo um ator reticente aos esforços ambientais, frequentemente dissociando-se dos demais países africanos na luta pela proteção da biodiversidade e contra a poluição química e industrial. Desesperadamente necessitada de recursos e com um movimento ambientalista incipiente, estava claro para onde iria pender o governo sul-africano. Para culminar, Joannesburgo era a cidade ideal para manter isolados num gueto branco de hotéis e centros comerciais, distante alguns quilômetros da perigosa Joannesburgo, os milhares de representantes internacionais ali concentrados, evitando-se, assim, as incômodas manifestações das ONGs e movimentos sociais.

Entretanto, dez anos após a ECO-92, esperava-se que a comunidade internacional, reconhecendo os resultados modestos deste longo período, desse alguns passos adiante, assumindo novos compromissos globais, particularmente no que se referia às mudanças climáticas, à proteção da biodiversidade e à poluição química. Os resultados, no entanto, foram extremamente decepcionantes, o que fez com que ONGs e movimentos sociais qualificassem como um absoluto fracasso a realização da conferência. Apesar dos esforços diplomáticos brasileiros e da União Europeia, foi impossível a aprovação de proposta definindo uma porcentagem obrigatória de investimentos em energias renováveis para o total dos investimentos em geração de energia em cada país. O G-77, em particular os países árabes e os Estados Unidos, estranhamente juntos nessa causa ingrata, inviabilizaram a negociação desta proposta. Nas questões relativas à biodiversidade, apenas foi possível negociar uma meta referente à proteção de estoques de peixes. Nas demais prioridades estabelecidas previamente para a Conferência, não se chegou a mais do que posições genéricas, sem definição de metas. Alguns analistas consideraram que já foi uma vitória se ter impedido retrocessos, pois os Estados Unidos haviam exercido forte pressão durante as reuniões preparatórias para eliminar as referências aos princípios das Responsabilidades Comuns, Porém Diferenciadas e do Princípio de Precaução, bem como a exigência de destinação de 0,7% do PIB dos países desenvolvidos para os em desenvolvimento. Além disso, os Estados Unidos insistiam em que os acordos multilaterais em meio ambiente deveriam subordinar-se às regras da Organização Mundial do Comércio. As ONGs abandonaram a sessão final em sinal de protesto e a WWF deu outra interpretação para as iniciais da reunião, chamando-a de *"World Summit on Shameful Deals"* (Cúpula Mundial de Negócios Vergonhosos).

Segundo interessante artigo de Boaventura Santos, Joannesburgo teria sido "sequestrada" pelas multinacionais, as quais não só estavam presentes fisicamente em grande número, mas também deram o tom ideológico, ao popularizar a ideia de que a questão ambiental só e apenas poderia ser resolvida por meio do comércio.[6] Prova disso foi a relutância dos países participantes em aprovarem compromissos vinculantes e preferirem os chamados acordos de tipo 2, acordos voluntários entre grupos de países limitados e empresas. A globalização neoliberal estaria mais forte do que nunca, portanto, tendo sido capaz de cooptar o discurso ambiental da participação e da sustentabilidade por intermédio de alianças com os países ricos e com a própria ONU, endividada e carente de força política.

Outro fator que explicaria o fracasso de Joannesburgo teria sido a divisão no seio da própria União Europeia, enfraquecida pelo combate ao terrorismo e pela intensificação da competição econômica interna e externa. Em todas as negociações internacionais de meio ambiente nas quais ocorreram avanços reais, a atuação da União Europeia e dos países do G-77 havia sido fundamental, como foram os casos da Convenção da Basileia, da Convenção de Estocolmo, do Protocolo de Cartagena, entre outros. Agora, além de uma União Europeia dividida, também havia um G-77 fragmentado, disputando as migalhas de uma globalização excludente.

É inconteste o fato de que uma das consequências mais importantes da globalização foi o enfraquecimento dos Estados Nacionais diante das corporações internacionais e capital financeiro, levando-os a abandonar o papel de dirigentes políticos para assumirem a postura de árbitros entre o mercado e a sociedade civil, e com um evidente favoritismo para as forças econômicas. Em suma, segundo Boaventura Santos, a globalização econômica teria agido no sentido de fortalecer a presença do mercado nas políticas ambientais nacionais e internacionais, em detrimento da participação da sociedade civil.

De fato, a presença física dos *lobbies* industriais nas negociações internacionais de meio ambiente é um fenômeno bastante recente, de meado da década de 1990. Nas primeiras conferências da Convenção da Basileia, por exemplo, apenas um senhor solitário representante do Bureau Europeu de Reciclagem perambulava pelos corredores dos centros de convenção sem que ninguém lhes prestasse nenhuma atenção. Nos anos seguintes, no entanto, cresceu a presença de representantes de empresas privadas e estatais, do Norte e do Sul, interessadas em bloquear qualquer regulamentação que estabelecesse entraves à exportação de resíduos, muitas delas integradas nas delegações oficiais de seus países. Nas negociações internacionais para a Convenção de Estocolmo sobre Poluentes Orgânicos Persistentes, contudo, já era maciça a presença de representantes da indústria química, metalúrgica e de equipamentos de incineração. Elas ali estavam como parte das delegações oficiais, como setor independente e mesmo como assessores técnicos contratados pelos órgãos da ONU.

Mas talvez tenha sido nas conferências da Convenção sobre Diversidade Biológica e nas reuniões de negociação do Protocolo de Cartagena sobre movimentos transfronteiriços de organismos vivos modificados que tenha ficado mais patente o "sequestro" das convenções internacionais pelo mercado. Não só as delegações oficiais abrigavam um expressivo número de representantes dos setores industriais, como a Monsanto, Novartis, Syngenta, Bayer, Basf, Du Pont, Cargill e Bunge, mas também um pequeno grupo de entidades ou associações recém-criadas e financiadas por essas empresas, que se apresentavam como ONGs ou institutos de pesquisa. Aqui no Brasil por exemplo, no espaço de poucos anos, surgiram o CIB (Conselho de Informação em Biotecnologia), a Anbio (Associação Nacional de Biotecnolgia) e o Icone (Instituto de Pesquisas sobre Comércio Internacional).

Outro exemplo mais recente da forte interferência de pressões econômicas sobre negociações ambientais foi o caso do lançamento do 3º Relatório do Painel Internacional sobre Mudanças Climáticas (IPCC) sobre mitigação. O texto sofreu diversas revisões para atenuar as suas conclusões e para comportar tecnologias patrocinadas por vários países. Assim, a indústria nuclear ganhou um novo alento com a menção à energia nuclear como uma das alternativas para reduzir as emissões de gases estufa. O Brasil pressionou, embora sem grande resultado, para que o etanol da cana-de-açúcar aparecesse como a solução mágica. Tecnologias altamente questionáveis como a injeção profunda tiveram os seus cinco minutos de glória.

Como resultado, portanto, da presença e da influência cada vez mais intensa dos grandes interesses econômicos nas negociações internacionais de meio ambiente, minguaram os seus resultados. Joannesburgo não decidiu nada que valesse o custo do encontro: o Protocolo de Quito só entrou em vigor recentemente e é com enorme dificuldade que se desenrolam negociações sobre o que se chamaria de um "Pós-Quioto"; a Proibição da Basileia ainda não foi ratificada e a III Reunião do Protocolo de Cartagena conseguiu jogar para a segunda década do século uma definição sobre como devem ser adequadamente identificados organismos geneticamente modificados nos movimentos transfronteiriços internacionais, quando destinados à alimentação humana e animal.

O frequente clima de decepção com o qual se vem concluindo as últimas negociações internacionais em meio ambiente traz de volta um questionamento presente nas primeiras reuniões preparatórias da ECO-92, quando organizações não governamentais debateram seriamente se deveriam participar daquela reunião e tratar assim de influenciar positivamente os seus resultados ou se deveriam abandoná-la, por considerar que sua participação apenas a legitimava, sem no entanto ser capaz de garantir resultados relevantes. O balanço altamente positivo que se fez dos resultados da ECO-92, porém, relegou ao ostracismo esse tipo de reflexão, fazendo com que a "década de conferências" sobre temas sociais, como a designou o diplomata Lindgren Alves,[7] contasse com uma crescente participação da sociedade civil internacional. Talvez seja o momento, no entanto, de se recolocar esta questão, pois a intensa atividade dos movimentos ambientalistas em Joannesburgo, em 2002 e nas várias negociações multilaterais subsequentes sobre meio ambiente, não tem conseguido alertar a opinião pública internacional para os sucessivos fracassos dessas negociações e acordos.

De fato, os principais responsáveis políticos pelo fracasso de Joannesburgo pagaram um preço muito baixo, se é que tiveram que pagar algum. A delegação dos Estados Unidos saíram da África do Sul declarando que estavam muito felizes com os resultados e que muitos países reconheceram o quanto eles foram prestativos em buscar soluções aceitáveis para todas as partes. Na opinião pública norte-americana, pouco repercutiram as vaias tomadas por Collin Powell, mostradas apenas de relance na CNN. Portanto, custo zero. À União Europeia foi possível responsabilizar inteiramente os Estados Unidos pelo fracasso da reunião, de modo que, como em Doha, seus esforços tenham sido muito modestos. Os países da Opep, na maioria ditaduras obscurantistas, não precisavam prestar contas à sua opinião pública dos seus atos, e se fosse necessário, um pouco de antiamericanismo, reavivado pelas políticas unilateralistas de Bush e pelos acontecimentos pós-11 de Setembro, bastaria. Quanto ao Brasil, pode voltar de cabeça erguida, cavaleiro andante das mudanças climáticas, embora internamente tivesse bastado uma crise de energia no ano anterior para que retornasse à ordem do dia a discussão sobre a retomada do programa nuclear, e se licenciassem novas usinas a carvão, o pior dos combustíveis fósseis, além de dezenas de termoelétricas e usinas a gás.

Finalmente, não deveríamos nos esquecer de que o 11 de Setembro fora capaz de desviar fortemente a atenção mundial para a questão da segurança e da guerra, particularmente nos Estados Unidos e na Europa.

Porém, bem antes do 11 de Setembro e mesmo antes que se sentisse a presença opressiva do *lobby* empresarial nos corredores dos centros de convenções, o movimento ambientalista já experimentava um certo refluxo nos Estados Unidos e Europa, no início da década de 1990. Exemplo disso foi a crise financeira e política em que mergulhou a Greenpeace Internacional no início desse período, provocada inicialmente pela bancarrota da Greenpeace Estados Unidos, crise que, pela primeira vez na história de 20 anos desta organização, interrompeu um crescimento continuado, exigindo cortes drásticos e a adoção de políticas de ajuste financeiro.

À época, atribuiu-se à má administração norte-americana e à sua oposição pública à Guerra do Golfo o fato de que a entidade perdesse milhares de associados e, com isso, abalasse seriamente as finanças da Greenpeace Internacional, da qual ela era uma das principais contribuintes. Mas se os demais escritórios europeus da Greenpeace não se depararam com crises de proporções tão alarmantes quanto a da sua irmã norte-americana, era claro que os tempos de crescimento contínuo pertenciam ao passado. O enfrentamento desta nova realidade provocará um importante deslocamento do poder político no interior da organização, que, desde o seu início, havia sido quase exclusivamente liderada por ativistas norte-americanos e canadenses. Prometendo um saneamento das finanças, uma gestão mais profissional e reforma institucional, os novos quadros dirigentes da Greenpeace Internacional serão originários das filiais alemãs, holandesas, inglesas e suíças, todas elas entidades sólidas, com centenas de quadros e milhares de associados, mas cuja orientação política sempre fora menos radical do que aquela dos Estados Unidos, muito influenciada pelos movimentos de base, os *grassroots* e pelo nascente movimento de Justiça Ambiental.

O deslocamento de poder interno não foi apenas geográfico, dos escritórios do Greenpeace do Novo Mundo para o Velho Mundo, mas também do tipo de quadro que assumirá os postos dirigentes. Ativistas, chamados de *campaigners*, são substituídos por executivos especializados em gerência, arrecadação de fundos, comunicação e recursos humanos. Reproduzindo no nível interno os efeitos perversos da globalização econômica no planeta, os escritórios dos países do Terceiro Mundo tiveram de se adaptar aos orçamentos reduzidos pelos executivos da Greenpeace Internacional em Amsterdã, o que permitiu a esses últimos garantir uma folgada maioria para aprovação de suas reformas estruturais durante as assembleias gerais anuais. Os coordenadores internacionais das campanhas temáticas, os ativistas que sempre foram o coração e o cérebro dessa organização, começaram a ter de competir entre si para garantir a aprovação de seus planos de campanha e respectivos orçamentos, fazendo com que cada vez se tornasse mais importante o marketing interno e o desenho de campanhas com forte apelo público e boas chances de sucesso. Enfim, um ambientalismo de resultados.

Um bom exemplo disso foi a mudança de estratégias adotadas pela campanha greenpeaceana contra as mudanças climáticas. Enquanto o movimento ambientalista centrou seus ataques contra o uso do transporte privado com automóveis, foi impossível despertar a atenção da opinião pública e dos governos do mundo desenvolvido para a gravidade do problema. O apoio dado pela Greenpeace alemã ao desenvolvimento de um carro econômico em combustível no início dos anos 1990 causou certa polêmica interna na entidade internacional, mas os anos seguintes vão reforçar essa tendência a buscar soluções tecnológicas palatáveis para a economia, governos e a opinião pública, fugindo-se assim a um debate sério sobre a necessidade de mudanças radicais do paradigma de produção e consumo e do transporte em particular. Reivindica-se o investimento em fontes de energia renováveis como a energia solar e eólica, apoia-se firmemente os dispositivos da Convenção de Mudanças Climáticas que permitem estimular e compensar economicamente os países que reduzam ou impeçam o aumento das suas emissões de carbono, aliando-se a países cuja postura pró-cumprimento do Protocolo de Quioto tem muito pouco a ver com uma política consequente de combate às mudanças climáticas mas, sim, com o fato de que o protocolo os exime de realizarem reduções nas suas emissões, o que é exatamente o caso do Brasil. Também o fato de a Greenpeace Brasil ter aceitado deixar de fora a questão dos transgênicos na Moratória da Soja negociada com um conjunto de empresas de alimentos e grãos, visando impedir o avanço da soja sobre a floresta amazônica, exemplifica esse ambientalismo de resultados.

O ambientalismo de resultados provavelmente foi uma reação possível à menor mobilização da opinião pública do mundo desenvolvido pelas questões ambientais. Se considerarmos os temas que foram capazes de atrair os corações e mentes do moderno movimento ambientalista dos anos 1970, como a oposição aos testes e à energia nuclear, a caça à baleia e focas, o desmatamento da floresta amazônica e a chuva ácida sobre as florestas temperadas, a poluição dos rios, a contaminação dos alimentos com agrotóxicos, os incineradores de lixo tóxico e as fábricas poluentes, é evidente que, embora o movimento ambientalista não tenha conseguido eliminar definitivamente nenhuma dessas práticas insustentáveis, ele alcançou grandes vitórias por meio de moratórias, restrições a atividades, proibição de substâncias e equipamentos mais poluentes, adoção de políticas de conservação e outras medidas.

O próprio reconhecimento da importância da questão ambiental por parte dos Estados nacionais e de órgãos internacionais e mesmo das empresas — ainda que muito desse reconhecimento neste último caso não passe de *greenwashing* — teve um efeito desmobilizador, na medida em que produziu o sentimento de que a questão ambiental merece hoje tratamento apropriado por parte de autoridades em todo o planeta. Há ministérios do meio ambiente, órgãos de pesquisa, agências de fiscalização, legislações nacionais e internacionais. Ou seja, o movimento ambientalista terá sido vítima do seu próprio sucesso.

Mas esse sucesso, no entanto, não foi nem de longe o suficiente para garantir alívio sensível nas principais áreas de maior degradação, como as mudanças climáticas, a perda de biodiversidade e a poluição global. E, muitas vezes, as "soluções" para uma área implicam danos para outras, como é o caso da expansão canavieira visando produzir etanol para substituir a gasolina, ou do reflorestamento de pinhos e eucaliptos como sugadouros de carbono. Além disso, um efeito ainda mais perverso do movimento ambientalista tem sido a eliminação ou redução de atividades insustentáveis no Norte e sua migração para regiões do mundo onde a consciência ambiental seja menor e a miséria maior, intensificando-se a degradação ambiental nas regiões periféricas, enquanto as regiões centrais passam por modernizações ecológicas constantes.

Não é outra a razão da "fome de energia" pela qual passa o nosso país, aflito para alimentar o mundo desenvolvido e a expansão chinesa com *commodities* energo-intensivas como alumínio, aço e celulose, e produtos devoradores de biodiversidade e poluidores de recursos naturais como a pecuária intensiva, a soja e o eucalipto. No entanto, essa externalização dos custos ambientais das economias centrais não é de fácil visualização por parte da opinião pública dos países centrais. Desse modo, vivendo em um mundo no qual o seu território se mostra razoavelmente mais limpo, mais fiscalizado e preservado e longe daquelas regiões onde a sanha destrutiva segue impávida, a opinião pública dos países centrais pode alimentar a ilusão de que a questão ambiental esteja equacionada pelos órgãos responsáveis e a caminho de ser solucionada.

O enfrentamento da catástrofe ambiental, contudo, exigiria muito mais do que isso. Na verdade, não haverá solução para estabilizar o clima do planeta, deter o ritmo alucinante de consumo de recursos naturais, de perda de biodiversidade e de poluição global sem que se empreenda uma redução, ou seja, um *decrescimento* na economia baseada nos ganhos de produtividade. Tal cenário, contudo, parece inaceitável para sociedades ricas, mal-educadas no consumo perdulário de bens materiais. Esta é uma mensagem, portanto, muito mais amarga de ser captada pela opinião pública dos países centrais do que foi até agora a luta pela interrupção da caça das baleias, dos testes nucleares, do movimento transfronteiriço de resíduos perigosos ou os atuais esforços por substituir combustíveis fósseis por renováveis, petróleo por etanol, por exemplo, mantendo-se o mesmo nível de consumo.

O único tema ambiental que foi capaz de mobilizar intensamente a opinião pública europeia nos últimos anos foi a comercialização de organismos geneticamente modificados, o que se explica por uma combinação muito particular de fatores. Os transgênicos foram percebidos antes de tudo como uma ameaça à segurança dos alimentos, e por esse motivo foram rejeitados tão cabalmente em vários países. Culturas culinárias sofisticadas como a italiana, francesa ou grega, de um lado, a presença de movimentos camponeses de orientação ecológica, como é o caso da França e da Espanha, e mesmo uma forte desconfiança em relação às políticas tecnológicas dos seus governos — como provavelmente é o caso da Inglaterra, após o caso da doença da vaca louca — explicam a virulência com que a opinião pública dos principais países europeus rejeitou os alimentos transgênicos.

Entretanto, na periferia do mundo desenvolvido e industrializado, observamos o crescimento dos movimentos de justiça ambiental, reagindo à sanha destruidora de atividades econômicas locais, as quais buscam participar da economia globalizada por meio da exploração cada vez mais intensa e predatória do meio ambiente local: perda de biodiversidade e cobertura vegetal devido à construção das hidroelétricas necessárias às indústrias energo-intensivas, exportadoras de *commodities* de pouco valor agregado; desmatamento para a ampliação de cultivos de exportação, pecuária e celulose; poluição de rios e mares em virtude da exploração e refino de petróleo; destruição de mangues e dunas para a carcinocultura e assim por diante.

Ameaçados nas suas modestas condições de vida, populações tradicionais e povos indígenas organizam-se, e do seu emaranhado de lutas estrutura-se aos poucos uma crítica consistente ao modelo de desenvolvimento baseado no crescimento econômico e predatório. Questiona-se a economia cujo crescimento, além de prejudicar parcelas expressivas da população atual, destrói ao mesmo tempo os recursos naturais que farão falta às próximas gerações. Movimentos como o Movimento dos Atingidos pelas Barragens (MAB) ou certos setores mais avançados do Movimento dos Sem Terra ou ainda os diversos Fóruns do Lixo e Cidadania são capazes de conceber e defender políticas para a questão energética, agrícola e de resíduos, que se baseiam em sólidos princípios ecológicos. O fosso entre esses movimentos da Justiça Ambiental e o daqueles interesses econômicos de natureza clássica amplia-se, portanto, pois a globalização econômica torna mais agressivos estes últimos, provocando a reação dos primeiros. Os amplos e limpos corredores dos centros de convenções internacionais, nos quais as negociações de meio ambiente se desenrolam, por enquanto estão sendo poupados desses novos "deserdados da Terra", cuja luta se desenrola em grande parte em nível local e cujos membros encontram dificuldade em participar da política internacional. Mas não estão inteiramente sozinhos, pois os movimentos antiglobalização no Norte há muito que perceberam que são os povos das economias dependentes e pós-coloniais as principais vítimas da nova ordem econômica. É possível, portanto, que ao refluxo do movimento ambientalista a que assistimos agora, particularmente no Norte, se suceda um momento em que a questão ambiental retorne ao palco, mas agora como parte intrínseca de um projeto de reforma radical do nosso modo de vida. Até lá, não me parece que devamos esperar que as negociações internacionais de meio ambiente experimentem progressos sensíveis. Nesse teatro político, só a sociedade civil se constitui efetivamente em ator capaz de inovar o *script*.

NOTAS

1. *Wikipedia, the free encyclopedia*, Côte d'Ivoire toxic waste spill.
2. *Der Spiegel*, 38/2006, 18/09/2006.
3. *Der Spiegel, idem.*
4. *Basel Action Network Report and Press Statements on the Results of the Eighth Conference of the Parties of the Basel Convention*, 2/12/2007.
5. *Idem.*
6. *Folha de S.Paulo*, "A cúpula sequestrada", 4/09/2002.
7. J. A. L. Alves, *Relações internacionais e temas sociais: A década das conferências*, Brasília: IBRI, 2001.

BIBLIOGRAFIA

ADORNO, Theodor e HORKHEIMER, Max. *Dialética do esclarecimento.* Rio de Janeiro: Jorge Zahar Editor, 1985.

ALIER, Joan Martinez e SCHLUPMANN, Klaus. *La Ecología y la Economía.* Cidade do México: Fondo de Cultura Económica, 1991.

ALLSOPP, M.A., JEWELL, V.T., JOHNSTON, P.A. *The effects of Organophosphorous Pesticides on Human Health.* Amsterdã: Greenpeace International, 1995.

_____. SANTILLO, David e JOHNSTON, Paul. *Poisoning the Future: Impact of Endocrine-Disrupting Chemicals on Wildlife and Human Health* (Greenpeace Research Laboratories): Amsterdã: Greenpeace International, outubro de 1997.

_____. M., STRINGER, Ruth e JOHNSTON, Paul (Greenpeace Research Laboratories). *Unseen Poisons: Levels of Organochlorine Chemicals in Human Tissues.* Amsterdã: Greenpeace International, 1998.

_____. M., ERRY, Bea, STRINGER, Ruth, JOHNSTON, Paul e SANTILLO, David (Greenpeace Research Laboratories). *Recipe for Disaster: a review of persistent organic pollutants in food,* Amsterdã: Greenpeace International, março 2000.

ARENDT, Hannah. *Origens do Totalitarismo*: antissemitismo, imperialismo, totalitarismo. Tradução de Roberto Raposo. São Paulo: Companhia das Letras, 1997.

ASHFORD, Nicholas A. *A Conceptual Framework for the Use of the Precautionary Principle in Law. In* RAFFENSPERGER, Carolyn e TICKNER, Joel (orgs.). *Protecting Public Health and the Environment: Implementing the Precautionary Principle,* Washington D.C./Covelo, 1999.

BASEL ACTION NETWORK (BAN). *Environmentally sould Mangement and the Basel Ban Amendment, Prepared by the Basel Action Network (BAN) for the Fifth Conference of the Parties to the Basel Convention 6-10 December 1999*, BAN, 1999.

BARRETT, Katherine e RAFFENSPERGER, Carolyn. *Precautionary Science*. In RAFFENSPERGER, Carolyn and TICKNER, Joel (orgs.), *Protecting Public Health and the Environment: Implementing the Precautionary Principle*, Washington D.C./Covelo, 1999.

BASLER ZEITUNG. "*Tagesthema: In Bazel hat eine Umweltkovention erstmals Zähne erhalten*", p. 5, 11 e 12 de dezembro de 1999.

BAUMAN, Zygmund. *Modernidade e holocausto*. Tradução de Marcus Penchel. Rio de Janeiro: Jorge Zahar Editor, 1998.

_____. *Em busca da política*. Tradução de Marcus Penchel. Rio de Janeiro: Jorge Zahar Editor, 2000.

BECK, Ulrich. *Risk Society Toward a New Modernity*. Londres: Sage Publications, 1997.

BERTAZZI, Pier Alberto, PESATORI, Angela C., CONSONNI, Dario, TIRONI, Adriana, LANDI, Maria Teresa e ZOCHETTI, Carlo. *Cancer Incidence in a Population Accidentally Exposed to 2,3,7,8 — Tetraclorodibenxo-para-dioxin*, in *Epidemiology*, v. 4, n. 5, setembro de 1993.

_____. *Ecological Politics in an Age of Risk*. Cambridge: Polity Press, 1995.

BORN, Max e Hedwig. *Ciência y Consciência en la Era Atomica*. Madrid: Alianza Editorial, 1971.

BRODY, Charlotte. *Health Care Without Harm: the campaign for environmentally responsible health care: model resolution*, novembro de 1996.

BROWN, Michel e MAY, John. *The Greenpeace Story*. Londres: Dorling Kindersely, 1989.

BRÜSECK, Franz Josef. "Risco Social, Risco Ambiental e Risco Individual", *in Ambiente e Sociedade*. Campinas, ano I, n. 1, 2º semestre de 1997.

CARSON, Rachel. *Silent Spring*. Londres: Hamish Hamilton, 1963.

CARVALHO, Edgard de Assis. "Polifonia Cultural e Ética do Futuro". *In Ética e o Futuro da Cultura*. São Paulo, Margem n. 9, Faculdade de Ciências Sociais — PUC-SP/Educ, maio de 1999.

CASTORIADIS, Cornelius. *A instituição imaginária da sociedade*. Tradução de Guy Reynaud, São Paulo: Paz e Terra, 1975.

_____. *Encruzilhadas do labirinto/1*. Tradução de Carmen Sylvia Guedes e Rosa Maria Boaventura. São Paulo: Paz e Terra, 1987.

_____. "El derrumbe del Occidente". *In El Ascenso de la Insignificancia*. Vicente Gómez, Madri, Ediciones Fronésis Cátedra Universitat de Valencia, 1998.

CHEPESIUK, Ron. "From Ash to Cash: The International Trade in Toxic Waste". *In* The Environmental Magazine, Norwalk, Earth Action Network, v. II, n. 4, julho/agosto de 1991.

COBBING, Madeleine. "Europe's toxic colonialism". *In Chemistry & Industry*, 31/11/1993.

COSTNER, Pat. *Dioxin Elimination: A Global Imperative*, Amsterdã: Greenpeace International, março de 2000.

CRANOR, Carl. F. "Asymmetric Information, the Precautionary Principle, and Burdens of Proof". *In* RAFFENSPERGER, Carolyn e TICKNER, Joel (orgs.), *Protecting Public Health and the Environment: Implementing the Precautionary Principle*, Washington D.C./ Covelo, 1999.

CUMMINS, Joseph E. *PCBs* — "Can the World's sea mammals Survive Them?". *In The Ecologist*, Londres, v. 28, n. 5, *The Monsanto Files*, setembro/outubro de 1998.

DELÉAGE, Jean Paul. *Histoire de l'écologie, une science de l'homme et de la nature*. Paris: Éditions la Découverte, 1992.

DEMBO, David, DIAS, Clarence, J. KADWANI, Ayesha e MOREHOUSE, Ward (orgs.), *Nothing to Lose but Our Lives: Empowerment to Oppose Industrial Hazards in a Transnational World*, Hong Kong, Asian Regional Exchange for New Alternatives, 1987.

DINNO, Rachel M. *Following the Trail of Poison: The Transboundary Movement of Haardous Wastes from the United States of Mexico*, tese de mestrado para a San Jose State University, agosto de 1994; manuscrito.

EARTHLIFE AFRICA e GREENPEACE. *Waste Lives: Mercury Waste Recycling at Thor Chemicals*, Amsterdã: Greenpeace International, 1994.

ECONOMIC & SOCIAL RESEARCH COUNCIL, *The Politics of GM Food, Risk, Science and Public Trust*, Brigton, ESRC Global Change Programme, Special Briefing n. 5, Universidade de Sussex: Beacon Press, 1999.

ENDS REPORT, *EPA Report Thrusts Dioxins Back into the Spotlight*, n. 236, setembro de 1994

EPA (UNITED STATES ENVIRONMENT PROTECTION AGENCY), "Health Assessment Document for 2,3,7,8 tetraclorodibenzo-p-dioxin, TCDD and Related Compounds", Washington D.C. 1994.

FELDMANN, Fábio (coord.) e SODRÉ, Marcelo Gomes. *Consumo sustentável*, São Paulo, Secretaria do Meio Ambiente do Governo do Estado de São Paulo, Consumers International e Instituto Brasileiro de Defesa do Consumidor, IDEC, 1998.

FERRARA, Jennifer. "Revolving Doors: Monsanto and the Regulators". In *The Ecologist*, Londres, vl.28, n. 5: The Monsanto Files, setembro/outubro de 1998.

FOUCAULT, Michel. *História da loucura*, São Paulo: Editora Perspectiva, 1995.

_____. *Microfísica do poder*, Rio de Janeiro: Graal, 1981.

FRENCH, Hilary. *A Most Deadly Trade*, World Watch. Worldwatch Institute, julho/agosto de 1990.

FREUD, Sigmund. *O mal-estar da civilização*. Tradução de José Otávio Aguiar Abreu. Rio de Janeiro: Imago, 1997.

GAY, Peter. *A educação dos sentidos. A experiência burguesa da rainha Vitória a Freud*. Tradução de Per Salter. São Paulo: Companhia das Letras, 1988.

GEISER, Ken. "Cleaner Production and the Precautionary Principle". *In* RAFFENSPERGER, C. e TICKNER, J. (orgs.), *Protecting Public Health and the Environment:Implementing the Precautionary Principle*, Washington D.C./Covelo, Island Press, 1999.

GIDDENS, Anthony, BECK, Ulrich e LASH, Scott. *Modernização reflexiva — política, tradição e estética na ordem social moderna.* Tradução de Magda Lopes. São Paulo, Editora UNESP, 1995.

GORZ, André. *Adeus ao proletariado.* Rio de Janeiro. Forense-Universitária, 1982.

GREENPEACE. *The Principle of Precautionary Action: Definition and Implementation: Submitted by Greenpeace International to the Fourteenth Consultative Meeting of the London Dumping Convention (LDC)*, Londres, Greenpeace International, 1991.

_____. *O relatório Greenpeace sobre a maquilagem verde: O disfarce ecológico das empresas transnacionais*, Rio de Janeiro, 1992.

_____. *Annotations by Greenpeace International on the Agenda of the Meeting: prepared for the First Conference of Parties to the Basel Convention 30 November — 4 December 1992, Piriápolis, Uruguay*, Londres, Greenpeace International, novembro de 1992.

_____. *America Latina: Basurero tóxico?*, México, Greenpeace International, 1993.

_____. *Russia: The Making of a Waste Colony, a Greenpeace Dossier*, Amsterdã, Greenpeace Alemanha e Greenpeace Rússia, 1993.

_____. *Database of Known Hazardous Wastes Exports from OECD to non- OECD Countries 1989- March 1994: Greenpeace International*, Amsterdã, Greenpeace International, 1994.

_____. *The Waste Invasion of Asia, a Greenpeace Inventory*. Amsterdã, Greenpeace International, 1994.

_____. *The Case for Prohibitng Hazardous Wastes Exports including Recycling, From OECD to non- OECD Countries, prepared for the*

2*nd* *meeting of the Conference of the Parties to the Basel Ban, 21-25 March, 1994, Geneva, Switzerland,* Amsterdã, Greenpeace International, 1994.

_____. *Body of Evidence: the Effects of Chlorine on Human Health,* Londres, Greenpeace International, 1995.

_____. *Implementing the Basel Ban: The way foward. Prepared for the global Workshop on the Implementation of Decision II/12, 15-17 March 1995, Dakar, Senegal,* Amsterdã, Greenpeace International, 1995.

_____. *La Prohibición de Basilea: El Logro del Convenio de Basilea: preparado para la Tercera Reunión de la Conferencia de la Convención de Basilea 18-22 de septiembre de 1995,* setembro de 1995

GUIMARÃES, Roberto. *El discreto encanto de la Eco-92: una evaluación impresionista de Rio-92. In* Revista Nueva Sociedad, Caracas, n. 122, setembro de 1992.

GUIVANT, Julia Silvia. *A agricultura sustentável na perspectiva das ciências sociais.* In *Meio Ambiente, Desenvolvimento e Cidadania: desafios para as Ciências Sociais,* São Paulo, Cortez Editora, 1995.

_____. *A trajetória das análises de risco: da periferia ao centro da teoria social.* In bib Revista Brasileira de Informação Bibliográfica em Ciências Sociais, Rio de Janeiro, n. 46, Relume Dumará/ANPOCS, 2º semestre de 1998.

HABERMAS, Jürgen. *Técnica e ciência como ideologia.* Lisboa: Edições 70 Ltda, 1994.

HENSELLING, Karl Otto. *Ein Planet wird vergiftet.* Hamburgo: Rowohlt, 1992.

HILZ, Christoph e EHRENFELD, John R. *Transbondary Movements of Hazardous Wastes: A Comparative Analysis of Policy Options to Control the International Waste Trade.* In *International Environmental Affairs,* v. 3, n. 1 1991.

_____. *The International Toxic Waste Trade,* Nova Iorque, Jan Nortrand Reinhold, 1992.

HUBER, Joseph. *Quem deve mudar todas as coisas: As alternativas do movimento alternativo*. Tradução de Abílio Afonso Baeta Neves. São Paulo: Paz e Terra, 1985

HUMAN RIGHTS WATCH E NATURAL RESOURCES DEFENSE COUNCIL (Org.). *Defending the Earth: Abuses of Human Rights and the Environment*, Estados Unidos, 1992.

JACOBI, Pedro. R. (org.). *Meio ambiente: Participação, representação e legitimidade*, Debates Sócio Ambientais, São Paulo, Cedec ano II, n° 6, 1997.

JACOBS, M., SANTILLO, D., JOHNSTON, P.A., WYATT, C.L. e FRENCH, M.C. *Organochlorine Residues in Fish Oil Dietary Supplements: Comparison with Industrial Grade Oils*. In *Chemosfere* n. 37, (1998); 1709-1721.

JOHNSTON, Paul (Greenpeace Exeter Laboratories) e MACCREA, Isabel (Greenpeace) (orgs.). *Death in Small Doses: the effects of Organochlorines on Aquatic Ecosystems*, Amsterdã, Greenpeace International, setembro 1992.

_____. SPRINGER, Ruth (Greenpeace Exeter Laboratories) e PUCKETT, Jim. Greenpeace International, *When Green is Not: The OECD's 'Green List's as an Instrument for Hazardous Waste De-regulation*, Londres, novembro de 1992.

_____. SANTILLO, David, STRINGER, Ruth. (Greenpeace Research Laboratories) "Marine Environment Protection, Sustainability and the Precautioinary Principle". *In Natural Resources Forum* 23, 1999 157-167.

JONAS, Hans. *Das Prinzip Verantwortung*, Frankfurt am Main: Suhrkamp Taschenbuch, 1985.

JORDAN, Andrew e O'RIORDAN, Timothy. *The Precautionary Principle in Contemporary Envinronmental Policy and Politics. In* RAFFENSPERGER, Carolyn and TICKNER, Joel (orgs.), *Protecting Public Health and the Environment: Implementing the Precautionary Principle*, Washington D.C./Covelo, 1999.

LASCH, Christopher. *Refúgio num mundo sem coração*. Tradução de Ítalo Tronca e Lúcia Szmrecsanyi. São Paulo: Paz e Terra, 1991.

_____. *O mínimo. Eu.* Tradução de João Roberto Martins Filho. São Paulo: Editora Brasiliense, 1987.

LATOUR, Bruno. *Jamais fomos modernos.* Tradução de Carlos Irineu da Costa. São Paulo: Editora 34, 1994.

_____. *Ciência em ação.* Tradução de Ivone C. Benedetti. São Paulo: Unesp, 1997.

LEIS, Héctor R. *Ambientalismo: um projeto realista-utópico para a política mundial.* In Meio ambiente, desenvolvimento e cidadania: desafios para as ciências sociais, São Paulo: Cortez Editora, 1995.

LEONARD, Ann e STONE, Lesley. *Waste Traders Target the Marhsall oslands: A Greenpeace Report on Admiralty Pacific's Proposal to Dispose of U.S. Municipal Garbage in the Marshall Islands,* Washington, 1989.

LEVINAS, Emmanuel. *Éthique comme philosophie première.* Paris: Editions Payot Rivages, 1998.

LEWIS, Sanford. "*The Precautionary Principle and Corporate Disclosure*". *In* RAFFENSPERGER, Carolyn and TICKNER, Joel (orgs.). *Protecting Public Health and the Environment: Implementing the Precautionary Principle,* Washington D.C./Covelo, 1999.

LISBOA, Marijane e ROCHA, Suzy. *Chumbo grosso: O caso das baterias Moura: Greenpeace Report.* São Paulo: Greenpeace e Aspan, agosto de 1997.

MACHADO, Paulo Afonso Leme. *Direito ambiental brasileiro,* 7ª edição. São Paulo: Malheiros Editores, 1999.

MALUF, Renato. *Ações públicas locais de apoio à produção de alimento e à segurança alimentar.* São Paulo: Pólis, 1999.

MANNHEIM, Karl. *Diagnóstico de nosso tempo.* Zahar: Rio de Janeiro, 1961.

_____. *Liberdade, poder e planificação democrática.* São Paulo: Editora Mestre Jou, 1972.

MARCUSE, Herbert. *Eros e civilização: Uma interpretação filosófica do pensamento de Freud.* Rio de Janeiro: Zahar, 1968.

_____. *A ideologia da sociedade industrial: O homem unidimensional*. Rio de Janeiro: Zahar, 1973.

MÁRMORA, Leopoldo. *"Del Sur Explotado al Sur Marginado". In El Desafio Político del Medio Ambiente*. Nueva Sociedad, Caracas, n. 122, novembro/dezembro de 1992.

MARQUARDT, Sandra. *Exporting Banned Pesticides: Fueling the Circle of Poison*, Washington D.C., Greenpeace USA, agosto de 1989.

MARSHALL, T.H. *Cidadania, classe social e status*. Rio de Janeiro: Zahar Editores, 1967.

MARX, Karl. *O manifesto comunista*. Tradução de Marco Aurélio Nogueira e Leandro Konder. Petrópolis: Editora Vozes, 1998.

_____. *O domínio britânico na Índia*. *In* Marx, Karl e Engels, Friedrich *Textos*, Volume III, São Paulo: Edições Sociais, 1977.

_____. *Formações pré-capitalistas*, São Paulo: Paz e Terra, 1991.

_____. *O capital*. Tradução de Régis Barbosa e Flávio R. Kothe. São Paulo: Abril Cultural, 1983.

MERCER, Jason. *Keeping it at Home: Environmental Altruism and Germany's Ban on Toxic waste Exports*. Tese apresentada pela Goldman Interschool Honor's Program in Envrionmental Science Technology and Policy, Stanford University, maio de 1994, manuscrito.

M'GONIGLE, R.M. "The Political Economy of Precaution". *In* RAFFENSPERGER, C. e TICKNER, J. (orgs.), *Protecting Public Health and the Environment*: Implementing the Precautionary Principle, Washington D. C./Covelo: Island Press, 1999.

MONTAGUE, Peter. *Origins of Environmental Ideas*, RACHEL'S ENVIRONMENT & HEALTH WEEKLY, n. 548, 29 de maio de 1997.

_____. "Precautionary Action Not Taken: Corporate Structure and the Case Study of Tethraethyl Lead in the United States. *In* RAFFENSPERGER, C. e TICKNER, J. (orgs.), *Protecting Public Health and the Environment*: Implementing the Precautionary Principle. Washington D. C./Covelo: Island Press, 1999.

MORIN, Edgar. *O método II, A vida na vida*. Portugal: Publicações Europa-América.

_____. *Ciência com consciência*. Portugal: Publicações Europa-América.

MORIN, Edgar e KERN, Anne Brigitte. *Terra-pátria*. Tradução de Armando Pereira da Silva, Lisboa: Instituto Piaget.

O'BRIEN, Mary. "Alternatives Assessment: Part of Operationalizing and Institutionallizing the Precautionary Principle". *In* RAFFENSPERGER, C. e TICKNER, J. (orgs.), *Protecting Public Health and the Environment: Implementing the Precautionary Principle*, Washington D.C./Covelo: Island Press, 1999.

OECD. *Transfrontier Movements of Hazardous Waste: legal and Institutional Aspects*. Paris: OECD, 1985.

OKARU, Valentina. O. "The Basel Convention: Controlling the Movement of Hazardous Wastes to Developing Countries. *In Fordham Environmenta Law Report*, v. IV, 1993.

ORGANIZAÇÃO DA UNIDADE AFRICANA, OUA. *Bamako Convention on the Ban of the Import into Africa and the Control of Transboundary Movement and Management of Hazardous Wastes Within Africa*, Adis Abeba.

OZONOFF, David. *"The Precautionary Principle as a Screening Device". In* RAFFENSPERGER, Carolyn and TICKNER, Joel (orgs.). *Protecting Public Health and the Environment: Implementing the Precautionary Principle*, Washington D.C./Covelo, 1999.

PROGRAMA DE MEIO AMBIENTE DAS NAÇÕES UNIDAS, PNUMA. *El Convenio de Basilea: Una Solución Mundial para Controlar los Desechos Peligrosos*, Nova York e Genebra, 1998.

_____. *Notre Planète*, v. 10, n. 4, 1999.

PUCKETT, Jim. *The Basel Opportunity: Closing the Last Global Waste Dump*. Amsterdã, Greenpeace International, 1994.

RABE, Barry G. "Exporting Hazardous Waste in North America". *In International Environmental Affairs*, v. 3, n. 2, 1991.

RAFFENSPERGER, Carolyn e TICKNER, Joel (orgs.), *Protecting Public Health and the Environment: Implementing the Precautionary Principle*, Washington D.C./Covelo, 1999.

RIFKIN, Jeremy. *O século da biotecnologia*. São Paulo: Makron Books, 1999.

ROUANET, Sérgio Paulo. *Teoria crítica e psicanálise*. Rio de Janeiro: Tempo Brasileiro, 1989.

SANTILLO, David, STRINGER, Ruth, JOHNSTON, Paul e TICKNER, Joel. "The Precautionary Principle: Protecting Against Failures of Scientific Method and Risk Assessment". *In Marine Pollution Bolletin*, v. 36, n. 12, p. 939-950, Elsevier Science Ltd. 1998.

_____. JOHNSTON, Paul e STRINGER, Ruth. "The Precautionary Principle in Practice: A Mandate for Anticipatory Preventative Action". *In* RAFFENSPERGER, C. e TICKNER, J. (orgs.), *Protecting Public Health and the Environment: Implementing the Precautionary Principle,* Washington D.C./Covelo: Island, 1999.

SANTOS, Boaventura de Sousa. *Pelas mãos de Alice: o social e o político na pós-modernidade*. São Paulo: Cortez Editora, 1997.

SCLOVE, Richard B. e SCAMMELL, Madeleine L. "Practicing the Principle". *In* RAFFENSPERGER, C. e TICKNER, J. (orgs.), *Protecting Public Health and the Environment: Implementing the Precautionary Principle"*. Washington D.C./Covelo: Island, 1999.

SEMANA. *Veneno en el ambiente*, Bogotá, novembro de 1992.

SERRIL, Michael. "What Price for Wasteland?". *In* Time International, 16 de março de 1992.

SHIVA, Vandana. *Abrazar la vida*. Montevidéu: Instituto del Tercero Mundo, 1991.

_____. *Monocultures of the Mind, Perspectives on the Biodiversity and Biotechnology*, Penang: Zed Books and Third World Network, 1993.

STAIRS, Kevin e TAYLOR, Peter. "Non-GovernmentalOrganizations and Legal Protection of the Oceans: A Case Study". *In* HURREL A. e KIN-

GSBURY B (orgs.), *The International Politics of the Environment: Actors, Interests and Institutions*. Oxford: Orxford University Press, 1992.

STAUBER, J.C. e RAMPTON, S. "'Democracy" for Hire: Public relations and environmental Movements'". *In The Ecologist*, Dorset, v. 25, n. 5, setembro/outubro de 1995.

THOMAS, Keith. *O homem e o mundo natural*. São Paulo: Companhia das Letras, 1988.

THORPE, Beverly. *Citizen's Guide to Clean Production*. Lowell: Clean Production Network, 2000.

THORTON, Joe. *The Product is the Poison: the case for a Chlorine Phase-out — A GRENPEACE Report*, Washington: Greenpeace U.S.A., 1991.

TICKNER, Joel. "A Map Toward Precautionary Decision Making". *In* RAFFENSPERGER, Carolyn and TICKNER, Joel (orgs.). *Protecting Public Health and the Environment: Implementing the Precautionary Principle*, Washington D.C./Covelo, 1999.

TIEZZI, Enzo. *Tempos históricos. Tempos Biológicos*, São Paulo: Nobel, 1988.

TODOROV, Tzvetan. *Em face ao extremo*. Tradução de Egon de Oliveira Rangel e Enid Abreu Dobránsky. Campinas: Papirus Editora, 1995.

TÖPFER, Klaus. *Editorial. In* Notre Planète, Nairóbi, PNUD, v. II, n. 4, 1999.

TOURAINE, Alain. *O pós-socialismo*. Tradução de Antônio M. Rollo Lucas. Porto: Edições Afrontamento, 1981.

UNEP. *Basel Convention on the Control of Transboundary Movements of Hazardous Wastes and their Disposal: Final Act*.

VALLETTE, Jim e SPALDING, Heather. *The International Trade in Wastes: A Greenpeace Inventory*, Washington D.C.: Greenpeace USA, 1990.

VIEIRA, Liszt. *Cidadania e globalização*. Rio de Janeiro: Record, 1997.

VILLA, RAFAEL DUARTE. "Segurança internacional: novos atores e ampliação da agenda". *In Lua nova*, São Paulo, n. 34, Cedec, 1994.

VIOLA, Eduardo J., LEIS, Héctor R. "O ambientalismo multissectorial no Brasil para além da Rio-9: o desafio de uma estratégia globalista viável". *In Meio ambiente, desenvolvimento e cidadania: desafios para as ciências sociais*, São Paulo: Cortez Editora, 1995.

WAHLSTRÖM, Bo. "The Precautionary Approach to Chemicals Management: A Swedish Perspective". *In* RAFFENSPERGER, Carolyn e TICKNER, Joel (orgs.), *Protecting Public Health and the Environment: Implementing the Precautionary Principle*, Washington D.C./Covelo, 1999.

WAN-HO. *The Unholy Alliance. In The Ecologist*, v. 27, n. 4, julho/agosto de 1997.

WARWICK, Hugh. "Agent Orange: The Posioning of Vietnam". *In The Ecologist*, Londres, v. 28, n. 5: *The Monsanto Files*, setembro/outubro de 1998.

WEBER, Eugen. *França Fin-de-Siècle*. São Paulo: Companhia das Letras, 1989.

WEBER, Max. *A ética protestante e o espírito do capitalismo*. São Paulo: Coleção Os Pensadores, Abril, 1974.

YOUNG, John. "Reducir desechos y ahorrar materiales". *In La situacion en el mundo 1991*, Worldwatch Institute, Ediciones Horizonte, 1992.

Este livro foi composto na tipologia ClassGaramond BT,
em corpo 11/14, impresso em papel off-white 80g/m²
no Sistema Cameron da Divisão Gráfica
da Distribuidora Record.